民族传统体育文化
与中学生核心素养培育

郭耿阳　著

河南大学出版社
HENAN UNIVERSITY PRESS
·郑州·

图书在版编目(CIP)数据

民族传统体育文化与中学生核心素养培育／郭耿阳著. -- 郑州：河南大学出版社，2023.10
ISBN 978-7-5649-5669-1

Ⅰ.①民… Ⅱ.①郭… Ⅲ.①民族形式体育-体育文化-教学研究-中学 Ⅳ.①G633.962

中国国家版本馆 CIP 数据核字(2023)第 213627 号

MINZU CHUANTONG TIYU WENHUA YU ZHONGXUESHENG HEXIN SUYANG PEIYU
民族传统体育文化与中学生核心素养培育

责任编辑	张雪彩
责任校对	林方丽
封面设计	高枫叶

出　版	河南大学出版社			
	地址：郑州市郑东新区商务外环中华大厦 2401 号		邮编：450046	
	电话：0371-86059701（营销部）		网址：hupress.henu.edu.cn	
排　版	河南大学出版社设计排版中心			
印　刷	广东虎彩云印刷有限公司			
版　次	2023 年 10 月第 1 版		印　次	2023 年 10 月第 1 次印刷
开　本	787 mm×1092 mm　1/16		印　张	15.75
字　数	258 千字		定　价	48.00 元

（本书如有印装质量问题，请与河南大学出版社营销部联系调换。）

前　言

核心素养是学生适应未来社会发展和实现自身价值的必备品性和素质，有效培育学生的核心素养不仅关乎学生的当前成长，而且关乎学生的未来发展。20世纪末至21世纪初，面对信息时代背景下个人的自我实现、择业发展和社会生活的全新挑战，全世界范围内的教育领域都将"核心素养"的构建作为教育改革与发展的热门课题。培养"核心素养"同样是当前我国深化基础教育课程改革的重要举措，教育部明确将党的教育方针具体细化为课程应着力培养的核心素养，体现正确价值观、必备品格和关键能力的培养要求。在新时期大力推进中华优秀传统文化传承发展的现实条件下，民族传统体育文化如何抓住时代契机，在核心素养视域下有效进入学生核心素养培育框架，从而得到大力弘扬和积极传承，无疑成为当下我们关注的焦点问题。

全书共六章。第一章，基于人全面发展与历史传承的思考，分别讨论了中学生核心素养的概念界定与定位、民族传统体育进校园的意义，以及教学变革的新视角——核心素养；第二章，当代民族传统体育培育中学生核心素养的历史责任，探讨了新时期民族传统体育面临的机遇与挑战、民族传统体育积极的育人特征、民族传统体育进校园与培育中学生核心素养的互动发展；第三章，以民族传统体育为载体培育中学生核心素养，分别研究了以民族传统体育为载体培育中学生核心素养的基本内容与实现途径；第四章，民族传统体育项目与中学生身心健康，探讨了民族传统体育对中学生身心健康的影响、适宜中学生开展的民族传统体育项目分析以及民族传统体育的育人价值与路径选择；第五章，民族传统体育进校园课程一体化研究，首先分析了民族传统体育在我国学校体育教育中的发展与经验启示,然后是关于民族传统体育进校园的思考,又探讨了民族传统体育进校园与课程开发的相关问题,最后讨论了民族传统体育进校园课程一体化的实施;第六章,民族传统体育文化与人类命运共同体,分析了人类命运共同体理念的文化意蕴、民族传统体育文化全球化的哲学思考以及全球化背景下民族传统体育文化的可持续发展。本书观点新颖,结构合理,条理清晰,语言简明,旨在为新时代新教育人才培养质量的提高做出一定的贡献。

  本书在写作过程中参考了大量的文献,并引用了不少学者的观点,在此对这些专家学者表示衷心的感谢!本书第四章的配图由河南大学武术学院研究生、2016年世界青少年武术套路锦标赛男子拳术冠军程政彪先生提供,一并致谢!另外,由于作者水平有限,不妥之处在所难免,敬请读者批评指正。

郭耿阳

2022 年 12 月于华师桃园

目 录

第一章 基于人全面发展与历史传承的思考 ········· 1
第一节 中学生核心素养的概念界定与定位 ········· 1
一、中学生核心素养的基本内涵 ········· 1
二、中学生核心素养的主要表现 ········· 7
三、中学生核心素养的功能定位 ········· 11
第二节 民族传统体育进校园的意义 ········· 12
一、传承和保护民族传统体育文化 ········· 12
二、丰富校园文化生活,促进学生身心健康发展 ········· 13
三、增强学校体育价值,优化体育课程资源开发 ········· 13
第三节 核心素养:教学变革的新视角 ········· 14
一、中学生核心素养的培育引领教学变革 ········· 14
二、民族传统体育进校园服务于中学生核心素养的培育 ········· 16

第二章 当代民族传统体育培育中学生核心素养的历史责任 ········· 18
第一节 新时期民族传统体育面临的机遇与挑战 ········· 18
一、民族体育文化的时代性 ········· 18
二、民族传统体育进校园的必然趋势 ········· 19
第二节 民族传统体育积极的育人特征 ········· 22
一、反省内求的道德修养途径 ········· 22
二、整体的健康观 ········· 23

三、丰富的民族文化内涵 …………………………………………… 26
四、注重德、智、体全面发展 …………………………………… 29
第三节 民族传统体育进校园与培育中学生核心素养的互动发展 …… 33
一、民族传统体育进校园与培育中学生核心素养具有共同价值目标
………………………………………………………………… 33
二、中学生核心素养的培育引领民族传统体育进校园 …………… 35
三、民族传统体育进校园为中学生核心素养的培育提供了丰富的
文化资源 …………………………………………………… 36

第三章 以民族传统体育为载体培育中学生核心素养 …………… 56
第一节 以民族传统体育为载体培育中学生核心素养的基本内容 …… 56
一、以民族传统体育为载体提高中学生的文化基础 ……………… 56
二、以民族传统体育为载体促进中学生的自主发展 ……………… 57
三、以民族传统体育为载体促进中学生的社会参与 ……………… 60
第二节 以民族传统体育为载体培育中学生核心素养的实现途径 …… 62
一、以常态民族传统体育课堂教学为主阵地 ……………………… 62
二、构建民族传统体育校本课程 …………………………………… 63
三、挖掘和利用本地的民族传统体育资源 ………………………… 65
四、通过形式多样的校园活动丰富民族传统体育文化教育 ……… 68
五、探索具有时效性的民族传统体育教育模式 …………………… 72

第四章 民族传统体育项目与中学生身心健康 …………………… 75
第一节 民族传统体育对中学生身心健康的影响分析 ………………… 75
一、民族传统体育项目的分类、思想和文化内涵 ………………… 75
二、民族传统体育项目的功能 ……………………………………… 76
三、民族传统体育项目对心理健康的影响 ………………………… 78
第二节 适宜中学生开展的民族传统体育项目分析 …………………… 79
一、武术运动 ………………………………………………………… 79
二、跳绳 ……………………………………………………………… 134
三、踢毽子 …………………………………………………………… 138

第三节　民族传统体育育人价值与路径选择 …………………… 140
　　　一、核心素养视域下民族传统体育发展的机遇与挑战 ………… 140
　　　二、核心素养视域下民族传统体育发展的价值取向 …………… 143
　　　三、核心素养视域下民族传统体育发展的建构路径 …………… 144

第五章　民族传统体育进校园课程一体化研究 …………… 147
　　第一节　民族传统体育在我国学校体育教育中的发展与经验启示 …… 147
　　　一、注重民族传统体育教育的文化内涵,增强文化软实力 …… 147
　　　二、以弘扬民族传统体育文化为教育主旨,增强民族自豪感 …… 149
　　　三、以学校传承为主,彰显其文化育人的教育价值 …………… 150
　　　四、以教育促进民族传统体育文化的创新与发展 ……………… 152
　　　五、以传承民族传统体育文化为学校教育任务之一 …………… 153
　　　六、挖掘民族传统体育的教育资源,丰富校园体育文化的多样性 …… 155
　　　七、落实"三位一体"发展模式,营造良好的发展环境 ………… 156
　　　八、民族传统体育丰富校本课程内容,满足学生多样化需求 …… 159
　　　九、增强学校体育文化的教育特色,培养学生健全的人格 …… 160
　　　十、加强民族传统体育教材建设,形成科学化、系统化的内容体系 … 162
　　　十一、以高质量的师资,促进民族传统体育教育的开展 ……… 163
　　第二节　关于民族传统体育进校园的思考 …………………………… 164
　　　一、民族传统体育进校园的价值思考 …………………………… 164
　　　二、民族传统体育进校园的实践现状 …………………………… 166
　　　三、民族传统体育进校园的途径选择 …………………………… 167
　　第三节　民族传统体育进校园与课程开发 …………………………… 168
　　　一、民族传统体育进校园的内涵 ………………………………… 168
　　　二、民族传统体育课程开发 ……………………………………… 169
　　第四节　民族传统体育进校园课程一体化的实施 …………………… 172
　　　一、体育课程"课内外一体化"的定义 …………………………… 172
　　　二、民族传统体育课程"课内外一体化"模式实施的意义 …… 172
　　　三、民族传统体育课程"课内外一体化"模式的特点 ………… 173
　　　四、民族传统体育课程"课内外一体化"模式的构建思路 …… 174

第六章　民族传统体育文化与人类命运共同体 …… 176
第一节　人类命运共同体理念的文化意蕴 …… 176
一、人类命运共同体的内涵、理论维度和提出背景 …… 176
二、人类命运共同体的中国传统文化基因 …… 181
三、人类命运共同体理念的时代价值 …… 184
第二节　民族传统体育文化全球化的哲学思考 …… 186
一、民族传统体育文化全球化释义 …… 187
二、民族传统体育文化全球化的动因 …… 187
三、民族传统体育文化全球化的辩证关系 …… 189
四、民族传统体育文化全球化的启示 …… 191
第三节　全球化背景下民族传统体育文化的可持续发展 …… 197
一、民族传统体育文化与全球化的关系 …… 198
二、民族传统体育文化与世界体育文化的关系 …… 204
三、全球化是民族传统体育文化发展的文化动因 …… 207

参考文献 …… 211

附录1　核心素养视域下民族传统体育的价值取向与路径选择 …… 223

附录2　人类命运共同体视域下非遗体育文化传承与中学生核心素养培育 …… 230

附录3　非遗体育课程：核心要义、目标指向与实施路径 …… 238

第一章
基于人全面发展与历史传承的思考

第一节 中学生核心素养的概念界定与定位

一、中学生核心素养的基本内涵

"核心素养"已成为近些年国内外教育界普遍关注的议题,主要发达国家和地区先后构建了不同的核心素养体系,这些体系从不同的角度诠释了核心素养。在深化课程改革的背景下,清晰界定核心素养的内涵,是有效推进核心素养落地的前提。基于此,我们梳理了不同框架中核心素养的定义、特点、内容及其价值等,以期更准确把握中学生核心素养的内涵和实质。由此,进一步回答核心素养到底是什么的基础性问题,为中学生核心素养的深入探讨奠定基础。

(一)核心素养的定义

对核心素养的关注,意味着在当下教育变革的浪潮中,人才质量标准的重新定位。我国对核心素养的研究尚处于探索阶段,对国际上关于核心素养的研究进行综述,有助于提升核心素养本土定义的适切性。自1985年卡莫委员会(Karmal Committee)提出五大"关键能力"开始,澳大利亚就一直致力于核心素养体系的研究,在核心素养的内涵、构成、评价准则等方面都取得了显著的成果。梅耶委员会(Mayer Committee)认为,关键能力是个人在学习、工作及生活环境中所需的能力,是对知识和技能的整合与应用体现,是个体未来能有效地参与工作与适应成人生活的关键。据此,该委员会还提出了七大核心素养分支:收集、分析和整理信息的能力;交流思想和信息的能力;计划与组织活动的能力;与他人合作的能力;运用数学方法与数学技术的能力;解决问题的能力;使用技术手段的能力。[1] 到21世纪初,经合组织的"素养的界定与遴选:理论和概念基础"项目研制的核心素养总体框架为世界各国建立本土化的核心素养体系提供了重要的参考。Deseco项目指出,核心素养是指覆盖多个生活领域的,促进成功的生活和健全的社会的重要素养。[2] 该项目通过多学科的整合,归纳出"能互动地使用工具""能在异质社群中进行互动""能自律自主地行动"三方面的核心素养。[3]

2006年,欧洲联盟将核心素养的概念界定为:核心素养是一系列可移植的、具有多种功能的知识、技能和态度,是个体获得个人成就和自我发展、融入社会、胜任工作的必备素养,并且指出这些素养的培育应该在义务教育阶段完成,且成为终身教育的基础。在此基础上,欧盟提出终身学习八大核心素养,包括使用母语交流、使用外语交流、数学素养和基本的科学技术素养、数字素养、学会学习、社会与公民素养、主动意识与创业精神、文化觉识与文化表达。[4]

梳理国外相关研究成果发现,核心素养的思想基础、价值取向、具体内容的认识有共通之处,我们可以从以上维度来剖析核心素养的定义。[5] 维度一,学生核心素养培育的思想基础是"人的全面发展",具体诠释学生经历教育后必须拥有怎样的基本素养和能力,成为怎样的人才。人的全面发展的当代内涵就是指提高人的综合素质和创新能力,这和核心素养的理念是一致的。核心素养是知识、技能和态度等的综合表现,不是囿于某单一学科的知识和技能,而是非情境化的,适用于不同学习领域、不同情境中。而且各国各地区核

---

[1] DAVID H, GEOFF B. Key Competencies[M]. The Educational Resources Information Center, 1992:11-13.

[2] 张娜. Deseco项目关于核心素养的研究及启示[J].教育科学研究,2013(10):39-45.

[3] 柳夕浪.从"素质"到"核心素养":关于"培养什么样的人"的进一步追问[J].教育科学研究,2014(3):5-11.

[4] 常珊珊,李家清.课程改革深化背景下的核心素养体系构建[J].课程·教材·教法,2015(9):29-35.

[5] 常珊珊,李家清.课程改革深化背景下的核心素养体系构建[J].课程·教材·教法,2015(9):29-35.

心素养体系中的指标大多都可按照经济合作与发展组织的架构划分,分为人与工具互动、人与自己互动、人与社会互动,从分类框架上体现综合性。再者,各个国家在核心素养体系建构中均提到的创新素养的培养也是全面发展理论的最核心成分。维度二,核心素养的价值取向在于满足"个人发展"与"社会发展"的双重需要。在个人的自我实现与发展方面,核心素养必须为人们追求生活目标提供帮助,为实现个人兴趣及终身学习的愿望提供动力,有助于满足个人优质生活需求,获得个人成功。同时,在社会发展方面,核心素养可以帮助每个人建立公民身份、行使公民权利、积极融入社会,支持个人在社会文化网络中,积极地回应情境的要求与挑战,保障社会的稳定和发展。因此,核心素养不仅可以营造"成功的个人生活",更有助于建立功能健全的社会,达成"优质社会"的发展愿景。维度三,核心素养的内容包括知识、能力、态度等多方面,其含义比"知识"的意义更加宽广,并不指向某一学科知识,而是强调个体能够积极主动并且具备一定的方法获得知识和技能;比"能力"的意义更加宽泛,既包括传统的教育领域的知识、能力,还包括学生的情感、态度、价值观。它是一系列知识、技能和态度的集合,以三维整合的方式呈现,有较强的综合性和实践性,如国际上重视的语言交往、信息处理、问题解决、社会合作、创新意识等素养,都是学生获得知识、习得能力、发展情感后相互融合的产物。总之,核心素养是个体适应未来社会需要、获得全面发展、提高生存能力的必备品格和关键能力,是满足终身学习的基本条件,是提升个体综合素质的重要保障。

(二)中学生核心素养的特点

中学生核心素养模型的建构既要从个体成长发展的一般规律出发,也要符合教育教学活动实践的客观要求。同时,中学生核心素养模型要反映新时期社会对人才的新要求,紧随全球化、信息化发展的大趋势,使学生适应未来社会生活,拥有终身学习的能力。虽然不同国家和地区基于自己的教育实践建构的核心素养框架有所差异,但是最后筛选出的核心素养都呈现出一些共同的特点。

1.普遍性

核心素养的普遍性表现在它是不同学习领域、不同情境中都不可或缺的共同底线要求。一方面,核心素养不同于素养。素养是在个体与情境的有效互动中生成的,这些情境包括家庭、职场、社区及其他公共领域等。素养不应该脱离特定的情境,不同的情境所要求的素养也有所不同,抽象地谈论所谓"素养"是没有太大的价值的。① 而核心素养不是只适用于特定情境或特定人群的特殊素养,而是适用于一切情境和所有人的普遍素养。另一方面,核心素养是一种跨学科素养,它强调各学科都可以发展的、对学生最有用的东西,并不指向某一学科知识,不针对具体领域的具体问题,而是强调个体能够积极主动并且具备一定的方法获得知识和技能,从人的成长发展与适应未来社会的角度出发,跨学科跨情境地规定了对每一个人都具有重要意义的素养。② 例如,审美素养不仅仅是音乐、美术课程需要致力促进学生养成的素养,语文课程同样需要对学生进行文学美的浸润,培养其感知美、欣赏美、评价美的意识和基本能力。再者,随着知识时代的开启,知识的增加到了令人目不暇接、耳不暇闻、思所不及的程度。在这样的时代,任何个人都不可能把所有的知识都学懂、弄通,这需要学生养成学会学习的核心素养,以适应科学技术日新月异的发展。通过努力学习提高自身的言语信息技能、态度技能、动作技能、智慧技能和认知技能,掌握符合自身特点的一整套科学学习方法体系,从而使自己掌握主动学习、终身学习、全面发展和持续发展的能力。这是每个学科课程共同的价值追求,体现了素养要求的普遍性。

2. 系统性

中学生核心素养具有系统性,各指标因素之间相辅相成、相依相促。从纵向来看,素养的生成是从生理到心理,再到文化和思想四个不同的、纵向发展的层面,这四个层面中,前者是后者的基础。"基础"包含两层含义:"一是在发生上前者对后者存在一种逻辑在先的意义;二是在内容上后者以萌生的形式存在于前者之中。"③这决定了中学生核心素养的习得与养成必须具有整体性、综合性和系统性。从横向来看,核心素养各因素间彼此并非单独存在而是呈现可交互作用、相互渗透、彼此互动的动态发展,甚至是相互依赖可以部分

---

① 柳夕浪从"素质"到"核心素养":关于"培养什么样的人"的进一步追问[J].教育科学研究,2014(3):5-11.
② 李艺,钟柏昌.谈"核心素养[J].教育研究,2015(9):17-23.
③ 柳夕浪.从"素质"到"核心素养":关于"培养什么样的人"的进一步追问[J].2014(3):5-11.

重叠交织,这彰显了"素养"的本质,更彰显了多元面向、多元功能、多元场域、高阶复杂、长期培育等"三多元一高一长"等核心素养的特质。① 中学生核心素养以整合的方式在实践中发挥作用。例如,反思能力的养成有利于学生对自己的决策、行为、方法以及由此产生的结果进行审视、分析、调整。自我认知素养是主观自我对客观自我合理认识与评价的意识与能力,包括自己对自己身心特征、优缺点、心理活动的认识,清晰认识到自己在集体和社会中的地位及作用,并在此基础上对自己作出合理评价判断。反思能力和自我认知素养的养成与发展是相辅相成、相互促进的,这体现了核心素养之间的系统性,因而以核心素养引领课程改革,可在纵向上促进不同教育阶段课程的连贯性,也可在横向上促进不同领域课程发展的统整性,在提升教师课程设计与教学实施的效能的同时激发学生的学习效能。

3.生长性

中学生核心素养的动态性表现在其是可教可学、动态发展的。学生核心素养的获得是一个循序渐进、不断深化的过程,它可以通过外在刺激,诸如有意的教育进行规划、设计与培养。当学生踏入社会,核心素养是个人通过积极主动与真实情境展开互动而不断延伸、拓展和生长的开放体系,随着社会经验的丰富、个体发展需求的增加,素养的内涵会得到丰富和完善。例如,诸多国家核心素养体系中涉及的沟通交流能力就呈现出明显的生长性。学生在进入学校之前就具有一定的基础表达能力,经过学校课程、活动的系统性训练,学生习得较为标准化、系统化的表达方式与沟通技巧,搭建起一套适用于学校、家庭环境的交流沟通能力体系。当学生进入社会以后,社交网络扩大,面对形形色色的人,适用于学校、家庭的沟通交流方式显得匮乏,在实践的打磨中,个人的沟通交流方式和技巧越发丰富和完善,逐渐形成更加纯熟、多元、完善的沟通交流能力体系。由此可见,核心素养是可教可学的,具有发展连续性。同时,核心素养是通过外显行为表现出来的,体现为行为意向、行为技能水平等。因此,尽管核心素养是动态发展的,但可以根据相关理论开发相应的工具对其进行测评①。例如,学生对社会责任这一核心素养的认识也是随着人生经历

---

① 蔡清田.台湾十二年国民基本教育课程改革的核心素养[J].上海教育科研,2015(4):5-9.

的丰富、知识结构的完善而逐渐丰满起来的。低年级的学生或许只能认识到社会责任范畴中自己对家庭的责任,主动承担力所能及的家务,做家庭的小主人,但随着认识角度和认识方式的不断丰富,学生能够形成对社会责任更加深刻的全面理解,认识到自己与他人(家庭)、集体、社会、自然等方面的关系中应有的职责、任务和使命,意识到自己对社会的责任,即将自己的存在与更大范围内的社会进步联系在一起。

4.统整性

中学生核心素养的统整性表现在两方面:一方面,中学生核心素养是其知识、能力、态度、价值观和情绪的集合体。核心素养并不指向某一学科知识,它强调个体能够积极主动并且具备一定的方法来获得知识和技能,其含义也比"能力"的意义更加宽泛,既包括传统教育领域的知识、能力,还包括学生的情感、态度、价值观。核心素养超越了知识与能力二元对立的观念,是相关知识、认知技能、态度、价值观和情绪的集合体。它涵盖了稳定的特质、学习结果(如知识和技能)、信念价值系统、习惯和其他心理特征。在各因素之间凸显了态度因素的重要性,强调了人的反省思考及行动与学习,其目的不仅限于满足基本生活需要,更有助于个人追求生活目标、促进个人发展和有效参与社会活动。例如,"国际理解、创新精神"等,更加侧重学生品性修养、态度养成和情感发展。这超越知识和技能的内涵,可以矫正过去重知识、轻能力、忽略情感态度价值观的教育偏失,更加完善和系统地反映教育目标和素质教育理念。另一方面,中学生核心素养统整了个人和社会的需求。核心素养的价值追求在于促进个人发展和形成良好的社会,使学生能够发展成为更为健全的个体,能够更好地适应未来社会的发展变化,并为终身学习、终身发展打下良好的基础,并且能够达到促进社会良好运行的目的,由此统整个人、社会两方面的目标与追求。[1] 例如,就合作参与素养来说,人类面临问题的复杂化程度,社会分工的精细化发展都使合作参与的价值愈加凸显。全球变暖、臭氧空洞、水污染等一系列问题已成为需要人类共同解决的燃眉之急,需要大家矢志不渝地共同努力。因而,合作已经成为社会发展的重要途径。同时,面对激烈的竞

---

[1] 辛涛,姜宇,刘霞.我国义务教育阶段学生核心素养模型的构建[J].北京师范大学学报(社会科学版),2013(1):5-11.

争,个人想取得成功也离不开与他人的合作,因而合作参与素养的养成是个人发展的内在需求。由此可见,合作参与素养统整了社会的需求和个人发展的需求。

二、中学生核心素养的主要表现

中国学生发展核心素养以培养"全面发展的人"为核心,分为文化基础、自主发展、社会参与3个方面,综合表现为人文底蕴、科学精神、学会学习、健康生活、责任担当、实践创新等六大素养,具体细化为国家认同等18个基本要点。各素养之间相互联系、互相补充、相互促进,在不同情境中整体发挥作用。为方便实践应用,将六大素养进一步细化为18个基本要点,并对其主要表现进行了描述。根据这一总体框架,可针对学生年龄特点进一步提出各学段学生的具体表现要求。而对于中学生而言,其核心素养主要表现如下表1-1所示。[1]

---

[1] 林崇德.构建中国化的学生发展核心素养[J].北京师范大学学报(社会科学版),2017(1):66-73.

表 1-1　中学生核心素养的主要表现

三大方面	六大素养	基本要点
文化基础	**1. 人文底蕴** 　　主要是学生在学习、理解、运用人文领域知识和技能等方面所形成的基本能力、情感态度和价值取向。具体包括人文积淀、人文情怀和审美情趣等基本要点。	(1) **人文积淀**。重点是：具有古今中外人文领域基本知识和成果的积累；能理解和掌握人文思想中所蕴含的认识方法和实践方法等。
		(2) **人文情怀**。重点是：具有以人为本的意识，尊重、维护人的尊严和价值；能关切人的生存、发展和幸福等。
		(3) **审美情趣**。重点是：具有艺术知识、技能与方法的积累；能理解和尊重文化艺术的多样性，具有发现、感知、欣赏、评价美的意识和基本能力；具有健康的审美价值取向；具有艺术表达和创意表现的兴趣和意识，能在生活中拓展和升华美等。
	2. 科学精神 　　主要是学生在学习、理解、运用科学知识和技能等方面所形成的价值标准、思维方式和行为表现。	(4) **理性思维**。重点是：崇尚真知，能理解和掌握基本的科学原理和方法；尊重事实和证据，有实证意识和严谨的求知态度；逻辑清晰，能运用科学思维方式认识事物、解决问题、指导行为等。
		(5) **批评质疑**。重点是：具有问题意识；能独立思考、独立判断；思维缜密，能多角度、辩证地分析问题，做出选择和决定等。
		(6) **勇于探究**。重点是：具有好奇心和想象力；能不畏困难，有坚持不懈的探索精神；能大胆尝试，积极寻求有效的问题解决方法等。

续表

三大方面	六大素养	基本要点
自主发展	**3.学会学习** 主要是学生在学习意识形成、学习方式方法选择、学习进程评估调控等方面的综合表现。	**(7)乐学善学**。重点是:能正确认识和理解学习的价值,具有积极的学习态度和浓厚的学习兴趣;能养成良好的学习习惯,掌握适合自身的学习方法;能自主学习,具有终身学习的意识和能力等。
		(8)勤于反思。重点是:具有对自己的学习状态进行审视的意识和习惯,善于总结经验;能够根据不同情境和自身实际,选择或调整学习策略和方法等。
		(9)信息意识。重点是:能自觉、有效地获取、评估、鉴别、使用信息;具有数字化生存能力,主动适应"互联网+"等社会信息化发展趋势;具有网络伦理道德与信息安全意识等。
	4.健康生活 主要是学生在认识自我、发展身心、规划人生等方面的综合表现。	**(10)珍爱生命**。重点是:理解生命意义和人生价值;具有安全意识与自我保护能力;掌握适合自身的运动方法和技能,养成健康文明的行为习惯和生活方式等。
		(11)健全人格。重点是:具有积极的心理品质,自信自爱,坚韧乐观;有自制力,能调节和管理自己的情绪,具有抗挫折能力等。
		(12)自我管理。重点是:能正确认识与评估自我;依据自身个性和潜质选择适合的发展方向;合理分配和使用时间与精力;具有达成目标的持续行动力等。

续表

三大方面	六大素养	基本要点
社会参与	**5.责任担当** 主要是学生在处理与社会、国家、国际等关系方面所形成的情感态度、价值取向和行为方式。	(13)**社会责任**。重点是:自尊自律,文明礼貌,诚信友善,宽和待人;孝亲敬长,有感恩之心;热心公益和志愿服务,敬业奉献,具有团队意识和互助精神;能主动作为,履职尽责,对自我和他人负责;能明辨是非,具有规则与法制意识,积极履行公民义务,理性行使公民权利;崇尚自由平等,能维护社会公平正义;热爱并尊重自然,具有绿色生活方式和可持续发展理念及行动等。
		(14)**国家认同**。重点是:具有国家意识,了解国情历史,认同国民身份,能自觉捍卫国家主权、尊严和利益;具有文化自信,尊重中华民族的优秀文明成果,能传播弘扬中华优秀传统文化和社会主义先进文化;了解中国共产党的历史和光荣传统,具有热爱党、拥护党的意识和行动;理解、接受并自觉践行社会主义核心价值观,具有中国特色社会主义共同理想,有为实现中华民族伟大复兴的中国梦而不懈奋斗的信念和行动。
		(15)**国际理解**。重点是:具有全球意识和开放的心态,了解人类文明进程和世界发展动态;能尊重世界多元文化的多样性和差异性,积极参与跨文化交流;关注人类面临的全球性挑战,理解人类命运共同体的内涵与价值等。
	6.实践创新 主要是学生在日常活动、问题解决、适应挑战等方面所形成的实践能力、创新意识和行为表现。	(16)**劳动意识**。重点是:尊重劳动,具有积极的劳动态度和良好的劳动习惯;具有动手操作能力,掌握一定的劳动技能;在主动参与的家务劳动、生产劳动、公益活动和社会实践中,具有改进和创新劳动方式、增强劳动效率的意识;具有通过诚实合法劳动创造成功生活的意识和行动等。
		(17)**问题解决**。重点是:善于发现和提出问题,有解决问题的兴趣和热情;能依据特定情境和具体条件,选择制定合理的解决方案;具有在复杂环境中行动的能力等。
		(18)**技术应用**。重点是:理解技术与人类文明的有机联系,具有学习掌握技术的兴趣和意愿;具有工程思维,能将创意和方案转化为有形物品或对已有物品进行改进与优化等。

三、中学生核心素养的功能定位

首先,核心素养推动课程改革的深化。课程是教育思想、教育目标和教育内容的主要载体,是学校教育教学活动的基本依据。2001年我国启动的新课程改革,从"双基目标"走向"三维目标",当今的教育改革从"三维目标"走向"核心素养"。

可以说,核心素养引领着当前课程改革的深化。"核心素养"与"双基"和"三维目标"之间有着密切的联系,"双基"是外在的,主要是从学科的视角来表达课程与教学的内容和要求。"三维目标"是由外在走向内在的中间环节,而素养则是内在的,是从人的视角来界定课程与教学的内容和要求。从双基到三维目标再到核心素养,其变迁体现了从学科本位到以人为本的转变。核心素养从全面发展的人的角度,提出教育目标的具体任务和领域,它的确立是将深化课程改革向"以人为本"推进。因此,基于核心素养的课程改革,能够有助于实现课程从"以学科为中心"向"以学生全面发展为中心"的转变。

其次,核心素养指导课程标准的修改和完善。我国传统意义上的课程标准在本质上属于内容标准,主要是以学科知识体系为基础的各学段教学内容的规定。传统的学业质量标准是基于学生在学业水平测试中的实际表现而制定的表现标准,并不是现代意义上的规范性成就标准,较少体现现代意义上的学科核心能力表现水平。因此,核心素养下的课程标准修订应考虑到这三方面变化。一是充分体现学生发展核心素养的统领作用。现行课程标准重视学科自身结构,课程目标主要从学科角度设立,并且在内容标准与实施建议中也主要涉及具体学科领域,较少体现对学生能力的培养。修订后的课程标准将在课程目标的确定、课程内容的选择、学业质量水平的划分以及课程实施建议等方面,全面体现学生发展核心素养的总体要求。二是将学业质量标准纳入新课程标准之中。现行课程标准中较少涉及学生在具体学科内容上的达成度,只是在"评价建议"部分有所涉及,对学生完成规定的学习内容后应达到的程度没有明确、具体的评价要求。修订后的课程标准将增加学业质量标准,检验和衡量学生学习的程度和水平,以直接指导教学与评价工作。三是对操作实施的指导建议应更加全面而具体。现行课程标准中的实施建议相对较笼统,缺乏对如何培养学生具体学科能力的相关建议。修订后的课程标准结合学科内容特点以及该学科所要培养的学生核心素养,用大量典型案例来说明在实施教学和评价过程中如何落实核心素养和课程目标。

再次,核心素养引领学校教学评价的变化。在核心素养的引领下,学校的课程体系建设以及教学评价方向都将发生转变:变为更加关注教书与育人的统一;在关注学科知识的同时,更关注学生核心素养和学科素养的形成;在关注教学结果达成的同时,更关注教学过程和教学方法的选用,更加关注教学目标与教学评价一致性;在关注单一学科教学的同时更关注跨学科的学习;在重视教学共性要求的同时更重视因材施教、因教情和学情进行教学设计;在强调用教材教的同时更加强调教学资源的开发与利用。这些都将为学校开展课程与教学评价提供新的思路和参考。

第二节 民族传统体育进校园的意义

党的十八大报告提出,文化是民族的血脉,是人民的精神家园。可见,民族文化是一个民族的灵魂,也是一个民族存在的根基,更是一个民族得以发展的不竭动力。而民族传统体育文化是民族文化的重要部分,我国是一个多民族,其民族民间传统体育文化资源绚烂丰富。然而,一些区域性民族传统体育文化难免受到现代西方体育文化的冲击,特别是现代奥林匹克的膨胀发展,使得很多国家的少数民族传统体育文化遭受困境,导致大量民族传统体育文化生存环境遭到严重破坏。在这样的冲击背景下,为了拯救优秀民族传统体育文化,近年来我国政府和各领域做了大量宣传工作。民族传统体育文化在学校体育的传承极为重要,各级各类学校都积极开展民族传统体育文化进校园、进课堂、进教材的活动,一些民族传统体育文化资源不仅得到保护和传承,而且对学生身体健康起到很大的作用,增强了各民族学生的自豪感和认同感,促使学生主动参与到保护和传承中来。

一、传承和保护民族传统体育文化

中华民族传统体育文化源远流长,然而,诸多民间流传已久的传统体育游戏在无声无息中销声匿迹,归因于前人创造,后无继人。传承和保护是延续民族传统体育文化的方法与手段,此外还可以利用学校教育功能和学校体育教育模式来发挥作用,挖掘出中华民族代代相传的体育文化风俗和智慧。传承最好的方式在于推广,推广最好的渠道在于校园,校园是现代社会最直接的传播载体,通过学生与学生,学校与学校之间的交流融合,民族传统体育文化不仅得到实质性的传承与保护,还能通过学校教育模式进行有效的改进与延续,从而实现中华民族文化多样化的历史传承。

二、丰富校园文化生活,促进学生身心健康发展

通过挖掘与整理将具有针对性、代表性的民族传统体育运动项目引进校园,并纳入体育课程体系,不仅使体育课程资源开发得到改革,而且有利于构建校园文化建设,丰富学生校园文化生活。众所周知,目前,学生每年体质健康水平逐年下降,民族传统体育项目进校园对学生体质起到较大提升,带动学生参与民族传统体育运动的积极性,也能够有效地提高体育教学的质量。民族传统体育文化进校园活动除了以课堂教学的形式开展外,大部分是以课外活动的形式展开,比如:班级团日活动、社团趣味活动及学校举办运动会等。学生可根据自己的兴趣爱好选择性地参与民族传统体育运动活动,多样化的民族传统体育运动活动能够使学生在娱乐过程中获得民族传统体育文化的知识,提高自身的文化素质,增强自身体质;同时,使学生在充满民族文化氛围的校园环境中,进一步接受民族传统体育文化教育,感受伟大的民族精神。

三、增强学校体育价值,优化体育课程资源开发

民族传统体育文化进校园,为学校民族传统体育精品课程建设提供基础性条件保障。而精品课程建设是创办特色学校的重要依据,作为有着悠久文化历史的中华民族传统体育学,是每所学校精品课程建设的必然。民族传统体育学是体育学下的一个二级学科,它包括武术、少数民族传统体育、传统休闲养生三个部分。对民族传统体育课程资源的开发利用,是学校体育课程改革的重要内容之一,也是实现新课改的必要条件。多年来,在学校教学改革、竞赛训练、师资培养和各类科研学术的推动与发展下,民族传统体育项目已初步形成富有鲜明特色的民族传统体育特色课程体系,成为校园体育文化的一大亮点。因此,学校体育工作者加强整理、挖掘、研究、开发民族传统体育课程资源,是促进学生身心全面发展和提高体育教学质量的关键,从而也是构建校

本精品课程建设的重要思路。

第三节 核心素养:教学变革的新视角

时代巨变,日新月异,我国基础教育领域面临的社会环境与以往相比已发生了巨大而深刻的变化。变化的新时代对人才培养提出了新的要求,发展学生核心素养作为新时代背景下教育改革的方向,它将党的教育方针、宏观的教育理念和"立德树人"教育目标具体化,统筹了社会发展需要和个人发展需要,是对"全面发展教育"和"素质教育"的超越和升华。[①] 它在回答新时代要"培养什么样的人"的同时,引领人们从新的角度审视"如何培养人"。

一、中学生核心素养的培育引领教学变革

教学改革是教育改革的重要组成部分,是核心素养落地的重要方式,是育人目标通向育人成果的桥梁。发展学生的核心素养以培养全面发展的人为目标,它并非简单地对原有的教育和课程改革理念的补充完善,其价值取向、评价标准指引着教学改革的方向与未来。

从概念上看,"学生发展的核心素养,主要指学生应具备的,能够适应终身发展和社会发展需要的必备品格和关键能力"。[②]

其特征主要有以下三个方面。

(1)以人为本,遵循社会发展与个人发展的客观规律,使二者既独立又适应。

(2)兼顾知识、能力和素养协同发展,注重情景设定与多学科交融,重视品格素养、逻辑思维、知识迁移和创新能力的培养。

(3)植根中华民族历史文化土壤,重视本民族优秀传统文化的传承与发展。

以发展学生核心素养为目标,要形成与之相匹配的教学体系,必然需要对

[①] 罗祖兵.深度教学:"核心素养"时代教学变革的方向[J].课程·教材·教法,2017(4):24.

[②] 辛涛,姜宇,王烨辉.基于学生核心素养的课程体系建构[J].北京师范大学学报,2014(1):5-11.

现有教学体系进行反思与变革。传统意义上的教学,如果以训练水手做类比,那教师则是根据一定的目标,精心为学生设计并提供一个相对封闭和稳定的理想海洋,这片海域里的每一朵浪花,每一次风浪,都是经过程式化设计的,求知的航船在老师的操控下,看似险象环生,实则四平八稳,虚惊一场。老师如同编剧导演加船长,必须能稳稳地操纵虚拟环境里的一切变化,并将这些程序化的处理办法灌输给学生,学生也早已习惯了人造风浪,机械地接收着各种知识和操作流程,但真正的海洋并非如此!发展学生核心素养所需要的教与学也并非如此。

这种改变首先体现在教与学观念的变革上。发展学生核心素养,"着力解决的是提高学生面对复杂情境下的问题解决能力",①这种注重思维、重视能力的培养模式,注定是要打破原有教学模式的封闭和稳定。社会瞬息万变,问题错综复杂,为了培养学生能够适应终身发展和社会发展需要的能力,教师的"教"将不再是以知识代际间传递为主要目的,而是要与学生组成教与学的共同体,教师必须放弃教学环境中的"稳态",在教学中,允许"挑战"的存在,转换角色,走出"安全区"带领学生一起来一场充满未知与诱惑的知识冒险,在真正的冒险中,教给学生处理复杂问题的知识基础、思维方式和精神动力,"成为学生学习的引导者与合作者"②。

正如雅斯贝尔斯在《什么是教育》中曾说:"教育是人的灵魂的教育,而非理性和认识的堆积。"在这个变革的过程中,"教师的自我效能感或许会降低"③,但收获的却是教育的本真与实质。

首先,学生的"学"也应该有所改变,学生不再是简单的学习与考试的机器,应该变被动为主动,有独立思维,有自主观念,有冒险精神。从"要我学"转变为"我要学"。从教育规律的角度分析,简单的书本知识的掌握,通过一定的教学规律的运用,效果是明显的,但基于学生核心素养所需培养的且相对稳定的"品格""思维""能力",其难度、复杂程度都大于有限范围内知识的教

---

① 王本陆,骆寒波.教学评价:课程与教学改革的促进者[J].课程·教材·教法,2006(1):20-25.
② 辛涛,姜宇.基于核心素养的基础教育评价改革[J].中国教育学刊,2017(4):12-15.
③ 胡定荣.学生发展核心素养的发展观及其教学变革[J].课程·教材·教法,2017(10):56-62.

授。作为教学对象,首先应该牢固树立"立德"为先的成长理念,善于掌握和使用信息技术资源,主动走出原有的"封闭世界",不惧怕"风浪",在正确认识自己的前提下,把各种困难与挑战当成不断积累知识和经验的机会和途径,在寻找战胜它们的方法与思路的过程中,不断地成长。

其次,以发展学生核心素养为指引,将对教学过程的优化产生巨大的影响。基于发展学生核心素养的教学,在教学过程中强调"情景化地呈现知识",在教学方法与手段及教学组织形式的运用上,将更加灵活,对教师的要求更高。在教学内容方面,基于发展学生核心素养的教学,"要进一步打破学科间的相对独立状态,着眼于社会现实,要为学生设计一个真实的复杂的学习情境,需要多学科融合"。

最后,作为教育质量评价体系的重要组成部分,教学评价的变革也同样引人注意。从功能上分析,"教学评价的重要作用体现在对教学的反馈、监督、激励、规范等方面"。基于发展学生核心素养的教学评价,在评价观念上需要不断调整。让教学评价不再是"针对教学的评价"和"为了教学的评价",而是"作为教学一部分的评价",做到变外在评价为内在评价。在具体操作上,基于发展学生核心素养的评价将从去情景化的纸笔测验转向基于问题情境的真实评价,更加关注学生实际获得,关注不同层次学生群体的发展效果,注重将考试评价与"观察、谈话、档案等多种形式"结合,有效测量和评价教与学。[①]

二、民族传统体育进校园服务于中学生核心素养的培育

2016年9月,中国学生发展核心素养研究成果正式公布,林崇德教授指出"传承中华优秀传统文化,突显人才培养的民族底色"是学生发展核心素养的基本要求,即"中国学生发展核心素养根植在中华优秀传统文化的厚壤中,同时吸收社会主义先进文化的丰富营养,力求引导学生坚定本民族的文化自信,在全球化、信息化时代为每个学生烙上深深的中华文化底色"[②]。

由此看来,在全面发展的同时,注重民族传统文化的传承,充分体现民族

---

① 辛涛,姜宇,刘霞.我国义务教学阶段学生核心素养模型的构建[J].北京师范大学学报,2013(1):5-11.
② 卢高峰,王岗.民族传统体育的发展:现状、问题、机遇、对策[J].北京体育大学学报,2015(4):52-57.

特点,是发展学生核心素养的内在要求。

"学校是培育和发展学生核心素养的主要渠道"[①],作为一个有着璀璨文明发展史的多民族国家,我们拥有丰富的民族传统文化教育资源。选取什么样的教学内容作为素材让学生更好地传承民族文化、突显民族底色,需要特别慎重。

长期以来,民族传统体育因其形式多样、功能全面、历史悠久、内涵丰富备受人们推崇,得以进入校园服务于学生的全面发展。

从发展历程来看,民族传统体育是在悠长的历史进程中形成了具有中华民族特色的体育文化,其对于历史传承、情感维系、文化认同具有举足轻重的作用。民族传统体育坚持"德育为先,能力为重",强调先"成德"再"立人",学生通过长期习练民族传统体育,能够提升人文底蕴,涵养其内在品质,积极追求真、善、美,远离假、恶、丑;它"崇尚德行、适度、和谐、责任与整体运动的养身观达到了对优化生命质量的高层次认识,其所蕴含的内外统一、身心和谐、动静相宜等诸多辩证观念,对人的健身和思维的发展具有较强的指导作用"[②],能够帮助学生适应未来社会的挑战。

总之,民族传统体育作为在漫长的历史中形成的中华民族集体智慧的结晶,是我国传统文化中的瑰宝。其具有的丰富历史文化价值、健身娱乐价值、美学艺术价值、教育价值等,能充分培育和发展学生的人文底蕴、科学精神,增强学生对民族自豪感和对民族的认同,指导学生健康生活,服务于核心素养的培育。

---

① 刘丹.核心素养视域下的课堂教学[J].教育观察,2018(22):22.
② 刘雅媚,郭强.文化强国视域下学校教育传承民族传统体育的价值探析[J].中州大学学报,2018(6):96-99.

第二章
当代民族传统体育培育中学生核心素养的历史责任

第一节 新时期民族传统体育面临的机遇与挑战

一、民族体育文化的时代性

(一)民族体育文化的时代性变迁内涵

人类社会处在不断变化和发展的过程中,其中包括文化在内的诸多要素也处在不断的运动变化之中,这种变化实际上就是"变迁"的体现。民族体育文化是诸多人类社会文化因子中的一种,其发展变迁往往带有强烈的时代性特点。①

民族体育文化的时代性变迁包含着两层含义:一是体育项目的时代性变迁;二是体育文化的变迁。随着时代不断发展,各国、各民族之间文化交流日益频繁,在这种不断的交流、融合的过程中,西方国家的现代竞技体育以一种全新的模式和强有力的社会号召力影响着我国民族传统体育。这是外来文化引发的内部文化变革,这种变革会使民族体育文化产生三种不同的结果:一是消亡,即在现代竞技体育的冲击下失去赖以生存的社会基础而逐渐退出历史舞台,如苗族的穿花衣裙赛跑、打花棍,土家族的撒尔嗬、板凳龙等。二是融

---

① 范石汉.民族传统体育文化时代性变迁与民族性传承的互动[J].中南民族大学学报(人文社会科学版),2008(5):62-64.

合,即通过不同文化传统的交汇、融合而形成的文化变迁,如武术、赛龙舟等。三是消化,即以原有的文化传统为基础,对其他文化因素的精神实质进行改造和吸纳,如摔跤、举重、放风筝、打秋千、射击(射弩)、赛马、潜水游泳、漂滩(漂流)等。①

(二)民族体育文化的时代性变迁分析

民族体育文化的时代性变迁是一种呈累积趋势的文化发展进步的标志,其中不仅增添了新的民族体育文化特质,而且还出现了民族体育文化的现代更新。从整个体育文化的发展趋势来看,民族体育文化变迁是趋于进步的,它是体育文化系统、体育物质制度和精神文化的协调发展。② 但不同的历史时期,它对民族体育文化所造成的影响是不同的,特别是在当代经济高速发展时期,一切以经济建设为主导的同时,很多民族传统文化中的物质文化遗产和非物质文化遗产被破坏或抛弃,造成传统体育文化的大量流失,如近代以来在西方体育文化的挤压之下,武术的发展出现"异化"现象,传统武术中的健身、修身、养性等本质,在现代化过程中丧失了许多。由此警示我们,当前不仅要对民族体育文化加以发展变迁,更应该对其进行保护,使其民族性得以传承。

二、民族传统体育进校园的必然趋势

民族传统体育的不断发展,使其逐渐走进校园成为一种必然趋势,这主要是因为民族传统体育进校园能够发挥出不可替代的作用。对此,笔者做出了如下的总结。

(一)激发学生对体育的热情

如今的中学体育课堂上,还是较为传统的项目,如田径、篮球等,这些项目在锻炼人的意志力和身体素质方面的确有着重要的积极作用,但是,在实际的项目推行过程中仍存在一定问题,学生们积极参与的程度并不是特别高,篮球等一些有着一定群众基础的体育项目还好,田径作为中考体育项目,为了考试学生练习也尤其认真,而进入高中田径逐步受冷落,或许会因为考试以及学校

---

① 涂丹.民间儿童游戏的文化变迁[D].重庆:西南大学,2017.
② 张建新,白晋湘,田祖国.现代化进程中民族传统体育的困境与对策[J].广州体育学院学报,2005(4):109-111.

组织的运动会等让学生积极参与。可见,传统的体育项目无法激起学生的参与热情。而民族体育则不相同,由于其地域文化的特征具备一定的观赏价值和娱乐性,并且内容多种多样,能够有效地激发学生兴趣,使其积极地参与其中。[①] 例如,全国各学校开展了"一校一品""一校一特色"的活动,其中具有地域文化特征的中华民族传统武术,受到了学生的喜爱,学生积极地参与到武术的学习之中,并逐步掌握了其中的精髓,取得良好的教学效果。

(二)有助于传承中华传统文化

中华文化博大精深,源远流长,民族体育作为中华传统文化的一部分,在一定程度上承载了文化精神,使学生在学习的过程中也能够感受得到文化的精髓所在。其中就以太极拳为例进行讲解,单从名称来看,太极就承载了道家文化的根基,而这项运动动作柔和、速度不快,拳法简单易学,姿势有高有低,灵活多变,适应不同年龄的人士进行锻炼。太极拳无论是理论研究,还是实践教学,都达到了一定高度,其中的理念"四两拨千斤"更是深入人心,讲究"无招胜有招"。当然,这只是纯理论的形态,但是却刻画出了高深武学的概念和轮廓。特别是一些武侠小说对于太极拳的渲染,更加树立了其在年轻人心目中的形象,受到了学生的欢迎。太极拳作为流传甚广的拳法之一,讲究用意不用力,这正和我国的一些传统文化相呼应,能够在练拳之余,感受到太极文化的博大精深,从而能够让学生更好地传承中华文化。

(三)提升中学生的智力水平和个人修养

体育的重要作用就是强身健体,但是,也不能忽视其在智力开发等方面的积极作用。由于传统民族体育融合了我国古代劳动人民几千年来的智慧,因此在进行学习的过程中,能够提升大脑的发育,提高对身体的控制能力,以及思维能力,使自己能够更好地投入对专业知识的学习中,这就是所谓的劳逸结合。其中普及率较高的几种民族体育有"武术、推手、太极拳"等,这些民族体育具有鲜明的民族特色,能够有效地锻炼学生的反应能力、观察能力、思维能力,让学生获得良好的体育训练。从另一个方面来讲,智力的发展是和个性相协调的,因此,当学生对民族体育获得良好的掌握后,对于其个性的培养也有着一定的促进作用。同时也能够使其更好地传承一些武术精神,锻炼学生的

---

① 梁磊.试论民族传统体育进高校校园的重要性[J].当代体育科技,2019,9(1):217-218.

精神品质。①

(四)提升学生身体素质,完成学校的教学目标

学校的体育课堂目标是培养出符合当今时代要求的高素质人才。因此学校和教师要积极地引导学生进行体育锻炼,培养学生的体育运动热情,从而提升国民素质,为学生的身体健康打下良好的基础。而民族传统体育由于大多数为有氧运动,强度适中,因此非常适合学校开展相关的教学活动,锻炼的价值和意义较高,除此之外,这些项目的有效推进还能完成学校的体育教学目标,使学校的相关工作能够顺利地进行。例如,某学校将民族体育引入了学校的体育课堂中,由于其具有良好的趣味性和娱乐性,因此受到了广大学生的喜爱。在这种体育课堂中,通过积极的训练,学生们已经能够有效地掌握动作要领,并通过积极有效的连续练习,学生的身体素质得到了明显的提升。另外,民族体育也能够让学生的心情得到舒缓,在紧张的学习之余,使身体劳逸结合,精力充沛,能够更有效地投入学习之中,从而使学生能够建立起乐观自信、健康活泼的精神状态。

在校园中引入民族传统体育,能够有效地激发学生的学习兴趣,从而能够让学生积极地参与到体育锻炼中来。另外,民族体育也是传承中华文化的重要载体,能够让学生体会到中华文化的博大精深,从而培养学生个人素养;同时,良好的体育训练也能够有效提升学生的身体素质,完成学校的体育教学目标。因此综合来看,将民族传统体育引入校园具有重要的积极意义,是一种必然趋势。②

---

① 吴曼翎,肖锋.高尔夫重返奥运会对我国传统体育的启示研究[J].当代体育科技,2019,9(1):216+218.

② 刘锐,南卡头,罗清扬,等.藏羌民族传统体育与农村小学生体育学习兴趣关系的研究:以汶川县农村小学为例[J].科教文汇(上旬刊),2014(7):160-162.

第二节 民族传统体育积极的育人特征

一、反省内求的道德修养途径

（一）民族传统体育文化丰富德育内容

学校德育内容层次缺乏，总是简单重复相同的内容，缺乏循序渐进的德育素材，导致学校德育工作收效甚微。民族传统体育包含的项目丰富多样，如武术、龙舟竞渡、赛马、射术、拔河、象棋等项目，这些传统体育项目极具代表性，至今仍在广泛开展。对民族传统体育项目进行剖析可发现其蕴含了丰富的德育内容，包括：政治教育、道德教育、思想教育、法纪教育和心理教育。① 例如：习武先习德的人文主义教育情怀始终贯彻武术项目的整个过程；龙舟竞渡的集体合作、勇于拼搏的精神在锻炼学生体质的同时也将德育内容自然地渗透到了学生的潜意识中。通过在体育课程中教授民族传统体育项目将民族传统体育文化思想带入课堂，不仅不会占用额外的授课时间，还能达到丰富德育内容的目的。民族传统体育项目种类繁多，每一项体育项目都有其自身的文化价值，这些文化包含的德育内容为学校德育工作的开展提供了新的素材、新的选择、新的思想。

（二）民族传统体育文化创新德育形式

德育工作的开展需要媒介，学校德育的开展形式长期以来处于教学手段较为单一的境地，对于学生的德育工作千篇一律地进行讲解，很难完全调动学生学习的积极性。所谓言传身教，借助开展民族传统体育项目的形式，不仅能提高学生体质健康水平、强健体魄，也能磨炼学生意志品质，发展学生个性修养。② 民族传统体育在长期的形成和发展的过程中，积淀了具有民族特色的传统文化内涵，每一个项目都是一个鲜活的德育教材。传统"六艺"为礼、乐、射、御、书、数，其中射、御均属体育的范畴，旨在教人强体魄，明礼仪。孔子在

---

① 王保龙,孙振波,李淑元.民族传统体育文化的德育价值探析[J].当代体育科技,2016,6(4):131-132.

② 施吉瑞.体育文化的德育价值研究[D].扬州:扬州大学,2013.

教授射箭的过程中,十分注重从德性的角度来陶冶弟子的道德情操,他说:"发而不失正鹄者,其唯贤者乎! 若夫不肖之人,则彼将安能以中?"

在学校开展民族传统体育活动,让学生在实践中践行自身的道德规范,学生在锻炼身体的同时将民族优秀的道德文化内化到个人思想认识中。民族传统体育项目的开展使德育的形式更加多样化,也能避免学生产生视听疲倦,有利于改变学校德育工作收效甚微的局面。

(三)民族传统体育文化的现代育人价值

中国自古以来就是礼仪之邦,传统文化对"礼"的要求是极其严苛的。作为子文化的民族传统体育文化也必然难以越此雷池。"寓德于体,以礼行体""道之以德,齐之以礼"这些观念已经深深地融入中国古代体育文化之中。[①]

民族传统体育在现代展现出强大的生命力,归其原因在于其育人价值和健身价值,而育人价值越来越被当代人所重视。观之全国,民族体育盛会遍布大江南北,始于1953年的全国少数民族传统体育运动会已经成功地举办了11届,赛事的级别和规模并不逊色于全运会,当然民运会在促进各民族文化交流的同时也在悄无声息地发挥着育人作用。近些年逐步壮大的中华龙舟大赛也在向世人展示这些传统体育的文化魅力与价值。反观学校,在积极开展民族传统体育教学,通过体育的载体更好地传播传统体育的德育思想是德育工作的新思路。物欲横流的当今时代,在创造了巨大物质财富的同时也造就了无数的精神垃圾。越来越多的专家学者开始从我国传统文化寻根溯源,以期改变当下道德规范低下的现状,国学被越来越多地引入课堂,民族传统体育文化应借此契机充分体现其德育价值,并服务于当代社会。

二、整体的健康观

自莫斯提出"身体技术"一说之后,反观民族传统体育活动,与传统文化的交融正是以身体为切合点,通过身体活动去表达传统文化的思想内涵。借民族传统体育的活动形式,进行民族思维的表达、体育意识的诉说,以及休闲趣味的时代召唤。民族传统体育是历史发展的时代产物,更是中华民族的文

---

① 王保龙,孙振波,李淑元.民族传统体育文化的德育价值探析[J].当代体育科技,2016,6(4):131-132.

化传统。在不断关注现代体育的同时,从文化层面着手,通过身体引导和思想干预,探讨民族传统体育整体的健康观。①

(一)民族传统体育的身体锻炼逻辑

民族传统体育是从"竞争到和谐,从全体参与到民族认同"的逻辑过程。根据自身的体育锻炼性质,民族传统体育确立了从身体锻炼角度出发,思考健康问题的思维方式。然而,大部分民族传统体育的根源是从类似少数民族宗教仪式、祭祀仪式发展而来,同时,其对身体的运用,大部分是基于活动、运动、锻炼的效果来确立项目特色。只是不同的族群,其自身的生态环境、文化意识影响着传统体育项目不同的发展和运作。因此,民族传统体育的身体锻炼逻辑随着社会发展变化而产生文化体征的不同解读方式。

身体锻炼不仅在民族传统体育中有所体现,甚至在国际上任何一项体育项目中都是较为原始的逻辑出发点。西方因为农耕劳作行为,演变为今天的部分田径项目;而中国传统的蹴鞠运动,古代叫踢石球,其实就是古代人类祈雨的一种仪式。诸如此类的传统活动,加之历史文化的沉淀,经过时代的更替与变迁,完善了民族传统体育在当今社会的锻炼逻辑。然而,高速信息化时代的发展,给民族传统体育的身体锻炼提出了更高的要求。民族传统体育已不只是"各民族原生态文化为主体"的活动方式,强调跨越式地转变为现代体育的竞技功能,深化了参与竞争的活动意识。从体育竞争中寻求人们的地位归属,从而在族间建立以身体锻炼为主导的文化认同。

但是,从民族传统体育的运行体系上来看,对于身体的关注与现在竞技体育略有差异。本土化特征揭示了民族传统体育的体系轮廓,换句话说,就是要想了解和掌握一项民族传统体育项目,不但可以从项目本身得到解释,也能够通过了解当地文化涵养对本民族的体育项目中的隐性情感有所体会,对此活动行为达到设身处地的亲历感受。

(二)民族传统体育的主观心理感应

民族传统体育是我国劳动人民智慧的结晶,是他们对劳动的总结和对生活的诠释。在体育性与趣味性交融的基础之上,对于体质健康的影响是显而易见的。同时,民族传统体育的文化成分,不仅引导着人们的参与方式,同时

---

① 黄龙.文化学视域下民族传统体育健康理念探析[J].武术研究,2019,4(5):93-95.

也在族群认同中干预着活动主体心理层面对主观幸福的追求。

民族性是民族传统体育鲜明的文化特性,它在历史发展的过程中,在民族文化成分的保存和兼容方面奠定了自身广泛的群众基础。例如,在壮族这一少数民族群落中开展较为普遍的抛绣球活动,其简单易学的技术特点,不受性别、年龄、场地、气候、时间限制的便利条件,对于身心互动的促进起到一定的推动作用。抛绣球在历史上是一种"富家女儿择婿"的方式,带有"一抛定终身"的中国传统思维。然而,处于活动主体和主导者之间,别具一格的娱乐成分促进了人们的交流和友谊的建立,通过这种特殊的社交方式体现出活动所带给人的喜庆的心灵慰藉。"抛绣球"的现代发展,由于市场经济的介入,引发关于民族传统体育的产业问题日趋多样化,抛绣球走出族群限制,带着时代印记登上各地舞台。其实,不仅是抛绣球活动对于人们的心智有所影响,武术作为民族传统体育的精髓所在更能够称得上是对心灵的洗涤。

武术运动历史悠久、源远流长,有其独特的民族风格和浓郁的民族色彩,参与方式、活动形式在历史沉淀中也受到了宗教文化和风俗习惯的深刻影响。对于武术的表达逻辑,除去神秘的色彩后,并不是按照量化的标准去衡量身体的锻炼效果,而是通过习练者自身的隐性超越去获得自我认同的心理感应。[①]武术自古分流出不同的拳种和门派,而太极拳作为国际大众普遍接受的武术拳种代表,拳理内部关于技术、文化、涵养等武术因素的植入潜移默化地影响着习练者的身心协调功能。首先,"未曾习武先习德"这种以礼始、以礼终的武德要求强调习武者谦卑的处世心态,只有真正放下心浮气躁,脚踏实地修炼,才能感受到武术的自身魅力。其次,早在春秋时期的太极拳,开始有以《周易》为基线的中国传统哲学思维的渗透,力图通过绵缓的动作运行风格,在体验时空变化的同时反射出人们在习练中对于心智思考的把握。最后,也是值得深思的一点,武术非量化的评价标准,从心理层面考虑,作为体育运动的心理超越,是在对于技艺的不断习得而打破自身纪录的瞬间,所涌现的顿悟和体悟的双重感应。换句话说,就是传统武术运动的方式方法,在人体活动的内心层面,存在着对主观感受的自我评价心理感应,通过评价进行意识认同、客观幸福感和超越自我的心理健康调试。

---

① 牛亚莉.论体育的文化现象[J].甘肃高师学报,2005(4):124-126.

三、丰富的民族文化内涵

一直以来,民族传统体育都被誉为"中华传统文化的宝库",其不仅拥有悠久的历史,还具有丰富的文化底蕴,仅此两点,就已经奠定了其在中华民族传统体育文化中的地位。传统文化多是以民族的形式发展起来的,其所表现出的语言、性格、风俗、精神面貌等方面的特征亦是在民族产生与发展的过程中逐渐孕育而成的。中国文化,所指即中华民族的传统文化,它的产生与发展对民族传统体育产生了深刻而久远的影响。其实,"文化"并不是一个抽象的名词,甚至很多学者都在自己的著作或论文中这样阐述:传统文化就是民族文化,而民族传统体育就是传统文化的一种映射。民族传统体育具有丰富的民族文化内涵,下面将详细对其进行分析。

(一)民族传统体育对人类生产、生活方式具有折射性作用

研究证明,原始体育与人类劳动密切相关。因为当时的物质生产能力极为低下,为满足生活所需,让自己在恶劣的自然环境中生存下去,人类只能运用自己感性、质朴的思维方式来观察自然界中一些表象的现象,继而通过简单的劳动来对自然界进行改造。在这个过程中,人类的身体逐渐变得强壮起来,在一定程度上发挥了体育的价值。之后,随着生产力的不断更新与发展,体育运动和生产劳动慢慢地分离开来,其价值与功用亦得到了进一步扩大,逐渐成了一种提高身体素质、改善身体机能的特殊活动。总的来说,原始体育在某种程度上是人类生产、生活方式的一种折射,与生产、娱乐、宗教信仰等人类活动密不可分。

(二)民族传统体育在一定程度上体现着一种自然、生产与文化心理

我国地域广阔,南北地势差异较大,由此造成了各少数民族地区在地理环境、气候条件等方面的差距。因长期受到自然环境的影响,我国南、北方少数民族最终形成了不同的生产方式,即南方各少数民族地区主要以渔耕为主,北方各少数民族地区主要以农耕为主。随着不同生产格局的逐渐形成,南、北方的生产工具也相应地发生了改变,意在适合于本地的地理环境,便于农作。南、北方的生产工具也由此分化开来。

从外形和功用上来看,我国各少数民族人民所使用的生产工具都存在着很大的差别,以致后来逐渐被"特化",成为专属于这一地区少数民族人民的

生产工具。

怀特(Leslie A. White)曾说:"在其他因素维持原态的情况下,文化发展程度与所用工具的效率呈正比例变化。"①换句话说,就是生产工具的更新对社会结构的变化与人类思想意识的发展起到十分重要的作用。是的,我国各少数民族之间生产工具的差别的确在一定程度上增大了各民族性格特点与思维方式的差异,其原因是:体育活动产生于生产劳动的过程之中,若劳动方式、劳动环境不同或发生改变,那么体育活动必然会受到影响。

(三)民族传统体育是人类文化生活不可或缺的组成部分

1.民族传统体育是中华民族体育文化的组成部分

我国是一个统一的多民族国家,历史文化源远流长。各民族都兼具勤劳与勇敢两大特质,各民族传统体育项目都拥有悠久的历史与别具一格的地方特色。之所以这样说,是因为每一个民族都拥有自己的历史与风俗习惯,那在这样一块充满着"民族特色文化"气息的土地上孕育而成的民族传统体育项目兼具"文化"与"特色"这两大特点也就不足为奇了。还需说明的是,这些民族传统体育项目不仅集以上两大特点于一身,还具有增强身体素质、改善身体机能、愉悦内心、振奋人心的作用。从这个层面上来说,民族传统体育项目不仅是中华民族灿烂文化的组成部分,还是我国社会主义体育事业的重要内容。

2.民族传统体育产生于社会又受制于社会

之所以这样说,是因为民族传统体育是人类为了满足物质需求在生产实践的过程中逐渐摸索、创造出来的,是人类在相互争斗、娱乐身心的过程中创造出来的,所以它是社会文化的产物。也正因如此,它才会受到社会中诸多因素的制约,受到社会政治、经济、文化及以人为中心形成的血缘、地缘、宗教信仰、风俗习惯等的影响,让其在生存、发展与创新上都处于一定的社会关系中。

3.民族传统体育活动是少数民族精神文化的核心

民族传统体育活动是少数民族精神文化的核心,反映了少数民族精神面貌与思想观念,是一个民族精神生活的重要组成部分。

(1)民族传统体育反映了少数民族人民浓郁的宗教情结。

查阅相关资料可知,在少数民族的众多体育项目中,源自宗教文化的体育

---

① 刘来兵.什么是教育史[D].武汉:华中师范大学,2011.

项目占据大多数,且这些体育项目通常与当地的某一节日有着密切联系,一般是作为这一节日的主要内容得以呈现的。在物质生产能力极其低下的原始社会,当人们面对重大自然灾害、奇特气候现象,却又没有能力对其进行改变或作出解释的时候,就会利用舞蹈、竞技、角力等活动来祈神、悦神,于是,这种兼"体育"和"艺术"双重性质的体育活动便和宗教文化产生了千丝万缕的联系。

(2)民族传统体育反映了内外合一、形神兼备的审美情趣。

不妨以武术为例,对这一观点进行说明。中华武术自古讲求内外合一、形神兼备。所谓"形",指的是习武之人整体的外在形象,而"神"则指的是习武之人的内在。如若对二者进行境界划分的话,那么"形"就是初级境界,而"神"则是追求"虚"与"静"的更高一层的境界。《十三势歌》中这样要求道:"静中触动动犹静,因敌变化示神奇。"其中就蕴含着修炼"虚"与"静"的哲理,也就是说,只有保持内心静谧、身心放松,才能达到形神兼备、内外合一的最高境界,亦只有如此,才能感受到形神统一的审美情趣。

4.民族传统体育坚持以本民族文化特质为基,借鉴与吸收其他外来文化

在多数人的眼中,文化是一个不断更新的主体。如果将"文化"当作人来看待的话,那么这个人就是通过不断学习别人优点、规避自身的缺点来丰富自身的血和肉的。欧洲的文化之所以发展至今依旧生机勃勃,其经久不衰的关键性因素就是它总是在不断地吸收外来文化,努力地充实自身。由此可见,中国文化若想要发展壮大,若想要在世界文化之林中获得一席之地,也要不断学习和吸收外来文化,为自身注入新鲜血液。因为在21世纪的今天,哪一种文化最具将不同文化、不同传统、不同学科三者之间联系在一起并加以整合的能力,哪一种文化就能在世界引起轰动,受到世界人民的推崇。

民族的文化体现着这一民族的进步与发展、独立与尊严,所以,民族文化的存在并非毫无根基,而是具有自己的精神主体,即民族文化的特性。于一个民族而言,只要保证自身民族文化的特性不丧失,那么这一民族独立存在的价值就不会失去。

体育文化之所以产生、发展,其根源在于本民族文化的产生、发展。一个民族的传统体育文化一方面体现着自身的历史发展进程,另一方面还体现着现代体育的发展进程,它犹如一座桥梁一般将国家或民族与世界体育文化联结在一起,成为自身体育文化在未来体育文化发展中的发力点。当然,还要说

明的是,无论民族传统体育文化将来是否能够将自身的优点发扬光大,是否能够让自己走向世界,是否能够推动人类体育文明的进步,都要秉持一点,那就是始终坚持以本民族文化特质为基,并在此基础之上来吸收和借鉴其他外来文化,博采众长。

5. 民族传统体育标志着人类文明社会的发展与进步

经济时代的到来不仅带动了人类文明的发展进程,也带动了民族传统体育事业的发展速度,让体育在社会文化中的地位更为突出,甚至成为文明社会的重要性标志。

随着生活水平的不断提升,人们对于物质文化生活也提出了更高的要求,"健康第一""终身体育""身心和谐"等健康性名词逐渐进入人们的生活,这些均在无形之中刺激并促进着体育必须朝着多样化的方向发展。在现代,体育不仅是劳动再生产的一种形式,更是丰富文化生活、精神生活的重要手段。与此同时,体育在政治生活中的地位亦不容小觑,作为提升文化软实力的重要手段之一,体育在国际协作中发挥了不可替代的作用。

四、注重德、智、体全面发展

在人的全面教育中居于首位的体育教育,不仅要担负起物质形式上增强人民体质的外显功能,也要担负起在完美体魄造就过程中对人的道德、心智、审美等方面的内在教育功能。作为世界体育奇葩中的中国民族传统体育是我国各族人民在长期生产劳动、生存自卫、娱乐养生等活动实践中创造出来的寓竞争、娱乐、地域、艺术观赏性、趣味性为一体的综合运动形式,它涵盖了"性命双修、心身并育"的生命整体优化理论。受中国传统文化影响,中华民族传统体育在促使人的身心和谐、倡导追求高于物欲的精神价值上起到至关重要的作用。[①]

(一)中华民族传统体育讲求"心神并育"的养生之道

现代社会随着工业化、信息化进程的加速,人的异化程度也在加速。生存、生活、工作压力的不断加大,造成现代人不仅身体机能呈亚健康状态,心理

---

① 张怀军.中华民族传统体育与人的全面和谐发展[J].吉林体育学院学报,2008(2):111-112.

障碍与心理疾病也普遍存在。对我国16个百万人口城市的调查显示,广州、上海、北京人的亚健康率高达73%~75%。中国科学院调查显示我国知识分子的平均寿命仅为58岁。内心矛盾与压力长期得不到正常排泄和释放,人的精神必然要处于虚无或过激状态,这种心理作用在生命个体上的极端作用又导致暴力犯罪或自杀。另据北京心理危机研究与干预中心2004年的调查显示,中国每年至少有25万人自杀,2000万人自杀未遂。① 如何增进人们的心理健康、身心健康,保证人们的正常学习、工作、人际交往,维护社会稳定,是社会主义精神文明建设的重要内容,也是社会和谐与人的全面发展的重要评价指标。

体育锻炼作为释放心理压力、排解情绪的一种手段正被越来越多的人所重视。与西方竞技体育通过剧烈运动而产生身体疲劳感来排泄能量和释放压力不同,中国民族传统体育更侧重对人们心境产生持续良性作用。这些运动项目受中国古典哲学中的太极发生观、圆道运动观以及动静有序观的影响而形成,不仅具有休闲性的特点,又融健身、疗疾娱乐、观赏于一体,而且透视出整体和谐的文化内涵与哲学底蕴,表现了人对自身生命活动规律和改造自身创造能力的认识与发展。② 比如,导引术、健武、太极拳等养生体育所追求的终极目标是健身修身养性,讲求性命双修、形神具养或心神并育,使人体的各系统或器官在人生命的全部历程中都处于相互协调发展的状态。

在城市化进程日益加快的今天,民族传统体育可在很大程度上弥补竞技体育在场地方面受限制较高、对人思想境界提升不足的缺陷,在运动中教育倡导人们从向自然索取,追求物质利益转向追求人自身的发展,实现自我超越,追求人内心世界的平和宁静与超脱。

(二)中华民族传统体育宣扬"天人合一"的终极关怀

在中国传统文化中,"天人合一"的传统伦理道德所体现的中国传统文化孕育了修身养性的五禽戏等各种气功导引术和防身健身的角抵、摔跤、武术,还创造了因时而作的端阳龙舟、重阳登高、清明秋千、放风筝以及各种娱乐表

---

① 杨莹莹.中国民族传统体育在构建和谐文化中的作用[J].少林与太极(中州体育),2009(2):24-26.

② 张伦厚.论民族传统体育在普通高校的传承与和谐校园的构建[J].运动,2010(3):97-98.

演的踢毽子、跳绳、球戏等。这些体育项目与活动大多体现出运动者与自然环境的和谐相处,对自然风光的领略与欣赏,在户外运动中自然陶冶情操,培养质朴的性情,也同时激发了人们对自然的热爱与敬畏。①

回眸 20 世纪,人类由于过分地追求物质生活而忽视了生命价值和理想境界,导致精神颓废和道德堕落,使物质文明和精神文明严重失调,在人的精神沟通、心理平衡、人生价值和终极关怀等方面发生了内在危机。西方文明带来的经济等领域的巨大优势的增长也造成了西方文化与西方自由竞争中产生的功利主义价值观、生态伦理观的全球化。今天的我们在建构社会主义和谐社会的道路上要对西方传统经济学"资源无限"的假定与"以人为中心"的发展观重新加以审视和评判,着力发掘和弘扬民族文化中契合时代精神的智慧精髓,对社会科学与自然科学领域在发展过程中所涉及的理性问题要注意运用先进的哲学观点和现代科学思维方式加以解决。在人与自然的关系上不能重蹈西方社会"先破坏再治理"的覆辙。作为根植于中国传统文化深厚土壤中的民族传统体育在倡导"天人合一",倡导人的自然本性的哲学理念,保持人与自然相亲相近、和谐共处的终极关怀上应该起到价值重构的作用。②

(三)中华民族传统体育倡导"克己复礼"的交往规范

近代工业革命兴起后,张扬个性,恶性竞争,最大程度获取个人利益一度构成西方社会的价值体系。人与人之间的关系异化成不讲亲情友情爱情的金钱关系,人情冷漠,尔虞我诈,人心惟危,人们对人性丧失信任与信心,严重背离职业道德行业准则的行为大量出现。这种价值体系在体育运动领域中的体现是被金钱异化的体育——滥用禁药,赛场斗殴假球,黑哨,过分职业化、商业化等。这些有悖于奥林匹克精神的行为对社会人际关系、社会经济、文化、心理环境的恶化又起到推波助澜的作用。

在中国社会发展中长期占主导地位的儒家文化,强调把人的"物欲"也纳入伦理道德的规范中。比如,强调"立己立人,达己达人"的"礼让"精神和"以礼节欲""修心"为重的重义轻利思想在社会各个领域中都成为行为规范。中

---

① 陈颖川,刘建军,吉建秋.传统体育文化的现代抉择与人文精神的复归[J].天津体育学院学报,2005(2):85-87.

② 马云慧.中国传统武术的人文精神[J].博击(武术科学),2006(7):6-8.

国传统体育中对"修身养性"的理解不是追求有形的"物质"利益的获得,而是侧重于一种意念德艺的修炼,用"礼"来规范和节制人的行为。中国有史记载的盛行于唐代的"十五柱球戏",就是中国"礼"文化在体育比赛内容方面的体现。源于中国的蹴鞠,虽与西方足球在内容与形式上大致相同,但更讲究的是技艺、节奏、韵律和以大局为重的集体协作精神,给人以文明和谐、心灵净化的体悟。[1] 而吐纳功太极拳、武术等传统体育代表项目也从没有形成获取利益的比赛形式。价值的追求体现于气、身、形、神等外在功能,通过过程体验生命的超越和人生的价值。一个能够称雄武林的领袖级人物不仅要有精湛的武艺,更应具备众人叹服的武德。侧重于人的内在价值,注重人的群体意义和社会人格是民族传统体育的文化内核。在人与人的关系和人与社会关系的协调上,民族体育真正传承了中国文化倡导的"格物致知、修身齐家、治国平天下"的思想境界和为人处世哲学。通过自省、克己来处理好"义利"关系,恢复人与人之间的正常交往,重树行业新风,以期获得社会的全面和谐也是人的全面发展观中对人性发展在道德品质方面的要求。[2]

(四)中华民族传统体育追求"持中贵和"的审美观念

无论是"心神并育""天人合一",还是"克己复礼"都是中华民族中和之道对宇宙万物、人生万象的一个基本的规律性总结在各种具体关系上的体现。中和之道是价值观和方法论的统一体。"和"表征的是事物存在的最佳状态,具有和谐协调、平衡秩序、协同和合的性质,体现了中华民族根本的价值取向和追求。"中"表征的是事物存在和发展的最佳结构、最佳关系和人的行为的最佳方式,是中华民族构建和调节主客体关系的最一般的方法论原则。[3]

在民族传统体育项目中太极拳法用一种热爱自然、融入自然、人我物化的感觉去打拳,以顺乎自然、天人相通的观念来行拳,让动作自然流动,体悟到圆通无碍、恬淡虚悟、宁静自如的美妙境界,淋漓尽致地体现出中国古代传统美学中天人合一的特色,而太极推手中"舍己从人,随屈就伸""仰之弥高,俯之

---

[1] 吴建春.论我国传统体育中的人文精神[J].南京体育学院学报(社会科学版),2004(6):25-26+71.

[2] 张怀军.中华民族传统体育与人的全面和谐发展[J].吉林体育学院学报,2008(2):111-112.

[3] 葛楠,赵宇.构建人类命运共同体的中华德性文化血脉[J].学理论,2019(7):14-15.

则弥深""动急则急动,动缓则缓随"的非对抗性和谐待人法则,也是中和思想的集中体现。①

从现代精神文明的演进态势上看,促进人的全面和谐发展是一个备受关注的理论与现实问题,而正确引导人们进行健康有益的审美文化活动,积极丰富人们的审美文化生活,大力提高人们的审美艺术修养,对于促进人的全面和谐发展将产生重要的作用。面对现代社会在政治、经济、文化、教育、卫生、艺术等各个领域所滋生出的并且有增无减的浮躁风、急功近利思想和对人的身心产生严重污染与无穷毒害的狂怪刺激、粗制滥造的艺术表现、产品,着手进行有益于身心健康的审美艺术活动,尽快提高国民科学文化知识水平和认识社会的能力,已经成为社会主义人的全面发展观中在美育方面的迫切要求。倡导民族传统体育,在继承与发展民族传统体育"心神并育""天人合一""克己复礼""持中贵和"的思想精华中,弘扬祖国悠久灿烂的文化,引导社会主义建设者建立新型的社会主义道德观,追求高于物欲的精神价值,培养朴素和谐、宽和、融通,务实求真的审美品位,对促进人的全面和谐发展,加快我国和谐社会的建设步伐具有重大而深远的意义。

第三节 民族传统体育进校园与培育中学生核心素养的互动发展

一、民族传统体育进校园与培育中学生核心素养具有共同价值目标

(一)健康教育是二者密不可分的核心

说到教育,这是一个既简单又复杂的问题。说简单,是因人人皆受过教育,说其复杂,是因无论是我国的孔孟圣贤、蔡元培、陶行知还是国外的苏格拉底、亚里士多德、杜威、爱弥儿,对教育的理解都因受到不同价值观、人生观的影响而有不同的认识。但几乎所有的人都对健康教育给予了肯定的评价。而说到健康,1978年,世界卫生组织就给健康定下十项标准,更是提出健康不仅

---

① 张怀军.中华民族传统体育与人的全面和谐发展[J].吉林体育学院学报,2008(2):111-112.

是在躯体上没有疾病,还要具备心理健康、社会适应能力,以及道德的健康。健康是人发展的第一要义,人的健康发展也是社会良性运行的先决条件。教育活动为人的健康发展提供一定的条件和基础。只有在健康的前提下,才能实现教育的功能。因此,体育活动自始至终都是把健康教育作为发展的第一要义。体育活动所具备的重要功能就是能够锻炼人的身体,调节人的心理状况,在体育活动开展中,培养人的交际交往功能,锻炼人的社会适应能力。新世纪里,国家提出"健康体育"概念,将体育课改成现在的"体育与健康",其寓意不言而喻,体育不再是以身体健康为单一目标,体育的教育功能逐渐由身体教育转变为更加重视心理健康、社会适应能力、道德行为健康等方面的教育作用。少数民族传统体育有着优良的道德评价标准,已经充分适应民族地区的风土人情,更是一项寓教于乐的体育活动。少数民族传统体育作为一项重要的教育资源,在教育活动中共同肩负着健康教育的核心价值理念。[①] 而无论是对于民族传统体育进校园,还是对于中学生核心素养的培育,二者具有共同的价值目标,而它们密不可分的核心就是健康教育。

(二)社会化教育是二者最终的归属

教育与文化之间是相互依存、相辅相成的关系。从一定意义上来说,教育就是文化的传承与创新,是文化的一种存在方式;而文化又是教育内容的重要组成部分,个体通过教育实现社会化,其实就是用文化来塑造人。教育始终是以人的社会化发展为中心的活动,离开人的发展问题谈教育便无从谈起。[②] 因此,人的社会化教育决定了教育的发展方向。教育能够使人更快地适应社会的环境,充当不同的角色,并且在人的发展基础上更好地促进社会的发展。这就是教育的最终目标。少数民族传统体育在实现人的社会化进程中,充分利用了其家庭、学校、社会的教育功能对人施以影响,规范人的言行,调节人的心理活动,在社会发展过程中,更快、更好地适应社会的发展,遵守社会的法律法规、道德规范。对于民族传统体育进校园与中学生核心素养培育来讲,健康教育是二者密不可分的核心,同时,二者最终的归属则是社会化教育。

---

① 郑快.少数民族传统体育与教育活动互动发展研究[D].重庆:西南大学,2015.
② 黎平辉.资源开发与文化传承:西部民族地区农村学前教育内生型发展模式探究[J].民族教育研究,2014,25(1):100-104.

二、中学生核心素养的培育引领民族传统体育进校园

(一)中学生核心素养的培育需要民族传统体育提供桥梁

我国是一个多民族国家。2021年5月11日,第七次全国人口普查结果公布,全国人口为1 443 497 378人,全国55个少数民族,少数民族人口为12 547万人,占8.89%,已然是一个庞大的群体。这些少数民族多居住在边远地区,生产力相对落后,经济、文化水平低,发展极不平衡。为了实现民族的平等、团结,共创社会主义事业的胜利,党和国家充分认识到,只有大力发展教育事业,培养少数民族人才,才能实现各民族共同繁荣。因此,民族教育就成为我国整个教育事业的重要组成部分,它不仅有力地推动了各少数民族地区的政治经济发展,更是为维护边疆少数民族地区的安定团结,起到了不可忽视的重要作用。《中华人民共和国教育法》中规定,国家根据各少数民族的特点和需要,帮助各少数民族地区发展教育事业。

但是,由于历史、经济、自然环境等原因,当前我国的民族教育事业还相对落后,民族教育的理论与实践体系还不够完善。要提高民族的经济政治文化生活,还需要更多的教育投入。

在少数民族地区,对于刚进入学校的孩子来说,实现现代教育方式是陌生的,在面临现代体育活动时,技术动作要求难度高,而学会时间较长,导致部分学生产生自卑心理,参与体育活动的兴趣降低,从心理上对学习新鲜事物产生排斥,学习态度发生变化,对文化学习也产生影响。在与一位坐在运动场边的小男孩的交谈中,问他为什么不和场上的伙伴们一块运动？他说,我技术太差了,他们都不喜欢和我玩,都不要我。"那你擅长玩什么？""我会玩陀螺。我玩陀螺可厉害了。我可以几个小时不停。"在面对孩子的这种窘境时,我们应该反思,在少数民族地区单一地实行现代体育发展模式对青少年的身心健康发展产生的影响。而学校教育的最终归属是通过健康教育促进学生身心发展最终实现人的社会化。当学生的身体锻炼与心理健康不能更好地促进学生的发展时,教育活动便出现了问题。找到适合少数民族地区群众的体育活动对促进民族教育的发展,培养更多少数民族地区人才,具有重要的现实意义。[①]

---

① 郑快.少数民族传统体育与教育活动互动发展研究[D].重庆:西南大学,2015.

而少数民族传统体育作为民族教育的重要手段根植于少数民族群众中,这种教育活动有其自身的优越性。它所代表的民族文化对丰富和改善民族教育有着充分的适应性,并开辟了民族教育新的发展方向。因此,在中学生核心素养培育的过程中,需要民族传统体育为其提供桥梁。

(二)民族传统体育进校园应与中学生核心素养的发展相适应

民族问题是中国的一项基本国情,它对保证一个国家的完整性有着重要的作用。一个民族在语言、文化、风俗习惯、宗教信仰等方面必须得到尊重,一旦受到歧视、干涉和破坏,就会认为是对整个民族的侮辱和伤害,由此会引发民族之间的摩擦和冲突,导致民族地区的不稳定。在科教兴国的战略思想影响下,对少数民族地区的教育一定是慎重且循序渐进的。少数民族传统体育文化,丰富地表达了民族地区的精神文化内涵。在教育活动的开展中,不再需要考虑文化的适应性,完全尊重了民族地区的生产生活方式、民族风俗习惯、宗教信仰等特点。一方面,促进了科教兴国战略的实施;另一方面,对民族地区的和谐稳定发展也起到了积极的作用。所以,中学生核心素养培育需要民族传统体育进校园,而民族传统体育进校园则需要同中学生核心素养的发展相适应。

三、民族传统体育进校园为中学生核心素养的培育提供了丰富的文化资源

在中学生核心素养培育的过程中,民族传统体育进校园为其提供了丰富的文化资源。

民族传统体育作为人类的一种文化创造,它包括物质、制度、精神三个层次。因此,对于中华民族传统体育的认识,就必须从物质、制度、精神三个层面进行具体的分析和介绍,这样,我们才能形成一个民族传统体育文化的整体认知。

(一)民族传统体育的物质文化

人与动物的根本区别在于人有意识。动物只能依靠种族本能消极地适应环境,而人却可以主动、有意识地对环境加以影响和改造,留下人类活动的印记。物质文化就是人对环境能动影响的物化记载。换句话讲,物质文化是文化的一种载体形式,它包含着人对环境的改造与创造。美国的社会学家戴维

·波谱诺在其《社会学》一书中指出,一个社会普遍存在的物质形态机器、工具、书籍、衣服等——称为物质文化,一个特定社会所产生的物质文化,其实质是技术水平可开发资料和人类需求的结合体。① 郑杭生的《社会学概论新修》把物质文化界定为,物质世界中,经过了人的加工,体现了人的思想的东西。② 物质文化与非物质文化的差异,主要表现在物质文化因自然规律的作用,在使用过程中不断被损耗,非物质文化却可以被反复使用而不损耗。在对民族传统体育的物质文化研究中,笔者认为:民族传统体育在其漫长的产生及发展过程中,随着人类对自身以及自身与周围环境关系的认识的深入,不断地将这种认识物化于各种物质制品中,它是民族传统体育文化中最为活跃的部分,是民族传统体育文化的标志,主要应包括运动项目、运动器材、器械及设备、体育服饰、体育书籍、体育象征物以及雕塑、壁画、出土文物等几个部分。

1. 中华民族传统体育项目

中华民族传统体育,是中华民族悠久的宝贵文化遗产。据《中华民族传统体育志》记载:目前发掘、发现的少数民族传统体育有 676 条,汉族有 301 条,共计 977 条。其中龙舟、武术、气功、风筝等项目已走出国门,成为世界文化的一部分。③ 梁柱平同志在谈及民俗与民族传统体育时指出:"由于各民族所处的山川地理环境不同,从而形成了各民族的不同风俗习惯,产生了风格、形式各异的民族传统体育活动。"民俗是产生民族传统体育的土壤。而信仰民俗和节日民俗是民族传统体育的主要载体。④ 戴文忠在《云南少数民族传统体育的起源与发展》一文中,也曾指出:"云南少数民族传统体育的起源有 4 种:①人与自然搏斗中产生的体育项目;②人与人搏斗中产生的体育项目;③宗教祭祀活动中产生的体育项目;④娱乐活动中产生的体育项目。"⑤ 由上述二位学者的论述可以得出:体育产生于人们的需要。从原始社会至封建社会,受生

---

① 戴维·波谱洛.社会学[M].沈阳:辽宁人民出版社,1987:273.
② 郑杭生.社会学概论新修[M].北京:中国人民大学出版社,1994:314-316.
③ 中国体育博物馆国家体委文史委员会编.中华民族传统体育志[M].南宁:广西民族出版社,1990.
④ 梁柱平.左江流域崖画中的体育形象[A].中国体育科学学会.第六届全国体育科学大会论文摘要汇编(二)[C].中国体育科学学会:中国体育科学学会,2000:1.
⑤ 戴文忠.云南少数民族传统体育的起源与发展[J].体育文史,1996(4):28-30.

产力发展水平及自然经济条件的限制,各民族传统体育既表现出人类需要的相似性的一面,又表现出不同环境对人的制约性的一面。

因此,从各民族传统体育特点上看便有了区域性、娱乐性、大众性及健身性等特点。文化是影响其特征的主要因素之一,尤其是占主导地位的儒家文化。按民族来划分,主要有:

蒙古族:蒙古族主要居住于内蒙古自治区、黑龙江、吉林、辽宁、新疆、甘肃、青海等省区,在宁夏、河北、河南、四川、云南、北京等地区也有散居,总人口629万多。畜牧业、半牧半农、农业是蒙古族主要从事的经济事业。蒙古诸部落最早分布于贝加尔湖与额尔古纳河之间,史称漠北"黑鞑靼";蒙古草原另一些部落,统称漠南"白鞑靼"。13世纪铁木真率蒙古部落统一漠北,继之与漠南诸部落融合,组合为一个民族共同体,并以其部落名称"蒙古"命名。蒙古属北亚人种的贝加尔中亚类型,颜面属正颌型,颜面高宽而扁平,颧骨突出,头骨低矮,头发黑直而硬,眼裂狭窄,体毛不发达,使用蒙古语。主要的民族节日有成吉思汗纪念日、夏秋之交的"那达慕",信仰喇嘛教格鲁派。历史上,蒙古族过着"逐水草迁移"的游牧生活。"精骑善射"是蒙古族的特点,其传统体育主要有摔跤、赛马、马术、贵由赤、赛骆驼、打布鲁、套马、击石球、布木格、打唠唠球、射箭、踢牛嘎拉哈、沙塔拉鲍格棋等,具有浓郁的草原民族特点。[①]

回族:回族约有人口1100多万人,主要分布于宁夏、甘肃、青海、新疆、河北、河南、山东、云南等地。回族起源于公元7世纪中叶,形成于明代初期。13世纪初,蒙古军把大批中亚人、波斯人和阿拉伯人组成"西域亲军",进攻南宋,并屯牧西北、河南、山东、河北、云南等地,称"色目人"。到明代,这部分人的多数开始形成回民族。最早的回族属印度地中海人种和南西伯利亚人种,也有少数欧罗巴人种,其特征多与汉族人种特征相似。最早使用回鹘语、蒙古语、波斯语、汉语以及中亚一些民族语言,明清时,汉语成为回族的共同语言,宗教上使用阿拉伯文。信仰伊斯兰教,开斋节、古尔邦节、圣纪节是三大传统节日。其民间传统体育活动有:木球、掼牛、打抛、方棋、中幡、踢毽等,尤其以武术著称。较流行的有弹腿、回民七十二式、查拳、太极拳、回回十八肘。

维吾尔族:维吾尔族人口约1177万,大部分散居在新疆天山以南的伊犁

---

① 周伟良.中华民族传统体育概论高级教程[M].北京:高等教育出版社,2003:15-16.

地区,北疆和东疆各地亦有分布。维吾尔族是一个古老的民族,公元4世纪时,就出现在汉文史籍记载中。其先民史称"丁零",公元前分布于贝加尔湖以及额尔齐斯河一带,9世纪中叶迁今新疆,不断与汉族、吐蕃、蒙古、契丹、突厥各部落以及新疆南部诸部落逐渐联合与融合,发展形成维吾尔族。多数人类学家将其列为南西伯利亚人种。主要体质特征是:肤色浅黄、苍白,混合色和浅色的眼角,眼外角高于内角,蒙古褶发育中等,眼裂度中等,黑或黑棕色直硬头发,鼻梁较高,鼻梁直,面型中等扁平,超圆头型,唇厚中等,身材中等。使用维文。主要从事农业生产,擅长植棉、园艺,信仰伊斯兰教。传统体育项目多种多样,约有11种之多。主要有:达瓦孜、"萨哈尔地"、摔跤、帕卜孜、打尕尕、滑冰"顿巴采"、叼羊、赛马等。

苗族:人口约1106万,是我国西南地区人口较多的少数民族之一。苗族分布很广,主要分布在贵州、云南、湖南、四川、广西、湖北、广东等地区。在广西大苗山、滇黔贵和湘鄂川交界地带,海南省也有少数聚居地区。其先民居住于黄河流域以南、长江流域以北,及长江流域中部广大地区。汉代移居湘西、黔东,清代部分由贵州迁入云南。在元代湖南苗族区设有"五寨长官司",贵州设置顺元等路军民安抚司负责对苗民的管理。现代苗族的体质特征是:身材矮小,指距大于身高,中腿型,头部较高而宽,高头型较多;面部低而宽;中偏狭鼻型;口裂较大,上唇较薄;属于介于东亚和南亚之间的人种。苗语分三大方言,湘西方言、黔东方言和川滇黔方言。主要节日有:苗年、敬桥节,以及六月六日男女对歌娱乐等节日。信多神教,崇拜祖先。地理环境的差异,社会发展、经济生活、风俗习惯等方面的不同,使得苗族的传统体育活动呈现了丰富多彩的形式。主要有打秋千、划龙舟、爬坡杆、爬花杆、上刀梯、手毽、掷鸡毛、赛马、跳鼓、猴儿鼓舞、拉鼓、舞狮、打泥脚、布球、射弩、芦笙刀、舞吉保、苗拳、蚩尤拳等。苗族的秋千活动很有特色:一是集体打秋千,二是打秋千时唱歌。8人秋千是湘西苗族人民的传统体育项目。划龙舟活动范围之广,气势之宏大,人数之众多,可谓是苗族传统节日的佼佼者。"舞吉保"可以说是苗族的武术,它包括徒手和器械两大项目。徒手分为粘功、策手、点穴、花拳、礼示等5个方面。器械类包括棍术、锏、棒棒烟、钩钩刀、连架棒、竹条镖。苗族的"舞吉保",是苗族人民健身和武术的经验总结,在形式、内容、技巧等方面都具有其地方民族的显著特点与风格。

彝族：人口约983万，分布在云南、四川南部、贵州和广西壮族自治区。四川凉山彝族自治州是我国最大的彝族聚居区，是典型的山地民族。彝族先民源于古代羌人，从殷商开始沿河西走廊南下与滇东北土著混合，秦汉时，一部分迁滇池等地与当地土著混合。后来这两部分人逐渐形成地跨三省的彝族共同体。现代彝族属东亚人种彝族型。通用彝语彝文。主要节日是六月二十四的火把节，崇拜祖先，信仰多神教。以农业经济为主，畜牧业占有重要地位。文化悠久，富于特色。民族传统体育活动有：摔跤、赛马、射弩、射箭、互布吉则、皮风子、陀螺、磨秋、跳火绳、跳牛、耍龙、刀术等。彝族弓、弩使用历史久远，制作考究。弓体多为木质，弓绳用牛皮筋做成。箭杆多为木质，也有铁质。箭镞有铁质、木质、骨质3种。射箭是彝族节庆、婚丧活动中的主要内容。古代射箭有射远和射准两种形式。彝族"刀术"也颇具特色。掷刀表演，将腰刀抛向十多米高的空中后再稳稳接住，还有掷出后跳跃几次再接刀，集队游行时，常是掷刀表演为向导。

壮族：壮族是一个约有1956万人的民族。主要居住在广西壮族自治区，云南、广东、贵州、湖南等省（区）也有散居。南方土著，春秋战国为百越一支，公元前214年50万秦军进攻百越，随之大量移民岭南，与汉人杂居通婚，归中央管辖。使用壮语，分南、北两大方言，差别极大。主要节日有一月三十的"吃立节"、三月三的歌圩节以及十二月一日的壮年等。信仰多神，崇拜祖先。其传统体育项目有投绣球、抢花炮、特朗、春榔争娃、打陀螺、跳花灯、舞狮、扒龙船、壮拳、洪拳等。壮族人喜武，而壮拳是壮族武术中很有代表性的一个拳种。壮拳的动作彪悍粗犷，形象朴实，沉着健稳，拳势刚烈，多短打、擅标掌、少跳跃，行拳时使用壮语发音，借声气催力。壮拳现存拳术套路35套，器械套路14套，对练套路2套。

布依族：布依族人口约357万，主要聚居于黔南布依族苗族自治州、黔西南布依族苗族自治州、黔东南苗族侗族自治州。铜仁、遵义、毕节、六盘水，以及云南的罗平，四川的宁南和会理等地也有分布。布依族原属分布于今两广和贵州的百越一支——西欧、骆越族系。宋代以前，布依族和壮族属同一群体，宋以后，由于长期分居，文化差异越来越大，才逐渐形成两个民族。布依族的体质特征属南亚人种泰寮类型，但已混有东亚人种成分。布依语属壮傣语支。布依族地区土地肥沃，气候温和，益于农耕，以水稻为主。林业也较发达。

文化艺术丰富多彩,口头文学,尤其是山歌比较著名。传统体育有赛马、丢花包、打陀螺、打秋千、铁链械、花棍舞等。

朝鲜族:约170万人,主要聚居于东北三省。17世纪朝鲜人开始迁入东北,1869年朝鲜大饥荒又有大批迁到延边定居,1901年日本侵朝,大批朝鲜人又迁来,形成后来的朝鲜族。人种特征属贝加尔型和华北型。通用朝鲜文,爱好歌舞。信仰万物,有灵、佛、道、儒和基督,新中国成立后多不信教。传统体育活动十分普及。在端阳、中秋节及喜庆丰收的季节里,都要进行的传统体育项目,有摔跤、荡秋千、跳板、铁连极、高丽象棋、顶罐走、投骰7种。

满族:满族人口约有1042万,分布在全国各地。以辽宁为最多,其他散居于吉林、黑龙江、河北、内蒙古、新疆、甘肃、宁夏、北京等省市。满族先民世居我国东北,历史上有各种名称,1636年皇太极称帝改国号为清时,定族名为满。最早的满族先民属北亚人种北极型,到近代转化为东亚人种。华北型为主,兼有北亚人种通古斯类型的人种特征。有满语、满文,入关后,逐渐通用汉文。信仰萨满教,崇拜祖先。古代满族人以渔猎为生,非常重视体育,善于骑射是满族人的特点。主要体育项目有:冰嬉、双飞舞、溜冰车、溜冰、打冰嘎、雪地走、采珍珠、射箭、步射、追射、摔跤、举重等43项。其中骑马、射箭、采珍珠、摔跤、赛威呼、双飞舞、狩猎等项目具有浓郁的民族气息。

2.运动器材、器械设备

在900多种民族传统体育项目中,有相当一部分项目在其完成过程中需要借助于一定的器械、器材来进行,如刀、枪、弓、箭等,这些器械、器材都是中华民族的祖先在生产劳动过程中创造,后又经历代人改进,不断发展和完善起来的。作为人类的一种文化创造,它凝集了无数人的智慧,是鲜活的化石。因此,在民族传统体育文化的研究中,我们也应加强对这一部分的研究,解读其特有的文化内涵。例如,龙舟竞渡中的龙舟,基本上由三部分组成:①船体;②龙头、龙尾;③各种装饰及锣鼓等。普通龙舟船体呈菱形,两头窄,中间宽。宽窄一般在1~1.2 m之间,个别的宽1.4 m。船的长度差距较大,长的可达30 m多,短的约10 m。龙头大多用整木雕成,竞渡前才装上。广州东江大头狗龙舟龙头的龙颈很短,龙头很大;广州西江鸡龙舟龙头,长1 m左右,小而上翘,大多为红色,称为"红龙",也有的涂为黑色、灰色,称"黑龙""灰龙";湖南汨罗县的龙头,短颈,上唇部夸张地向上高翘伸起;江西高安县均阳镇的龙头,上唇及鼻子像大象一样弯曲,远远伸出,并且在龙头之下、龙舟的正前方钉有一刻有兽纹的半圆形木板,兽纹似饕餮,又像狮子;贵州清水江苗族制作的龙头,用2~3 m长的水柳木雕刻而成,重达50~100 kg,上涂金、银、红、绿、白各色,龙头昂首向天,头上有一对变弯的龙角,酷似水牛角,龙颈上还有十多个木齿;贵州施秉县无阳小河村制作的龙头,长2 m多,鼻孔拱穿,很像牛鼻;而西双版纳的龙头最大特点是,在龙嘴前方伸出长长的2根或3根大象牙似的长牙……龙尾大多用整木雕成,刻满鳞甲,各地龙尾也不尽相同。龙舟的装饰是指除去龙头龙尾以外的东西,包括旗帜、船体上的绘画,以及锣、鼓、神位等,龙舟上的装饰各地差别更大,很难找出共同的、规律性的东西。例如,鹿门康帅府的三角形船尾旗,上方绣有一鹰,中部为一太阳,下方为一熊,称为鹰熊伴日旗。帅旗为长方形,每条船1~2面,一面绣有双龙,另一面绣有双凤,正中绣帅字,上方绣鹿门。罗伞绣有各种图案,有的绣八仙,有的绣八仙的各种宝物。除普通龙舟,还有造型龙舟、独木舟、凤船、龙艇等,这些犹如一幅幅巨型画卷,向人们展示着先人的创造与智慧。再如"风筝",是中国古代重要的发明之一,是世界上最早的人造飞行器。风筝在中国极为普遍,但最具特色、各成一派的当属北京、天津、潍坊和南通。北京金氏风筝造型雄伟,画工粗犷。哈氏风筝骨架精巧,画工素整;天津风筝享有盛名的有张七把兄弟、老金记兄弟、帘子李等人,最著名的是魏元泰和周树泰。魏元泰创造的十二个风筝新品种,无不精巧别致、生动优美。做过七步长的"鲇鱼",丈八的"麒麟送子",不足一尺的"鹰"。大小风筝,形态不一。有人物,有图案,有鸟虫,有鱼兽。他做的"八仙庆寿"更是别具一格。周树泰在20世纪40年代曾创作过"三百梅花竹眼硬膀蝴蝶",轰动一时。同时,他又是第一位使汉字风筝飞上天的人。软膀风筝"虾"的升天,为风筝艺术的发展提供了宝贵资料;潍坊风筝工艺精巧,浑厚淡雅。潍坊风筝的样式结构有平板式、半立体式、立体式、立体与平板结合式4种。在构造上,有硬翅、软翅和活翅3种。风筝种类繁多,现已发展到500多种。鸟兽鱼虫、花卉草木、人物百戏,皆为风筝。潍坊风筝制作名家当推陈哑巴和王福斋,陈哑巴制作的风筝,竹框灵巧坚固,造型生动逼真,画工精细,放飞高稳。王福斋擅长人物绘画,把国画的传统技法运用到风筝的绘制上,形象活现,造型优美,提高了风筝的艺术水平。除此之外,还有各种各样的运动器械,它们同样也是一种物化的文化,是体育物质文化的重要组成部分。

3. 民族传统体育的文献典籍

人类自从创造出文字以后,语言、文字不仅促进人类的思维与交流,但更主要的是促进了文化的传递与传播。民族传统体育产生于人们的生产、生活、劳动、娱乐,产生于军事、祭祀,一方面它经过人与人之间、一代与一代之间的直接经验传承与学习而延续、保留至今,但有相当多的部分要从各种文献典籍中去寻找,去研究,文献资料法是我们研究民族传统体育的主要方法。因为自从有了文字以后,绝大多数需要靠文字来记载、传承,间接经验的学习可以节省人们大量的时间,同时又使人类在短时间内掌握人类文化遗产成为可能。另一方面也有相当一部分会随着朝代的更替、历史的演变,渐渐失去存在的合理性,而成为历史遗产。我们只有对其挖掘、整理,才会使其重放异彩。

自古迄今,有关民族传统体育的文献相当浩繁。如最早的《周礼》中就有关于乐舞和射、御的考核内容。《礼记·月令》载:"天子乃教于田猎,以习五戎,班马政。""五戎"即弓、矢、殳、矛、戈5种兵器。[①] "马政"即驭马驾车技术。商代的《尚书·洪范》在所谓"五福"中,就有了"寿""康宁""考终命"的概念。《六幞》记载了兵种选拔条件的各种规定。《汉书·艺文志》记载了《剑道》38篇,《手搏》6篇,以及各种《射法》等与兵有关的著作。《战国策·齐策》:"临淄甚富而实,其民无不吹竽、鼓瑟、击筑、弹琴、斗鸡、走犬、六博、蹋鞠者。"《蹴鞠》25篇,就是一部关于蹴鞠竞赛与训练的专著。[②] 东汉人李尤的《鞠城铭》关于竞赛的场地规则等方面就给予了详细的记载与论述。《黄帝内经》内容丰富,论述全面,奠定了古代养生学的理论基础。《汉书·艺文志》上有《黄帝杂子步引》《黄帝歧伯按摩》等有关西汉以前的导引著录。齐梁间产生的《骑马都格》《马射谱》《马槊谱》《隋书·经籍志》《幻真先生内元气诀》,陶弘景的《养性延命录》《导引养生图》,孙思邈的《千金要方》《千金翼方》《保生铭》等都是主要的民族传统体育文化典籍。明代汪云程的《蹴鞠图谱》是我国古代蹴鞠活动较完备的教科书,全书21节,包括竞赛规则、技术名称、技术要领、场地器材、球戏术语等蹴鞠活动的全部内容。在养生学方面,宋代及其以后的专著相当多,如宋末年官修的《圣济总录》,宋人的《回时颐养录》《寿亲养老专

[①] 礼记·月令[M].
[②] 汉书·艺文志[M].

书》《八段锦》《云籍七签》,刘完素的《摄生论》;明代的《红炉点雪》《修龄要旨》《摄生三要》《养生四要》《寿世保元》《赤风髓》《万寿仙书》《遵生八笺》;清代的《勿药元诠》《寿世编》等。①

到了近代,有关史料更是多如牛毛,有专著、论文,有图谱、秘笈,还有各种史料和地方志,这是民族传统体育研究的珍贵文献。由原国家体委文史委员会和中国体育博物馆编著、广西民族出版社出版的《中国民族传统体育志》,是一部有关各民族体育的大百科全书。该书挖掘、收集、整理民族传统体育项目977条,包括古代已有的,现代仍流传或已失传的,有文字记载的,或只有口头传说的,涉及武术、气功养生健身、棋类、文娱等几大门类。每一项目,从起源、流传开展情况,到规则、成绩记录、重要人物,以及在该民族人民生活中的地位与作用,都作了详细的介绍,它是一本极其珍贵的资料。

4.出土文物、壁画及民族服饰

民族传统体育,则是因为它形成时间比较早,产生于各民族早期的生产、生活,是人类生产、生活最原始的记录与反映,它要比语言、文字产生早得多。一是在语言未产生之前,人们就在进行着各种社会活动,狩猎、采集、沟通等,而这一切都必须借助于身体语言,而对其记录也是由简单的线条、人物简画所组成;二是因为体育活动或者身体活动,因其有直观、形象的特点,人们在其活动中进行的思维也大多是直观的动作思维。因此,对动作、身体活动的记录也多是以图画的形式进行,关于各民族早期传统体育活动的大量情况被记载在各种陶瓷制品及建筑壁画中,因此出土文物、壁画也是研究民族传统体育的一个重要方面。它是人类早期活动的一个佐证。例如:20世纪70年代初,云南博物馆在江川李家山发掘出土的铜鼓,是古滇人进行秋千活动的有力说明;1953年,中国科学院考古研究所在西安半坡村北"半坡遗址"内发现"石球",表明母系氏族社会时期,人类祖先就有"石球"游戏,由此提出蹴鞠活动起源于原始社会后期;广西贵县罗泊湾汉墓的1号墓出土的铜鼓则是我国龙舟竞渡起源的佐证;李重申、李金梅等在《敦煌莫高石窟与角抵》一文中指出,目前,我国对角抵的研究除文献资料外,还有相当一批出土文物待认真考证,尤

---

① 董立兵.提升我国民族传统体育文化竞争力的SWOT分析与策略研究[J].浙江体育科学,2013,35(6):47-50.

其是西陲敦煌所保存的壁画和藏经洞发现的白描和幡画,西魏第288窟、北周第290窟、五代第61窟、北周第428窟、盛唐第175窟等都有角抵的各种珍贵资料。① 敦煌莫高石窟、千佛洞、榆林窟等石窟中,绘有数百幅精美的佛教故事图,绘有古人应用弓箭进行习武、竞赛、作战、骑射、射猎的行为,等等。敦煌的古墓群、烽燧,古长城中出土的画像砖、箭镞、弩等,尤其是古墓群的画像砖为我们保存了大量弓箭文化的视觉资料。在河南洛阳出土发掘的大量文物对于了解古代投掷运动的发展具有重要意义。例如:1954年,在洛阳孙旗屯遗址,发掘出了新石器时代的石铲、石球、石饼等文物,其中有一个直径9.8 cm,重量约为1095 g,表面光滑,经过加工呈青黑色的石球;1997年6月,在洛阳小浪底库区,位于新安县仓头乡盐东村的盐东遗址,发现了史前新石器时代的聚落遗址,其中出土了一个直径12 cm,重量约1140 g,呈灰色的石球;1997年10月,在洛阳偃师宫殿遗址,出土一个直径为15 cm,重量约1850 g,表面光滑,呈土黄色的花岗岗石球;1984年,在洛阳涧西出土西周时期的四文体尖状物,长15 cm,是可安装在木棒上的类似现代标器的骨器;1998年1月,在洛阳解放路的战国墓出土了一个长27.4 cm,宽5.2 cm,厚11.5 cm的铜矛,矛上铸有"越王者旨于易"字样。② 总而言之,上述出土文物、岩画、壁画、画像砖等这些重要的民族传统体育文化,是人们揭开历史谜团,正确再现历史的最重要、最充分、最有说服力的资料。至于民族服饰,它属于服饰文化,也应属于体育文化的一部分。因为民族传统体育项目大多与民族传统节日结合在一起,在传统节日里举行。在节日里,人们身着民族服饰奏民族音乐,进行民族传统体育游戏或竞赛,形成一道特殊的亮丽风景线,格外引人注目。因此也就具有了强烈的文化象征意义。

(二)民族传统体育的精神文化

精神文化,是文化的核心、灵魂,是不同类型文化的标志。它居于文化结构的内层,是最稳定最保守的层面。也有人将这部分称为理念文化。如日本社会学家横山宁夫曾把精神文化区分为理念文化与制度文化。理念文化是处

---

① 李重申,李金梅,李小惠,等.敦煌莫高石窟与角抵[J].体育文化导刊,2002(1):88-91.

② 陈汉有,张文普,张立威.看洛阳出土文物 论古代投掷运动[J].体育文史,2001(4):55-56.

在思想、观念状态的文化,还没有变为社会规范。而制度文化则是已成为多数人遵循的规范,它反过来对人们的行为具有约束力。很显然,横山宁夫在使用精神文化一词时,是在与物质文化相对应的定义上使用的,其理念文化相当于本文中所定义的精神文化。[①] 由于在其具体定义上有一定的区别与混乱,因此明确定义其内涵就是非常必要的。

对于中华民族传统体育的研究,不仅要重视体育的运动形态,更要注意它的制度与观念形态,因为理念文化是文化中最保守、最不易变化的部分。通过对民族传统体育精神文化中价值观念、思维方式、审美情趣、民族心理等部分的分析与研究,才能促使民族传统体育真正地走向现代化。高玉兰曾指出:中国体育改革正面临文化深层—思想观念的变革。[②] 目前,我国体育精神文化处于现代体育精神文化与传统体育观念、思维方式不相适应的矛盾中。现代体育精神文化要求主体具有综合的体育价值观念,开放多元的思维方式,强烈的竞争意识,以及独立自主开拓进取的心理品质,而深深根植于传统农业型文化土壤中的中国传统体育精神文化缺少的正是这些。传统体育观念中,中庸、求静、求和、等级观念、贵义贱利等,实际上已成为中国体育走向现代化的心理障碍,体育改革已紧迫地面临着文化深层—思想观念的变革。中国传统体育文化是一部不易读懂的书,我们只有以高度的历史责任感与使命感,才能解读它的奥秘。

中华民族传统体育是在长达千余年的封建、农业型文化中发展起来的,中国传统文化必然会对传统体育产生影响,传统体育又同时必然折射出人们的传统观念。

关于中华民族传统体育的价值取向,有许多学者进行过研究和探讨。如有学者概括为:"以儒家'天人合一'和'气一元论',为哲学基础,以保健性、表演性为基本模式,以崇尚礼让、宽厚、平和为价值取向的体育形态。"学者高玉兰总结为:"中庸、求静、求和、等级观念特征和贵义贱利的价值观念。"民族传统体育是在民族传统文化影响下的一种文化创造,它必然以农业经济、中央集

---

① 黄咏.论中华民族传统体育文化特性[J].贵州民族学院学报(哲学社会科学版),2007(5):190-193.

② 高玉兰,刘芳,郎亦工.从文化结构看中国体育改革[J].沈阳体育学院学报,1991(1):9-13.

权、宗法家庭等因素为背景,形成与传统文化相一致的体育文化。①

1. 重教化、讲等级、崇文而尚柔

受占主导地位的儒家文化的影响,中国古代体育表现出:在目的作用上的伦理教化的价值趋向;尊卑有别的等级观念;崇文尚柔的运动形态。中国自汉朝以后的历代封建帝王和儒家先哲,把道德需要作为人的最高需要,最大的价值就是道德价值。"内圣外王"的贤人是人生的追求标准和理想境界。由于过于重视伦理教化而忽视了其他,致使其走向极端,形成悖谬。受此影响的中国古代体育,只是人"成圣成德,完成圆善"的手段。体育的健康、娱乐等其他价值与功能遭到抹杀。这不仅不利于中国传统体育的正常发展,而且也不利于人的身心发展。如:射礼要求"内志正,外体直";投壶要求"不使之过,亦不使之不及,所以中也,不使之偏颇流散,所以为正也,中正,道之根底也。"踢球应以"仁义"为主。尊卑有别的等级观念在传统体育中得到了最大的渗透。体育活动中的"君臣之礼,长幼之序"严重影响了体育的公平竞争。西周的射礼有大射、宾射、燕射之分,有弓箭箭靶、伴司乐曲、司职人员的等级区别。"秋"在围猎最后阶段,要由皇帝所在的"黄帷"射出第一箭,歼兽活动才能开始。受"中庸""贵和""寡欲不争""以柔克刚"等思想观念的影响,中国传统体育表现出力量、刚强、竞争不足,而舒缓、柔弱、平和有余的性格特征。中国的儒家文化使得中国传统体育的体育特征几乎丧失殆尽。

2. 追求人与自然的和谐统一

在传统的农业经济条件下,为了处理好人与自然之间的关系,就要法天地,法四时,天人受此哲学观的影响,民族传统体育注重以整体的概念描述人体运动过程中形态、机能、意念精神诸方面的活动,以及这些状态与外部世界的联系。在体育上不主张事物的极限发展,没有对自然躯体的支配欲,强调人与自然的和谐,在宁静、冥想中悟道。如:中国传统体育的代表项目气功、太极拳等都是在意念的主导下,"以心会意,以意调气,以气促形,以形会神"。通过意识与肢体的活动使"心灵交通,以契合体道"。它借助于人体内部物质系统的信息流、能量流去维持与外界时空环境的有序活动,进而调节机体的新陈代谢,保养生命。锻炼过程中多采用基本功练习与完整练习相结合的方法,体

---

① 于涛.关于中西体育分殊与融合的历史唯物主义思考[J].体育文史,1997(5):8-11.

现了中华民族追求平衡和顺其自然的主体化思维方式。① 这种观念和思想对于克服西方科学主义"主客之分,身心两分"所带来的科学危机已显示出独到之处。但是由于缺乏积极探索自然的精神和重视直觉思维方式的影响,对运动健康的奥秘很少像古希腊的学者那样彻底的探究,即使是医家、养生家,也始终停留在"阴阳平衡"前,未能更进一步。

3.群体价值本位

中国文化占统治地位的是尊尊亲亲的宗法观念。传统文化以家庭、家族为本位外推,把尊尊亲亲的价值观念扩大并延伸到整个社会群体之中,也就造成了中国传统文化以社会群体为本位的价值取向。受此影响,以个人为基础的竞争在传统体育中不能充分发展。民族传统体育项目中,绝大多数是表演性的,即使有竞争,也往往是群体基础上的竞争。

4.重功利、轻嬉戏

中国古代的知识分子,以"齐家、治国、平天下"作为人生的最高理想。绝大多数都是积极的入世者,步入仕途、高官厚禄是很多人的理想。在科举制、八股取士的时代,埋首于故纸堆中,皓首穷经。凡是考试内容,就是学子们学习的内容,不管其有用与否,这种特有的"功利"观,影响了消闲娱乐体育的发展。如:汉朝将只满足于身心欢娱的体育活动,视为玩物丧志的奇技淫巧。汉代儒生提出"去武行文,废力尚德",批评提倡"角抵戏"是"玩不用之器",一些儒生认为蹴鞠费力劳体,有违"君子勤礼,小人尽力"的古训,而主张用其他适合于礼仪的"雅戏"来取代。对消闲娱乐活动的基本价值观,在无形中影响着人们选择体育运动形式的意向,后世许多对消闲娱乐活动的偏见,皆由此产生。

5.以柔、静为美

中国古代以孔孟为代表的文化是一种阴柔文化。它要求人们在思想上"乐而不淫""哀而不伤"和"心宁、志逸、气平、体安",在做人上多"隐",使情感含蓄而不外露。所以说,中国古代文化追求静极之物,太极是万物之体,万物的最高之母便是静态中的太极。中国的太极拳理论、气功文化皆追求静和自然。这种静态变化,追求内在美高于外在美,静态美高于动态美,追求封闭

---

① 沙滟.民族传统体育生存及发展价值取向研究[D].重庆:西南大学,2007.

的系统胜于开放的系统。顺从被视为美德。在中国古代传统体育中,温文尔雅的太极拳、导引养生、围棋等源远流长,经久不衰。太极拳要求"形不破体,力不尖出""有退有进,站中求圆",技术动作趋向于"拧、曲、圆"的内聚形态。技击交手中讲究"声东击西,避实就虚,守中有攻,就势借力""牵动四两拨千斤",反映了中华民族以智斗勇、追求技巧的审美心理。①

6.守内、尚礼、恋土的民族情结

中国体育的民族心理特征主要表现为:从体育原理上体现出中华民族追求平衡和顺应自然的主体化思维方式;从技术特点上,反映出中华民族以智斗勇、追求技巧的审美心理;从竞赛规则上中国传统的比武通常是表演性的,没有具体的动作规定和比赛规则,交手过招中强调礼让为先,点到为止,不战而胜,心服而已,反映了中华民族守内、尚礼的人格倾向。中国象棋的"将、帅"只能活动在"九宫"之内,不得越雷池半步。在对弈的攻守进退中,依靠"仕、相"的护卫,坐阵宫中"站、走移、挪",反映了"帅不离位"恋土归根的农业民族心理。②

综前所述,中国是一个有着悠久封建史的国家。传统的农业型经济、高度统一的中央集权制以及与此相适应的儒家文化,造就了特色鲜明的中国传统体育。从教育史的发展来看,教育是人类社会的一种特有的社会活动,它随着人类社会的产生而产生,发展而发展。教育与政治、经济制度,与生产力发展水平之间存在着极为密切的联系。首先,社会的政治、经济制度决定教育的领导权,决定教育的目的和内容,决定着人受教育的权利,制约着教育的管理体制;生产力制约着教育目的的确立,制约着教育事业的规模与速度,制约着教育的内容,制约着教学的形式、方法与手段。其次,教育又能动地作用于政治、经济制度,给予政治、经济制度以巨大的影响和作用。教育通过培养大批的符合统治者需要的统治人才,为其制度服务;在生产力方面,教育是生产力再生产的手段,是科学知识再生产的手段,是科学知识转化为生产力的必经途径。教育目的是社会对于人的培养结果和质量规格的总的规定和要求,是教育工

---

① 谢建平.超越与吸纳:对武术文化与中国传统文化关系脉络的重新认识[J].体育文化导刊,2004(2):45-46.

② 唐波,郭亚飞,申丽琼.体育教育专业武术专业课程评价指标体系创新研究[J].红河学院学报,2011,9(2):80-83.

作的出发点,也是教育工作的归宿。

在中国封建社会,以铁制工具为代表的生产方式,不需或很少需要科学技术,生产的科技含量相当低。因此,学校教育内容以治人、济世为主,同时也由于封建的政治、经济体制,决定了中国古代的教育目的是培养封建统治阶级的卫道士。脑体劳动的分离与对立,只能使人成为一种片面、畸形的人。封建社会的教育是片面的、畸形的,只重视对人的德育教育,以德作为取士的唯一标准,既无对学生的智力开发,也无身体健康方面的教育。因此,这种体制下的体育,是没有地位,也没有存在和发展的条件与机遇的。所以,整个中国古代,学校教育中体育是不被重视的,有时还遭到排斥与打击。由于统治者的取士标准是以德为先,所以社会风气也就重文轻武。只有养生、保健类体育在古代得到较大发展。中国长期的奴隶与封建社会,特殊的生产力与生产关系、经济基础与上层建筑,决定了对体育功能的认识只能停留在养生、保健方面,休闲娱乐体育因为被视为"奇技淫巧",因此多方加以挞伐,限制其发展。

由于中国古代对体育功能认识上把身心关系对立割裂开来,所以体育的发展是缓慢的、畸形的。而与此同时,西方亚里士多德则提出:智力的健全依赖于身体的健全。美国独立宣言的起草人、第三任总统汤姆斯·杰弗逊称:强健的身体造就强健的精神。尤其是欧洲16世纪开始的宗教改革和文艺复兴运动,冲破了基督教神学的束缚,提倡人本主义,以人道代替神道,宣扬自由、平等、博爱和个性解放,抨击了基督教神学的"肉体是灵魂的监狱"的唯心主义说教,提倡"健全的精神寓于健全的身体",为体育的迅速、蓬勃发展提供了前所未有的历史机遇和条件。中西方体育在不同文化因素的影响下,在近代越来越明显地表现出民族性和地域性差异,表现出文化特质的差异。中华民族的价值观念、思维方式、审美倾向和民族心理是中华民族传统体育特点的内在决定因素,是特有政治与经济体制的一种反映与折射。

(三)民族传统体育的制度文化

关于体育的制度文化,高玉兰等在《从文化结构看中国体育改革》一文中曾做过定义与解释:"体育文化结构中的制度层面,它包括体育管理体制和一些具体的政策、制度等,它是人们的行为规范,具有极强的权威性,可以强化和扩展与之相适应的思想观念意识,对体育文化整体具有规定性。"①在体育院校通用教材《体育史》绪论中,也曾把体育这种复杂的社会文化现象划分为三个层次:人们的体育行为和运动方式;支配、指导这些行为的观念和行为规范;人们为实现体育行为而形成的一定组织形式,即体育观念形态、体育运动形态和体育组织形态。这三者之间和它们与社会环境之间的相互关系,构成了体育史学的研究对象。作为体育文化中层的制度文化,应是体育文化学和体育史学研究的一个重要层面。通过该层面的研究,有助于分析体育政策、法规在某一时期的运行状况以及利弊所在,另外也可以通过对国家、民族制度方面的纵横比较研究,寻找新的、符合时代要求的最佳体育发展平台。

中华民族是一个古老而悠久的民族,在1840年鸦片战争以前数千年的历史发展中,中华民族体育经历了一个形成、繁荣,最后至衰微的发展过程。我们既有过两晋、隋唐至宋代的令世人瞠目的辉煌,也有清末在西方体育传入后民族体育一败涂地的尴尬。虽然在整个中国古代不同历史时期具体的制度有一定的差异,但整个农业经济时代所表现出的稳定性和一致性又是共同的。

1.中国古代不同历史时期体育体制的差异

(1)夏—春秋时期。

在这一时期,由于生产和分工的发展,频繁的战争,文字和学校的产生,宗教制度的形成,原始社会中那种融多种功能于一体的体育,开始分化为军事、学校、娱乐、保健等不同的体育形式。在夏代,已有了校、序、庠等不同名称的学校。商代学校教育分为"大学"和"庠"两级。西周分为"国学"和"乡校"两种。在奴隶制学校教育中,礼乐和军事被确定为主要内容。如夏代时"校"已经发展成一种比较完备的军体性的教育机构了。西周学校的授课内容有"礼、乐、射、御、书、数"。其中射主要是学习射箭技术;御是驾驶车马的技术;乐舞的学习主要是一些类似基本的队列步法练习和身体锻炼。在国家军队的身体训练方面,主要是学习"田猎"与"武舞"。《礼记·月令》载:"天子易教于田猎,以习五戎,班马政。""五戎"即弓、矢、殳、矛、戟5种兵器;"马政"即驭马技

---

① 高玉兰,刘芳,郎亦工.从文化结构看中国体育改革[J].沈阳体育学院学报,1991(1):9-13.

术。武舞的基本内容是"教坐、作、进、退、疾、徐、疏、数之节"。①

(2)战国—三国时期。

随着秦统一六国,封建的中央集权制国家建立起来。汉武帝时,由于采纳了董仲舒"罢黜百家,独尊儒术"的建议,学校体育一蹶不振。汉代正统儒家把维护等级名分制度,看成是立国立家之本,十分强调消闲娱乐活动的教育功能,对只满足于身心欢娱的活动大加挞伐。"去武行文,废力尚德""君子勤礼,小人尽力"严重束缚了学校体育的发展。军队身体训练制初步形成。春秋战国时期,由于战事频繁,各国都非常重视整顿军队,逐渐推行"公民兵"制度。尤其是通过春秋两季的全国性比武选拔优秀军事人才,打破了贵族统治阶级对军事的垄断,从而促使军事体育得到了空前的发展。战国时期,随着兵种的分化,田猎式的综合训练向专门分类训练发展,并明确规定了兵种的选拔条件。训练时多采用模拟进行专门的练习,直接的对抗练习也是该时期兴起的一种训练方式,技击技术逐渐规范系统,武艺水平迅速提高。春秋战国以后,由于社会体育对礼教的抗争,以及军队训练项目部分竞技化、表演化,蹴鞠、击鞠、围棋、弹棋、投壶、斗兽、射箭、赛马等娱乐体育开始活跃起来。风筝、秋千、竞渡、民间舞蹈等形式多样,轻松活泼。汉朝重视"百戏",百戏的形成兴盛对我国各项运动形式的发展与竞技形式的演进产生了巨大而深远的影响。汉武帝就特别喜欢"角抵戏"。秦汉时,设置专门管理宫廷和民间乐舞的政府机构,也兼管一些娱乐性活动。秦汉以后,由于统治者提倡,方仙术颇为流行,行气养生术也得到了较大的发展

(3)西晋—五代。

西晋、南北朝、隋唐至五代,是我国古代体育的空前繁荣时期。魏晋以后,玄学、佛学,以及北方少数民族习俗的不断冲击,传统儒学的"礼乐观"受到了一定程度的遏制。尤其是唐朝武则天设置的"武科举",武举制的创立对整个社会习武影响深刻,推动了军事体育活动的发展与尚武风气的形成。唐朝体貌丰伟的审美观以及吏部取人标准的变化,都有力地促进了唐代体育的勃兴。武术在这一时期也得到了较大的发展。和尚习武和民间习武促进了武术的盛行。隋唐时期,由于整个社会的繁荣与昌盛,全国的传统节令活动基本形成。

---

① 路祎祎.史论民间武术价值功能的嬗变[D].北京:北京体育大学,2013.

以球戏和节令民俗活动为代表的消闲体育活动出现了空前的盛况。如：唐代宫中设有专职的"打球供奉"。围棋按棋艺高低将棋手分为九品。① 唐武德年间设置的教坊，就是一种融音乐、舞蹈、杂技等体育、艺术为一体的综合训练机构。在养生学方面，养生理论有了一定的发展，养生术特别是医用导引术与道教练养功取得了长足的进步，儒、释、道、医相互渗透。

(4) 北宋—清代。

从北宋到清末，由于宋明理学的影响，统治阶级的"八股"取士制度的摧残，重文轻武发展到极端，严重地影响了中国体育的发展。宋明时期，军事体育受冲击较小，在军事教育和训练方面都有较大的发展，宋代出现了专门的军事学校。宋仁宗、神宗、徽宗时期都设置有武学，学制三年，学习内容有理论和实践两部分，实行了严格的升留级制度。宋代军官选拔，实行考试制。军队训练使用了统一的训练操典，出现了专门的武技教练教头。宋仁宗、宋神宗多次颁布教法格，对不同兵种的训练内容、时间、方式、器械都作了明确规定，成为训练的法典。元丰二年，宋神宗颁布《府界集教大保长法》，规定每两县设一"教场"，集中保长培训，"每十人一色事艺，置教头一"。教法格、教头保甲制的实行，构成了一个从上到下按统一规格训练的训练网，对军事体育的发展产生了非常大的推动作用，对民间习武也产生了一定的影响。宋以后，武术运动从理论到实践，从练功方法到演练手段，逐渐形成了一个独立体系，开始按自身规律向前发展。与宗教组织和秘密宗教相联系的民间习武，寺观僧侣的练武和表演艺术的长期浸润，是促使武术运动形成和在宋明时期发展的基本因素。② 在消闲娱乐、体育方面，瓦舍为各种娱乐、消闲体育活动提供了一个场所。各种类似今日运动俱乐部和运动协会的团体"社"，根据运动特点和要求订立社规，制定竞赛规则，颁布技术标准。"社"的出现，对运动技术的统一提高、竞赛制度的完善与发展发挥了重要作用。如"踏弩社""水弩社""英略社""园社""齐云社"等。宋明以后，由于消闲娱乐体育日渐表演化、舞台化，逐渐汇入戏剧艺术之中，传统体育活动形式只能靠民间迎神赛会和节日活动才得

---

① 云仲明.传统体育文化引入初中历史教科书的必要性和可行性[J].内蒙古师范大学学报(教育科学版),2009,22(12):102-105.

② 李继国,杨玉梅.体育多功能属性与社会进步关系研究[J].武汉科技学院学报,2002(2):95-98.

以开展,依附着民俗习惯得以沿袭,因此无法冲破旧体系的束缚,只能在原有轨道上运行。养生术、炼养术在宋元明清,逐渐成了一种广泛开展的运动保健和康复手段。在导引术方面,出现了八段锦和易筋经。

2.中国古代体育体制的共性特点

(1)重文轻武,崇文尚柔。

自汉朝刘彻采纳董仲舒"罢黜百家,独尊儒术"的建议,儒家正统思想取得统治地位。汉朝太学的设立,导致取士标准的改变。官学中几乎完全排除了武艺的教学内容。学风的变化直接导致士风、社会风气的变化。"彬彬多文学之士""金银满籝,不如一经",是当时社会的真实写照。学校体育一蹶不振。两汉以后,重文轻武的思想日甚一日,好文者常为父兄所爱,好武者常为父兄所恶。到南朝时,南朝不少贵族子弟"肤脆骨柔,不堪行步;体羸气弱,不耐寒暑,其死仓猝者,往往而然"。至北宋以后,由于宋明理学的进一步影响,重文轻武之风登峰造极,统治阶级以"八股"取之,天下学子埋头于故纸堆中,穷章摘句,皓首读经,"衣冠文士羞于武夫齿,秀才挟弓矢出,乡人皆惊,甚至子弟骑射武装,父兄以不才目之"①。由于整个封建社会,儒家思想始终居主导地位,而统治者以"经学"取上的用人标准,直接阻碍和抑制了体育的发展,影响了人才质量的规格与标准。畸形的社会导致了畸形的人才,中国传统文化过于重视教育功能的非理性,是其体育非正常发展的根本原因。

(2)教育的德育性、礼仪性导致了娱乐体育的等级性与非竞争性。

两汉以后,儒学大师们总是企图用儒家的"礼乐观"来指导和规范人们的消闲娱乐活动,造成了"重功利,轻嬉戏"的社会思想倾向,同时也造成了重在伦理教化而忽略其余的价值倾向。在儒家学者看来,体育是成德成圣,完成圆善的手段。如射礼,要求射者"内志正,外体直,然后持弓矢牢固,然后可以言中"。唐代木射,将"仁、义、礼、智、信、温、良、恭、俭、让"作为取胜标记。司马光的《投壶新格》明确提出:"投壶者,不使之过。亦不使之不及,所以为中也,不使之偏颇流散,所以为正也,中正,道之根底也。"《蹴鞠图谱》中曾言道:踢球应以"仁"为主。西周的射礼,不仅有大射、宾射、燕射、乡射之分,而且对同

---

① 周勇,何晓锋,赵霞.论宋代武举崇文抑武的异化特征[J].陕西师范大学继续教育学报,2007(3):117-119.

属统治阶层而不同等级、身份的人,使用的弓箭、箭靶、伴奏乐曲及司职人员都有严格的区别与规定。"秋"大典,根据礼制规定,在围猎的最后阶段,要由皇帝所在的"黄帷射出第箭",歼兽活动才能开始。辽、宋、金、元、明朝都把打马球定为阅军的礼仪。《宋史·礼制》上规定了打马球的各种仪式:有皇帝参加的比赛,第一球一定要让皇帝打进,"对御难争第一筹"。《丸经》上指出:"捶丸虽若平等,而尊卑之序不可紊乱。"①体育在封建社会,由于处处受礼的束缚,其本身被阉割,成为礼的附庸,因而这种等级性造成了中国古代体育的非竞争性,进而影响了整个中国人的人格。

---

① 陈炎.儒、释、道的体育精神[J].华中师范大学学报(人文社会科学版),2014,53(1):69-74.

第三章
以民族传统体育为载体培育中学生核心素养

第一节 以民族传统体育为载体培育中学生核心素养的基本内容

在以民族传统体育为载体培育中学生核心素养的过程中,基本内容为:①以民族传统体育为载体提高中学生的文化基础;②以民族传统体育为载体促进中学生的自主发展;③以民族传统体育为载体促进中学生的社会参与。具体内容如下。

一、以民族传统体育为载体提高中学生的文化基础

民族传统体育有德育、智育、健体、审美、哲学文化教育等,学习过程中不仅重视体育理论课,而且注重项目相关的文化学习,实现文化传承并弘扬民族精神。例如,武术教学中学生会提出为什么弓步、马步姿势那么低,要求那么规范?为什么冲拳横平竖直,保持一定的静止姿势?套路是用来整体竞技,还是拆开的?……这些问题说明学校武术被深深地打上竞技武术套路的痕迹,也体现学生对武术发展脉络的不清晰。实际上,整个武术发展史,可分为三个阶段,简单实用的阶段(明清之前),拳派林立阶段(明清时期),体育化和多元化发展阶段(民国时期到现在)。民国时期,武术体育化进程开始,新中国武术则向多元化发展,依据价值功能的不同分为三大类,即攻防技击类、艺术展演类、养生健身类。搞清武术的发展历史,上述问题就不难理解和解决。由此

可见,体育史教育的基础地位。①

中国武术厚德载物的文化品格很突出。要把武术礼仪贯穿教学始终,学拳时,先学抱拳礼;学器械前,先学器械礼。教学中贯穿文化内涵教育,如递送器械的方式就有讲究,呈剑时要双手相捧,横递,剑首朝左,这样有利于受剑者右手接剑,又可以避免呈剑者行刺之嫌。讲解武术动作名称时,要贯穿文化想象和美学教育,竞技化武术改变了原有武术名称,也改变了武术的文化想象,例如,以"仆步穿掌"代替"燕子抄水",其他如"霸王举鼎""力劈华山"等都有丰富的文化内涵。②

讲解舞龙、舞狮、气功、太极柔力球等传统文化色彩较浓厚的项目时,要渗透文化教育的内容。了解民族传统体育的多姿多彩、教习技法的同时,要学生感受民族传统体育的博大精深,体验技法背后的民族政治、经济、风俗习惯等知识,增强民族自信心和民族自豪感,进行爱国主义精神教育。

此外,在教学评价上,要加强民族传统体育技术文化理论的综合考核,探索新的评价激励模式。如武术,可经常开展学校武术比赛,实行武术达标,搞学校段位制。实行武术达标是为了保证学生必须达到的底线,举行武术比赛、搞段位制是为了提高学生的学习积极性,增强其进取心。优化教学环境,保持稳定的经费投入,充实器材场地设施,把大学生课堂教学和课外活动、社团学习、文化讲座等活动结合起来,以整体促进文化传承的氛围和效力。

综上所述,在对中学生核心素养进行培育的过程中,应该以民族传统体育为载体,提高中学生的文化基础。

二、以民族传统体育为载体促进中学生的自主发展

自主探究学习是指个体的行动有明确的目的,为达到自己的目的主动探究学习的行为。通过培养中学生学习民族传统体育运动的兴趣,使学生的自主与探究学习能力大幅提高,终身体育除了进行体育锻炼,也需要进行体育知识的学习,自主与探究学习能力的提高就为终身体育打下素质基础,使学生更

---

① 秦立凯,黎小龙,赵先卿.文化传承视域下高校民族传统体育教学模式的反思与建构[J].北京体育大学学报,2013,36(3):113-117.
② 温和琼,陈灿宇,谢德山.高校民族传统体育教学模式的反思与建构:基于文化传承视域[J].曲靖师范学院学报,2019,38(6):93-96.

加擅长自主学习,主动参与体育锻炼,逐渐养成习惯和爱好。这样,学生就有能力自主进行终身体育学习。在培育中学生核心素养的过程中,以民族传统体育为载体,不仅能提高学生的文化基础,还能促进中学生的自主发展。一般来讲,需要做到以下几点。

(一)在对待教与学的关系上,引导学生学习,提升学生"自主发展"核心素养

首先,学会学习是学生在学习意识形成、学习方式方法选择、学习进程评估调控等方面的综合表现,具体包括乐学善思、勤于反思、信息意识等基本要点,这是学生"自主发展"核心素养的主要内容之一。教师作为课堂教学研究的主体,要对自己的教学行为进行反思、研究和改进。因此,在民族传统体育课堂教学实践中,教师要提前备好课,精心设计教案,在"独立阅读、合作探究、自我展示"三个教学环节中,让学生掌握学会学习的方法和步骤,充分调动学生的主观能动性,培养独立思考、实际操作的能力,养成乐学善思、勤于反思的良好学习习惯,实现学生全面发展的培养目标。①

大多数的情况下,每次课堂教学,学生在活动上的主动性还不够,每次都是教师"包干",如果放手让学生自己准备资料、收集材料,进行合作探究、归纳、总结,也许更能调动他们的学习积极性,教学效果也许会更好。因此,在以后的民族传统体育教学过程中,需要改进教学方法,放手让学生去做,提高学生的积极性,进而提升学生的成绩与教学效果。

其次,教师要加大学习力度。教师的知识水平、专业素养是上好一堂思政课的重要保障。教师的职责在于帮助学生明白自己想要学习什么和获得什么,能够达到什么目标;帮助学生收集和利用学习资源;帮助学生找到科学的学习方法和适合自己的学习方式;帮助学生发现所学的东西的个人意义和价值;帮助学生营造和维持学习过程中积极的心理氛围;帮助学生发现自己的潜能和导向。教师的本质在于有效引导,引导的特点是含而不露,开而不达,引而不发;引导的内容不仅包括方法和思维,同时还包括价值和如何做人。②

进入新时代以后,信息化速度加快,知识更新周期缩短,不学习就要落后,

---

① 姚秉志.浅析民族传统体育在学校体育中的推广与发展[J].当代体育科技,2018,8(19):125-126.

② 黎明.如何培养学生"自主发展"核心素养的问题与思考[N].贵州民族报,2019-08-29(A03).

教师须认真钻研教材,掌握科学的教育教学方法。在民族传统体育教育教学实践过程中,爱护学生,抓住学生的心理特点,走进他们的内心世界,培养他们的学习兴趣,激发学生"自主发展"的潜力,培养学生成人成才必备的品格,这是每一名中学教师应尽的责任。

最后,运用现代教育技术进行教学,在一定程度上吸引学生的注意力。课堂教学中,利用多媒体提供的图像、动画、影像等代替课本上的简单文字,让学生在情境中感受,在情境中思考讨论,激发学生情感的参与力、想象力和创造力,从而更有利于知识的内化,达成"自主发展"核心素养目标。

(二)在对待自我教学行为上,强调反思,注重过程性教学

反思是教师教学中必不可少的环节,是教师以职业活动为教育对象,对自己职业中所做出的行为以及由此产生的后果进行审视和分析的过程。按教学的进程,教学反思分为教学前反思、教学中反思、教学后反思。教学前反思,使教学成为教师的一种自觉实践,教学中反思能使教学高质量地进行,教学后反思,能使教师教学经验理论化。例如:尊重学生的同时意味着不要伤害学生的自尊心;学会赞赏每一位学生,因为每一位学生都有自己对应的特点和长处。教师在坚持中应该做到,赞赏每一位学生的独特性、兴趣、爱好、专长;赞赏每一位学生在生活中取得的哪怕是极其微小的成绩;赞赏每一位学生所付出的努力和艰辛。

(三)在对待其他教育者的关系上,强调合作,构建和谐的人际关系

教育教学过程中,教师不能单一地面对学生,还要与学生家长紧密沟通和配合,教师与教师之间,不同年级之间,不同学科之间,不同学科的教师之间相互配合,齐心协力地培养学生。教师的习惯,对学生有着潜移默化的影响。常言道:"播种行为,收获习惯;播种习惯,收获性格;播种性格,收获命运。"教师平时的一言一行都应该重视,凡是要求学生做到的,教师必须首先做到。在教育实践中,教师要拥有人文情怀,以交往开启学生的心灵,以自己的思想陶冶学生的心灵,以榜样去感动学生的心灵。

总而言之,今后在教育教学实践中,教师只有通过不断改进民族传统体育教学的教学方式和教学行为,提升专业素养,掌握新生物的特点和规律,才能实现自我创新、自我超越。面对新时代、新使命,我们要勇于担当、敢于担当、善于担当,为帮助学生形成适应个人终身发展和社会发展的必备品格与关键

能力,作出应有的努力。①

三、以民族传统体育为载体促进中学生的社会参与

中学生处在终身体育思想形成的阶段,这一阶段对于培养学生的体育意识,树立正确的体育观,养成良好的体育习惯以及形成终身体育思想具有重要意义。运动习惯与参与意识的形成是促进学生形成终身体育思想的主要前提。

在以民族传统体育为载体促进中学生社会参与的过程中,可以从下述三个方面着手。

(一)借助先进教学手段,强化学生的文化基础

现代社会越来越强调文化的重要性,将其视为社会个体所赖以生存的根与魂,但文化相对来讲是较为抽象的概念,单凭教师苍白的语言讲解及阐述,很难让学生揭开事物表面的细纱,真正挖掘其背后所蕴含的丰富文化内涵,自然也难以形成坚实的文化基础。②

在民族传统体育教学中,可以迎合信息技术高速发展的趋势,巧妙而灵活地利用信息技术对学生进行文化底蕴的相关渗透,如在教学"文化在继承中发展"这节内容时,首先借助信息技术为学生播放一首他们耳熟能详的歌曲——《青花瓷》,伴随着悠扬动听的音乐节奏,然后向学生认真分析这首流行音乐曲目中所蕴含的文化继承与发展的相关知识:"古筝""牙板""琵琶""素坯""仕女""汉隶""青花瓷""江南戏曲"等是我国传统文化的重要组成部分,其构成了我国文化历史长河中的颗颗璀璨明珠。《青花瓷》一曲中引入这些传统文化元素,恰恰是继承我国传统文艺的一个重要体现;此外,这首歌曲拥有优美的填词以及复古的音乐,在现代技术的辅助下向听众演绎了一个古典气息浓厚、浪漫而唯美的爱情故事,而这则是对中国传统文化的创新性发展……信息技术教学手段具备直观、信息含量丰富的特点,给予了学生强烈的视觉、听觉等感官冲击。如此一来,学生便能在轻松突破"文化的继承与发展"这一

---

① 李小丽.基于学生发展核心素养的高中政治课堂策略研究[J].课程教育研究,2018,(16):15-16.
② 刘海.基于学生发展核心素养的高中政治课堂转向[J].教育科学论坛,2016(20):78-80.

辩证关系的同时,更加形象地感受到其中所蕴含的文化内容。

(二)借助学习共同体模式,促进学生的自主发展

现代社会衡量人才时不仅仅以其学习成绩为唯一标准,更重要的是判定其是否具备良好的自主学习能力,即能否在终身学习的时代背景下更好地获取源源不断的社会信息,以推动自身更好地成长与发展,也正因为如此,让学生学会自主学习、促进其自主发展已成为摆在每一名基层教育工作者面前的一道亟待解决的教学难题。

为了更好地达成促进学生自主发展的目标,应积极组织学习共同体的研究与实践,借助学习共同体,在民族传统体育教学中不是将教材及教辅资料上的知识点一股脑儿地直接"灌"给学生,而是在尊重学生主体地位的基础上鼓励其自主进行探究式学习,以增强学生的自主学习能力,这样一来不仅能够使学生对知识的印象变得更为深刻,同时还能够使他们的自主探究能力、与人协调能力、逻辑推理能力等得到有效锻炼,这显然有利于推动他们的自主发展。

(三)借助学生社会实践活动,加强学生的社会参与

作为社会群体性动物,个体的生存与发展都离不开社会这一重要基础,可以说,社会性是人的本质属性。对此,核心素养要求学生具备积极向上的社会参与精神,以便能全身心地投入社会主义社会建设的伟大行列之中。

在民族传统体育教学活动中应加大实践活动的力度,借此强化学生的社会实践参与能力,通过社会实践活动,学生能够积极参与,热情参加,不仅对所学的民族传统体育知识有了进一步的了解,更为重要的是切实增强了自身的社会参与积极性,效果一举多得。

核心素养是学生得以可持续性发展的重要前提,是学生成长过程中不可或缺的重要支撑性力量,其之于学生的必要性及重要意义可见一斑。为此,教师在民族传统体育教学实践中应当立足于实际教学情况,借助先进教学手段,不断探索教学,积极优化教学,如此,才能在确保学生习得基本学科知识的同时,更好地达到核心素养培养的预期目标。

第二节　以民族传统体育为载体培育中学生核心素养的实现途径

在以民族传统体育为载体培育中学生核心素养的过程中,一般存在下述五种实现途径,即:①以常态民族传统体育课堂教学为主阵地;②构建民族传统体育校本课程;③挖掘和利用本地的民族传统体育资源;④通过形式多样的校园活动丰富民族传统体育文化教育;⑤探索具有时效性的民族传统体育教育模式。具体内容如下。

一、以常态民族传统体育课堂教学为主阵地

(一)挖掘学科可渗透的民族传统体育文化元素

在以常态民族传统体育课堂教学为主阵地对中学生核心素养进行培育的过程中,首先需要挖掘学科内可渗透的民族传统体育文化元素。换言之,就是依托校本资源,整合民族传统体育文化资源。发动全校师生充分挖掘各类优秀、健康、向上的中华民族传统体育文化资源,开发并整合适合中学生身心特点和发展的教育资源,以多种形式呈现于课堂,多方位地在各个学科教学中渗透。[①]

(二)挖掘民族传统体育文化在学科中的育人价值

在以常态民族传统体育课堂教学为主阵地对中学生核心素养进行培育的过程中,除了要挖掘学科可渗透的民族传统体育文化元素,还要挖掘民族传统体育文化在学科中的育人价值。这里以体育学科为例作出说明。中学体育水平的教学内容中有足球项目,而足球最先起源于中国,古时称为蹴鞠。在足球教学中教师可以融入蹴鞠文化和铿锵玫瑰的教学,对学生进行民族文化和爱国主义教育。又如"珍珠球",珍珠球是满族传统体育项目,其竞赛方法和规则类似于篮球,既有对抗性,又有娱乐性。在篮球教学中融入"珍珠球"游戏和教学,能够丰富课堂,提高学生的学习兴趣。

---

① 王金莲.传承民族传统文化与大学生思想政治教育[J].黑龙江科技信息,2012(33):236.

（三）重新整合、架构部分学科的教学内容

依托教育资源，对部分学科的教学内容进行重新架构，构建面向学生长远发展的课程价值观念。民族传统体育项目及其文化种类繁多，分布广泛。课堂教学选用传统体育项目的时候，需要遵循几项原则：符合中学生生理、心理生长发育的需求；具备增强体质、提高素质的运动特点；能面向全体学生进行教学；易于普及，易于练习；符合学校教学条件，适应课堂教学要求；项目不具备危险性。

（四）优化民族传统体育文化在学科教学中的渗透策略

在以常态民族传统体育课堂教学为主阵地对中学生核心素养进行培育的过程中，除了上述的几项策略，还需要优化民族传统体育文化在学科教学中的渗透策略。具体表现在：①利用中学生的好奇心激发他们的探究欲望；②利用中学生的认同感激发他们的民族自豪感；③利用情境体验渗透民族精神的传承教育；④利用不同学科间的渗透让学生感受民族传统体育文化的魅力；⑤利用文化背景的差异渗透民族特色教育。

二、构建民族传统体育校本课程

随着素质教育的不断推进，新一轮基础课程改革实行国家、地方、学校三级课程管理模式，这给技工院校体育校本课程开发带来了新的契机。《基础教育课程改革纲要（试行）》中明确提出，"学校在执行国家课程和地方课程要求的同时，应视当地社会、经济发展的具体情况，结合本校的传统和优势、学生的兴趣和需要，开发或选用适合本校的课程"。同时，民族传统体育作为民族的瑰宝，具有丰富的内容和形式，具有较强的健身、娱乐、教育价值。在当前的技工院校教学中，为了进一步提升学生的综合素养，培养学生的民族荣誉感，养成终身体育习惯等，可以尝试实现民族传统体育与校本课程资源的融合，将民族传统体育带入课堂中。在具体教学中，民族传统体育教学的发展需要学校、教育机构以及教育工作人员的全面参与，共同推动学生的成长，完成教学任务。在构建民族传统体育校本课程的过程中，需要对下述几个问题给予重视。

（一）选择合适的民族体育内容

我国有56个民族，每一个民族都有自己独特的文化魅力，可供选择的民族体育内容十分丰富，但是什么内容可以开发成为校本课程资源，哪些内容不适合？都需要进行科学的探索与验证。适合创设的民族体育内容,应当具备以下的特点。其一,健康性。民族体育内容进入课堂,不仅仅承担了普通体育教学的内容,更承担着对学生终身体育意识的培养构建任务。学生在传承自己民族的体育运动时,也为日后生活的学习与运用做出铺垫,将其置于熟悉的场景中。其二,安全性。安全第一,健康第一,这是所有体育课程都应当遵循的重要原则。在进行民族体育项目筛选的过程中,能够发现,有很多内容带有危险性,如射弩运动,就带有很大的不确定性,在选择时就要十分慎重。其三,趣味性。校本体育课程,需要关注到运动项目的趣味性。只有有趣的项目,才能真正引发学生的参与,促成学生的成长。

(二)融合科学的教学方法

当民族体育的内容发展成为校本课程资源之后,与娱乐性的项目有所差异,需要关注到科学的教学方法,也只有这样,才能将教学工作运用于课堂教学中,真正实现教学的发展。首先要掌握科学的意识方法,认识到民族体育课程的开展,不仅仅是技术的指导,更是一种民族精神、民族意识的传承,而将这部分内容进行提取,实现理论与实践的全面结合,才能切实达成教学的发展。其次是找到科学的教学技术,找到将民族体育项目运用于课堂中的方法内容,给学生带来越来越多的关注,全面促成发展,给学生以启发。体育内容是项目本身,是带有娱乐性、健身性、竞技性的内容;同时也要关注到教学性,找到选用项目的技术特点、核心技术等,全面促成发展,为学生的学习与成长创设扎实的基础,在学生身上投入越来越多的关注。在组织教学过程中,教师需要全面关注学生的成长,为学生的发展创设扎实的基础。[1]

(三)做出课程的创新发展

我国民族体育内容丰富,可供开发的资源十分可观,但是想要将其发展成为校本资源,则需要进一步的创新,这既是民族传统体育适应校本课程的发展,也是课堂教学适应民族传统体育,逐渐发展成为科学的校本课程,实现全面的创新发展。在当前的校本课程开发中,可以尝试实现课程的进一步创新与发展,完善教学工作。在当前的教学发展中,做出课程的创新发展与安排,结合学生的兴趣、需要、爱好等全面发展。结合当前教学工作,完善教学内容

---

[1] 张海龙.民族传统体育与校本课程资源开发的融合[J].教育与职业,2014(11):190-191.

的创新与发展,使课堂教学更适合教学工作。结合教学内容以及学校的实际情况,创设教学目标和教学方法等,挖掘民族课程的创新潜力。

(四)进行师资资源的建设

在当前的教学中,将民族传统体育带入课堂教学中,与校本资源进行融合,需要进行师资的全面建设。首先,要有资金的投入。很多民族体育运动项目,需要有强大的资金进行支援,以建设场地、购进相应的设备等;加之课程的开发本身就是一个由实践到理论再到实践的发展过程,而这些的实现,都需要大量的资金加以支撑,这些都是学校在开发课程之前要进行准备的。其次,是进行教师的聘请与培训。在组织教学过程中,教师是推动教学发展的重要因素,民族体育运动项目本身带有专业性,需要专业人士进行培养,那么如何聘请这些专业人士,是学校需要关注的问题。在组织设定教学的过程中,教师也要尝试进行创新,进行资源的整合,为民族体育项目融入校本课程的实现,达成全面的发展,给学生带来越来越多的学习形式。校本课程的开发,需要专业的教学策略、教学方向的构建,将民族传统体育与校本课程资源的开发进行融合能够促进学生的全面发展,为学生的学习与成长带来更多益处。

在近年来技术院校的发展中,社会对其提出了更高的要求——不仅要有专业的素养,更要有综合的素质。在整个教学过程中,教师需要关注到学生的发展,以学生的核心素养构建为基础,找到民族传统体育项目与校本课程融合的方向与策略。在推动教学的过程中,全面构建教学情境,不仅要挖掘其中终身体育的内涵,也要挖掘其中的民族文化底蕴,教学生技能的同时,也传承民族文化。

三、挖掘和利用本地的民族传统体育资源

随着国家课程、地方课程、学校课程"三级课程管理体系"的施行,校本课程开发成为当前课程改革研究和重点关注的一个热点,体育校本课程开发也不例外。目前,全国相继有云南、安徽、广西、新疆、甘肃、青海等地开发了民族传统体育引入体育校本课程的研究项目,很多地区和学校也抓住机遇大力发展与本地区和本校实际情况相符合的体育校本课程开发,构建了新的体育课程体系,但是在民族传统体育资源与学校体育地方课程开发建设上还有很多地区没有形成自身的民族特色,对本地的民族体育文化的开发和研究的意义

认识不足,理解不深。① 因此,要做好本地区民族传统体育资源的中学生体育教育的校本课程开发,必须理解其研究开发的重要意义,笔者认为应该做好以下几点。

(一)充分认识到民族传统体育资源校本课程开发的重要性

21世纪,中国教育正处于改革和发展的新阶段,课程改革已成为教育改革的热点问题,受到社会广泛关注,其中体育教育的校本课程开发也处于积极探索和发展的新阶段。我国幅员辽阔,人文地理环境差别很大,单一的国家体育课程体系很难满足我国不同地区普通中学生体育教育的需要,所以结合本地区、本区域、本校的实际情况,利用当地的各种资源进行体育教育的校本课程开发的研究,并在吸取与借鉴国内外校本课程开发成功经验的基础上,独具匠心地开发出适应学校课程开发大局和满足社会对教育的需求的校本课程,培养出具有知识综合能力、创新实践能力、社会责任感和合作精神的人才,已成为教育改革的中心问题。普通高校体育校本课程开发作为普通高校校本课程开发的一个重要组成部分,要与时俱进,提高认识,加强对体育校本课程开发研究的理解,除了对竞技项目教材化有一定的研究外,在把民族传统体育资源作为体育教育校本课程开发研究对象方面要引起高度重视,因为它在丰富学生体育知识、提高学生体育素养等方面起着不可替代的作用,同时有利于民族文化的继承和发展,使民族传统的文化得以相互交融,在振奋民族精神、增进民族自豪感、增强民族自信心、继承和发展民族优秀文化上提供了良好的落实途径,让更多的人走进和体验有中国民族特色的体育运动项目,把具有民族传统的体育精神、文化发扬光大,加深各民族间的情感,对共同建成小康社会有着极其重要的意义,必须高度重视。②

(二)深化教学改革,积极推进民族传统体育资源与体育课程的校本开发

我国是一个多民族的国家,在历史发展的长河中,各民族都培育了各具特色、内容丰富多彩的民族文化,特别是少数民族体育文化更是中华民族体育文化大家庭中不可缺少的一个重要组成部分,因此利用和开发好这些独特的优

---

① 聂武生.对新疆民族传统体育校本课程开发的研究[J].喀什师范学院学报,2009,30(6):77-80.
② 陈志敏.浅谈贵州省少数民族传统体育资源与高校体育校本课程开发研究意义[J].当代体育科技,2013,3(4):105-106.

秀文化遗产，精心编制成教育体系和操作方法，进行校本课程开发是我们广大体育工作者的一个重要任务。我们要全方位、多层次，从不同视角采集、挖掘、整理、发现这些优秀的体育文化，进行深层次的研究，用科学发展观的原则指导研究方向，把具有民族特色的民族传统体育引进高校，进行体育教育的校本课程开发，不但要开发像武术养生、舞龙舞狮、拔河、跳绳、扭秧歌等项目，还要挖掘开发一些新的资源，把竹竿舞、板凳操、独竹漂和一些未整理的民间项目纳入开发研究的范围，形成体系，推出品牌，像"多彩贵州"舞台剧一样叫响贵州，叫响全国，推向世界。

（三）结合本地实际情况进行民族传统体育资源的校本开发，能极大地丰富学校体育教学的资源

长期以来，学校体育教学内容的选择主要是根据竞技运动项目来设置的，其教学方法和练习手段也大多采用了竞技运动的方式进行，这种教学的特点是技术难度高，运动量大，对学生身体素质的各项要求较高，在学习过程中学生对技术的理解和掌握程度较差，对大多数学生而言难以达到其要求，学习起来难度较大，效果不理想，后来虽然提出了运动技术教材化的理论，把竞技运动的项目进行体育课教学的改编，使其符合体育课的教学特点，但是竞技运动的特点和性质决定了它只能满足部分学生的需要，而对另一部分身体素质差异性较大的同学来说，轻松、休闲、愉快、形式多样的活动方式更能吸引他们的注意力，激发其学习的积极性，因此除了竞技运动项目的教材化改编，增加其他教学内容就显得很有必要了，特别是把民族传统体育资源引进学校，进行校本课程的开发，就能满足更多学生们的各种不同的活动需求，因为民族传统体育项目不但具有一定的竞争性，而且还集休闲、轻松、娱乐、健身为一体，像拔河、跳绳、武术、竹竿舞、板凳操等，因此把民族传统体育引入学校进行校本课程开发，不但满足了学校不同层次学生活动的需求，丰富了体育教学内容，使学生和教师在教学选项上有了更多的选择，得到了更多的学习机会，而且教师的教学水平和能力也会因此而得到不断提升，实现教学的双赢，使得学校体育课程向更加和谐的方向发展。

此外，需要保持竞技性和非竞技性、隐性课程和显性课程之间合理的张力，运用元分析的方法结合社会实践，逐步完善课程体系建设。所谓元分析的方法就是一种定性和定量结合的办法，重点强调对事物发展过程自身的一种

认识过程。在以竞技性民族传统体育发展学生身体素质的同时,为非竞技性留有空间,重视隐性课程物质、精神、行为层面的建设。目前我国存在国家性课程、地方性课程和校本课程三种类型,国家性课程要重视宏观和示范性指导;地方性课程和校本课程则着力提高适应性,尽量突出地域特色和风格,为民族传统体育的地域特色和千姿百态提供保护和发展的空间。①

在传承的内容、标准、范围和筛选问题上,要充分吸收教育哲学、学习理论、教学理论知识。但就项目选择的原则上,可遵循体育地理学原理。根据体育文化区划原则,民族传统体育大体上可以分为东北、西北、西南、中南、中东等五大体育文化区,每个体育区都有典型的民族传统体育项目,如东北多冰雪,有滑冰、滑雪、冰上陀螺等;西北草原广阔,有骑马、骑射、蒙古式摔跤等;中南、西南水道纵横,山地高原广大,有游泳、龙舟、苗族武术、傣族孔雀舞等;中东平原广阔,有武术、跳绳、拔河、踢毽子等。各地高校要选择富有地域特色,简单易学,健身效果好,在当地具有一定习练人群,契合当地地理环境和气候条件的项目,然后争取逐步扩大范围和影响,这样可以促进当地民族传统体育的发展,又能提高当地高校学生的民族文化认同感,使民族传统体育成为对高校学生进行人文素质教育的良好手段。西南地区地形地貌复杂,民族成分众多,民族传统体育资源丰富,是课程资源开发的富矿,值得深入研究。

四、通过形式多样的校园活动丰富民族传统体育文化教育

"让体育成为一种习惯"是现代体育教育呼吁全民健身的一个重要口号。对于民族传统体育这项并不主流的体育活动来说,得到人们的认识、理解、认可,并真正成为一项受大家热爱的活动,必须在以课程设置为主、课外活动为辅的条件下,全面拉开校园文化建设,把校园文化建设作为民族传统体育的一个窗口,一张名片。如竖立文化宣传墙,建设文化标志建筑等,让校园环境始终处于具有浓郁民族文化特色的校园氛围中。民族传统体育文化,需要更多地接受文化洗礼,在长期的文化宣传和教育活动中自主选择。校园文化建设,是民族传统体育的学校教育传承体系中的一项重要补充教育。

---

① 秦立凯,黎小龙,赵先卿.文化传承视域下高校民族传统体育教学模式的反思与建构[J].北京体育大学学报,2013,36(3):113-117.

校园体育文化是以学生为主体,以课外体育文化活动为主要内容,以校园为主要空间,以校园精神为特征的一种群体文化,校园文化作为一种社会文化,也是在一定社会政治、经济、文化、教育、体育等条件下,由学校广大师生在实践过程中共同创造的体育物质财富和精神财富的总和。

体育特色文化建设是学校推进阳光体育活动的重要载体,也是培育和凝练校园文化的主要抓手,所以要推动学生阳光体育运动的广泛开展,提高学生体质健康水平,提升校园体育文化建设水平。此外,形式多样的校园活动,能够使民族传统体育文化教育得到丰富。

(一)重视民族体育课程建设

课程建设能聚集优质的教育资源,提高课程教学质量,使学生得到最好的教育,并在更大的范围内得到教学共享。课程建设包括:课程所在学科的规划,师资队伍建设,教学内容及课程体系建设,教学方法与手段建设,教材建设,实践教学基地建设等。学校体育特色建设应该以精品课程为抓手,以教材建设为基础推进课程建设,引领教学内容、方法改革、教改科研、竞赛训练、实践教学、社会服务相结合的教学新模式。充分利用本校的体育资源优势,完善中学体育课程建设,不论是在课程设置、教材建设,还是教改、科研、竞赛等方面都能取得很好的成效。[①]

课程建设是学校体育文化建设的重要内容,也是中学体育课程建设的核心,通过建设中学体育课程群,使更多的体育项目融入中学体育教学中,使学生有更多的选修项目,使学生选择适合自己的项目,从而达到终身体育的目标,切实让学生做到每天锻炼一小时,提升自身的身体素质和健康水平。这也是中学体育课程和中学体育文化所要达到的最终目标。作为民族体育特色课程,也应该重视课程的建设,按照精品课程的要求对课程各项指标进行建设,从而达到资源共享。

(二)加强民族体育教学团队建设

团队的精髓是沟通、分工、合作、共同进步,以形成一个目标明确、有战斗力的团队。教学质量是学校的生命线,高水平的教师团队是保障课程教学质

---

① 雷雅莉,李晓明.高校民族体育特色校园文化的建设研究[J].当代体育科技,2015,5(29):144-145.

量的关键。办学以人才为本,教师是提高教学质量的根本保证,对此学校应花大力气,开展创新教育教学团队建设,通过民族体育教学团队建设,鲜明地体现学校的民族体育教育特色。民族体育教学团队的建设,应该注重以下几点。

(1)根据民族体育学科的发展趋势积极开展相关课程的改革与建设,努力构建科学合理的课程体系,及时更新课程教学大纲。

(2)重视队伍建设,形成合理的队伍结构,及时提出队伍培养、调整、补充的意见和建议,有计划地开展骨干教师、教学名师的遴选与培养。

(3)制定青年教师的培养、进修规划,对青年教师进行教学素养的指导,关心青年教师成长

(4)积极申报、承担各级体育教学的教改项目,团队教师应积极参与科学研究,提高学术水平,以科研促教学。

(5)积极开展教学研究,加强教学经验的交流,更新教学内容,改革教学方法与手段,不断提升教学团队的整体教学水平与教学质量。

(6)积极编写、更新民族体育教学相关教材,形成在民族体育领域内有较大影响的优秀教材,或积极使用国外高水平优质原版教材与国内其他优秀教材。

(三)构建独具特色的校园民族体育文化节

学校一年一度的体育文化节是全校师生的盛会,也是对学校体育工作的全面检查,学校的各种体育组织,多种形式有规模的体育竞赛、交流在极大地丰富校园文化生活的同时,也是校园精神文明建设不可或缺的重要环节。大学培养出的学生,不但要具有健康的体魄,有一定的体育常识,更重要的是通过体育协会或俱乐部活动的参与,积极主动得到文化的熏陶和体育活动的磨炼,提高组织能力、应变能力、交往能力等,养成顽强拼搏的意志、吃苦耐劳的品格以及团结协作的精神。

中学体育文化建设,应以中小型体育活动为主,以体育协会活动为辅,推动校园文化建设。大型体育活动应包括田径项目、民间民族项目、趣味项目,做到人人能参与,使更多的人参与到体育运动会中,体验运动会带来的健康与快乐。体育协会活动是由中学体育教师指导及校团委管理下学生自发组织的体育协会,在学校群众体育活动中发挥着很重要的作用。体育协会的比赛活动要扩大比赛面,球类项目比赛最好实行年度联赛制,增加更多项目的比赛,

做到周周有比赛,人人能参与,让更多的学生参与比赛、关注比赛,通过比赛引导更多学生参与体育运动,真正做到每天锻炼一小时。

校园民族体育文化节,可以设置民族体育竞赛、民族体育表演、民族舞蹈晚会、民族体育知识竞猜等活动。民族体育竞赛可设置高脚竞速、竹竿舞、板鞋竞速、赋球、射箭等竞技性强、趣味性高的项目,吸引更多的人参与民族体育运动。民族体育表演可将民间民俗的一些体育活动展示给全校师生,让民间民俗体育项目走进更多人的视野。民族舞蹈晚会可设置在特定的节日,如组织独具特色的民族节日篝火晚会,吸引更多的人来参与民族文艺活动。通过表演活动,表演者在现场观众热烈掌声的鼓励下,获得无比的快乐和幸福感,而观众在观看到精彩纷呈的表演时能感受愉悦的气氛,得到一种愉快的享受。①

(四)积极参与社会服务

一些具有表演性的民族体育项目,通过体育教师改革创编,用扣人心弦的竞技运动、独具魅力的文化活动、新颖别致的体育器材,使民族体育表演项目焕发出蓬勃的生机与活力,把同学们课余经常玩的一些经典特色活动项目推向社会,参与各种文化节等活动,能有力地推进民族体育文化教育与传播,服务社会,从而扩大学校体育文化的影响力。

近几年来,体育特色文化在各地蓬勃开展,取得了很大的成效。民族体育特色校园文化的建设应该重视民族体育课程建设、开设独具特色的民族体育选修课、加强民族体育教学团队建设、重视民族体育教学训练的科学研究、构建独具特色的校园民族体育文化节、积极参与社会服务。

民族体育特色校园文化的建设,是一项长期工程,体育工作者、学校领导、各级教育部门应该对民族体育特色校园文化的建设投入全身心的力量,使民族体育特色校园文化的建设逐渐走向完善和成熟,真正成为一项特色体育文化项目。

---

① 李晓明.浙江畲族民俗体育文化研究[J].体育文化导刊,2013(12):102-104+108.

五、探索具有时效性的民族传统体育教育模式

(一)建构文化传承为目的教学理念

文化人类学观点认为每种文化都有其独特价值,要珍视它,传承它,主张文化多元化,这是高校民族传统体育文化传承的本质所在。首先必须认识到民族传统体育首先是一种文化现象,其次才是一种体育活动,技术的传承服务于文化的传承,是用融血文化的情怀去对待它,还是用肤浅的肢体语言去描绘它,效果是截然不同的。换言之,民族传统体育不同于其他体育项目,文化内涵丰富,不能局限于技术文化的体育学习,还要重视其文化内涵的传授和民族精神的涵养。例如,八卦掌取自易经"八卦成而易立乎其中",按照人体内部生理的解剖结构和器官组织的原理"拟诸其形容,像其物宜",而制定身型、步型、手型、腿型以及人体各部的象形,好像八卦的循环。它效法宇宙天体运行规律,采用往来不息的成一圆圈循环走动的运动形式,行功中有公转、自转,公转就是围绕着大圆转,自转就是自己身体也在拧绕螺旋,"参伍以变,错综以数",使气血加速运行,改变人体内部生理机构,做到人体内部生克制化和生理发展,法简而效宏,反映了先人朴素的宇宙观和养生观,具有丰富的文化内涵,如果采取体操式的教学,显然是不适宜的。①

(二)创新民族传统体育文化资源

传承绝不仅仅是习得,更重要的是有所创新,使知识增益。要发挥人员高文化素质、科研优势,对民族传统体育进行挖掘之外,还要创新。北京体育大学经过三年大量比赛和实践,反复研究、整理、创新,终于完善跂球比赛规则,让古老的蹴鞠运动在新时期焕发新的生命,也为其在民运会和高校的传承作出贡献,新中国成立后,毽球、抢花炮、打陀螺等都经过改造创新取得一定成效。②

首先,创新是一个不断进展的过程。例如,20 世纪 90 年代前后国家花大力气挖掘整理的武术拳械资料缺乏深入研究。从与庄严森先生的访谈中得

---

① 李晓明.浙江畲族民俗体育文化研究[J].体育文化导刊,2013(12):102-104+108.
② 秦立凯,黎小龙,赵先卿.文化传承视域下高校民族传统体育教学模式的反思与建构[J].北京体育大学学报,2013,36(3):113-117.

知,其师张极甫,为人正直,武德高尚,热忱爱国;抗日战争期间,曾变卖家产捐助国家购买作战飞机,解放后,还给时任体委主任的贺龙写信,要求到军中训练兵士。他生前还有一个愿望,就是把书稿《八卦掌》出版,这是他一生习练八卦掌的结晶,可惜到目前还未出版。从中,我们体会到爱国主义、人格教育等丰厚文化资源,尚待挖掘整理宣传。另外,民族传统体育的挖掘传承不是一蹴而就的,民间还存在宝贵的民族传统体育文化资源,还要不断地挖掘整理,其他民族传统体育也是如此,高校应该在挖掘创新中扮演先锋角色,不断为高校文化传承提供适宜的鲜活素材。

(三)构建民族传统体育教育网络资源

当代民族传统体育教育问题的解决,决不能局限于校园,而应该在更大的空间内思考和处理,将图书馆、网络、民间拳师、地方民族传统体育等都看作是高校民族传统体育的联合体,其中蕴涵着丰富的课程教学资源。还要通过各种途径提高教师专业能力水平,包括各种培训、交流、加强和地方民族传统体育传承人的联系等。

(四)建构渗透文化教育的教学方法

1.重视文化多元整体性的教学

民族传统体育具有健身性、传统性、民族性、群众性、对抗性和趣味性特征,过分强调竞技化,进行标准化改造,会遮蔽或抹杀根植于传统文化中的"非竞技性"民族特色。换言之,民族传统体育具有多元文化整体性,忽略其深厚的文化内涵和多元价值,不仅会使学生学之无味,而且伤害了民族传统体育的文化传承。那么,探索技术与文化并重的教学模式就成为必然选择。

许多民族传统体育项目蕴含着丰富的中国哲学思想,以和谐、天人合一为核心理念,如"金木水火土"的五行思想贯穿板凳龙运动,表达风调雨顺、五谷丰登的良好意愿。古老的拔河运动,曾蕴含着祭祀祈雨、丰收增产、厌胜避邪、生殖繁衍等丰富的文化内涵。所以,在尽量保留原生态、多样性、传统性的基础上,本着科学健身性、易接受性原则,进行改造,用于教学,在技术教学中贯穿文化内涵的学习和传承。

2.保持文化特色的分层教学

我国民族体育项目众多,各地高校要选择切合本校办学条件和学生实际的项目,进行合理设计,同时也要保持项目的核心特色,要设计健身娱乐型、攻防技击型、艺术表演型等类型,以满足学生不同需求。具体实施途径可以通过必修课、选修课、课外活动、学校社团等途径开展。例如,尽管武术流派纷呈,但其最大文化特点是攻防技击,集功法修炼、套路训练、技术对抗为一体,具有很强的整体性,对武术的竞技化改造,把优美、难度放到首位,单纯追求形体动作难度,不把动作和攻防、劲力相吻合,是不科学的。

庄严森老师教尹派八卦掌时,说八卦掌本身就很"能打",学练八卦掌之始就要注重技击实战的训练,而非基本功、基本动作、基本套路都达到"炉火纯青"以后,再来强化技击实战,要把技击实战贯穿学练的始终。开始习练八卦掌,两人就要对练进步穿掌,或进行竹竿戳击防御的模拟实战场景训练。攻防文化特色的保持也切合中学生心理特点和要求,所以,武术课设计要保持攻防文化特色,同时,兼顾健身娱乐和艺术展演,要改变基本功、基本动作、套路或散手等各行其是,以技术性学习为主的模式,而进行技术文化并重,基本功、基本动作、徒手实战和器械实战、套路演练纵向贯穿,不同学段横向展开的综合分层教学。①

3.学为中心的主体启发式教学

教学要以围绕学生的学为中心,设计合理的教学方法。例如,武术博大精深,非名师言传身教,不得要领,使得学生望而却步,他们宁愿学习跆拳道、泰拳、瑜伽等,也不愿练习武术,这是值得深思的。要选择适合学生练习的,动作朴实、难度不大、技击性强的拳种进行教学传承,例如,形意拳、八卦掌、螳螂拳、翻子拳、福建五祖拳、八极拳等。

综上所述,必须要正确定位民族传统体育价值,积极稳妥挖掘开发民族传统体育教育资源,构建合理课程体系,改变教学模式,技术和文化传承并重等。简言之,要围绕传承民族传统体育文化的宗旨,结合本校实际,开展技术和文化教学并重的教学模式,以促进中学生核心素养的培育,为我国体育文化建设和文化强国做出贡献。

---

① 温和琼,陈灿宇,谢德山.高校民族传统体育教学模式的反思与建构:基于文化传承视域[J].曲靖师范学院学报,2019,38(6):93-96.

第四章
民族传统体育项目与中学生身心健康

我国拥有悠久的历史文明,在漫长的历史长河中,形成了独特的体育表现形式和体育思想,即所谓的东方体育。20世纪以来,随着西方文化在我国的不断传播,西方体育文化和体育项目也先后传播到我国,并逐渐占据重要地位。受此影响,中学课堂上出现了很多西方体育项目,如篮球、排球、足球、拉丁舞蹈和田径项目等。这些项目的出现丰富了我国中学体育课堂,而我国一些传统的体育项目也在不知不觉中被忽视。因此,对我国传统体育项目的价值研究有利于传统体育项目更好地为中学生服务,丰富体育课堂。

第一节 民族传统体育对中学生身心健康的影响分析

一、民族传统体育项目的分类、思想和文化内涵

(一)传统体育的概念及分类

民族传统体育是指生活在一定地域的一个或多个民族所独有的、在人民大众中广泛传承的体育项目,并具有修身养性、健身技击、休闲养生、竞技表演、观赏游艺、趣味惊险、民俗音乐舞蹈交融特色的体育活动形式。就其分类而言通常包括导引、养生、健身、保健、医疗和民间传统体育等。近几年来,随着阳光体育运动的普遍开展和保护非物质文化遗产的需要,先后提出了民族传统体育项目进课堂的口号,但是由于缺乏对民族传统体育项目特点的了解以及对传统体育项目资源的开发,民族传统体育项目在课堂中所占的比例仍

然很小,其重要性不能在体育课堂中得以体现,其价值和功能不能被广大师生所了解。

(二)民族传统体育项目的思想和内涵

能进入中学课堂的首选项目是武术项目。武术是我国的国粹之一,凝聚着我国重要的体育思想,它所蕴含的"自强不息"和"厚德载物"的武术精神,正是千百年来中华民族得以发展和延续的基础。"未习武,先习礼,未习武,先习德",从而强调武德是练武之根本,这与我国传统教育思想相统一。中学教育首先强调德育,然后才是知识与技能的学习,德育是教育的基础。中学生在练习武术的同时要对其进行德育教育,同样要强调武德的重要性,这样中学生就会在学习武术的过程中,懂得尊重对手、尊师重道,严于律己,宽以待人,练习武术时也可以结合目前我国比较典型的武术电视电影,如《叶问》《霍元甲》《李小龙传奇》等影视节目,分析其武德和武术精神,这是我国悠久文化下产生的历史积淀,也是我国民族传统体育文化发展的必然结果,是西方体育文化所不能及的。① 因此,民族传统体育项目所凝结的文化内涵是一个民族所固有的文化精神,练习传统体育项目的过程也是一个接受传统文化洗礼的过程。太极拳则强调"天人合一"的思想,讲究"人与自然"的和谐,太极拳的动作强调刚柔并济、内外统一、阴阳平衡,人与自然的和谐则理解为人与人的和谐、人与社会的和谐,这与我国现阶段构建和谐社会主义的宗旨相统一。

二、民族传统体育项目的功能

(一)武术项目

受影视武术文化的影响,中学生对武术有着美好的向往,甚至大部分学生梦想着有朝一日自己成为一名武林高手,有此雄厚的思想基础,教授中学生武术套路就会顺理成章。马步蹲桩的动作是一个很好的静力性练习动作,一方面可以锻炼中学生的意志力,另一方面对中学生腿部的扩张伸缩肌肉能力达到一个很好的练习,有利于学生腿部肌肉的训练,腾空飞脚可以练习学生的弹跳能力和爆发力,武术套路的训练可以帮助学生提高自身的协调性、柔韧

---

① 郭季红.民族传统体育项目对中学生身心健康的影响研究[J].少林与太极(中州体育),2012(6):43-45.

性等。

(二)跳绳、跳皮筋和踢毽子游戏

一直有学者认为传统体育项目的负荷较低,缺乏激烈的对抗和竞技,但是,从跳绳、跳皮筋和踢毽子项目上来看,其运动负荷绝对不亚于篮球、乒乓球、舞蹈等项目的运动量,并且这些跳跃类项目可以很好地发展学生的弹跳能力、爆发力和协调性,很多竞技体育专业队把跳绳作为训练大纲上的一个必修科目,可见其对素质发展的重要程度。传统体育项目有着不同负荷要求,不同的人群可以选择适合自己锻炼需要的不同项目进行锻炼。因此,传统体育项目具有很强的可选择性和灵活性。

(三)传统体育游戏项目

很多传统的体育游戏一直被延续至今,足以证明该体育游戏具有良好的群众基础,这些体育游戏符合我国民众身心发展的需要,这也是该游戏在长期的优胜劣汰中最终得以保存的根本原因。现举例说明。

老鼠钻洞(猫捉老鼠)游戏。游戏规则也比较简单,就是同学们手牵手围成一个圆,手臂完全伸直张开,选几名学生在圈外站立担当猫的角色,再选几个学生担当老鼠的角色,调整猫和老鼠的比例,老鼠的目的是钻出去再钻进来,猫的工作就是抓住到洞外的老鼠,圈内所有老鼠完成的总次数达到规定的次数算优胜。从这个游戏我们不难看出,洞内的老鼠如果想要完成总规定次数,就必须团结一致、通力合作,充分发挥团队精神和团队智慧,利用假钻动作,吸引猫的注意力,调动猫的位置,使猫的位置发生改变,为其他队友创造机会。只有这样,圈内的老鼠才有可能完成规定次数,而猫必须利用更智慧的方式进行抓捕,其中更是少不了团队的协作和个人的智慧。因此,该游戏不仅仅需要同学们的迅速移动,更是对团队协作能力、团队智慧、个人反应能力的综合考验,同时发展了学生的速度素质、耐力素质、灵敏素质等,是一个很好的有氧体育锻炼项目,而非民族体育项目想达到这种综合能力的运用效果几乎是不可能。

老鹰捉小鸡(狼捉小羊)。该游戏的规则是,一名同学扮作老鹰,剩余的同学全部前后站立,双手放在前方同学的肩膀上,排成一列,最前面的那位同学是队长,主要目的就是利用快速地移动和掩护,阻止"老鹰"捉到后面的"小鸡"。该游戏的优点在于,所有的人都是在快速地移动,扮作小鸡的同学是一个团队,在前面队长的领导下阻止外来偷袭,而"老鹰"则是一个独立的角色,他只能孤军奋战,运用自己的智慧去破坏对方的防守。从游戏的规则来讲,该游戏的负荷量较大,既考查同学们的团队精神,又培养了独立自主、自力更生的意志品质,同时又具有很强的趣味性。

传统的体育游戏是传统体育项目的表现形式之一,类似这样的体育游戏不胜枚举,其运动负荷有大有小,便于学生选择,趣味性较强,连续性较好,对场地、器材的需求较低,规则较为简单,易操作,非常适合中小学生的练习,也更适合那些经济欠发达地区和偏远贫困地区的学校开展。这些项目可以有效地锻炼学生的速度、力量、灵敏、柔韧、灵活等,又有一定的竞技性,对学生的体质健康有着非常重要的作用。

三、民族传统体育项目对心理健康的影响

研究表明,武术项目对于不同年龄段人群的身心健康有着良好的促进作用。练习太极拳要求"心如止水",注意力集中,要求有很好的身体平衡能力,要求平静的心态贯彻整套动作,使练习者亢奋的神经立刻进入抑制状态,这种主动的抑制比睡眠下的自然抑制休息效果要好,长期演练可以降低忧虑、抑郁、恐慌、焦躁和不安的心情,并且能够通过练习过程的交流,改善人际关系,提高自我效能感,从而提高练习者的心理健康水平。

民族传统体育项目有着良好的社会传承基础,有好多项目是儿童时期经常玩的项目,同学们都有一定的基础,在课堂上开展的可行性较好。通过这些项目的练习和竞技,可以提高中学生的自信心并建立良好的同学关系,从而形成较好的社会适应能力。

一些民族体育项目的其他表现形式,使同学们在竞技中体验到成功的快乐,对增强学生自信、培养学生健全的心理有着很大的帮助,有些项目团队通力合作是取得胜利的必要条件,中学生通过团队配合,增强了彼此之间的相互信任、相互理解与相互尊重,使学生的个性得到充分全面的发展。

民族传统体育项目有着自身的优势,尽管在中学体育课堂上所占的比重较轻,但是民族传统体育项目毕竟是承载着民族的传统与文化,对中学生身心健康水平的提高有着明显的促进作用,青少年学生可以根据自己的喜好,选择符合自己运动需要的项目。而现实情况则是,大众缺乏对民族传统体育项目

的理解与认识,缺乏对传统体育项目资源的优化与开发。因此,加快民族传统体育项目的资源开发与利用不仅是保护非物质文化遗产的需要,而且是中学生体育课堂教学的需要。

第二节 适宜中学生开展的民族传统体育项目分析

民族传统体育项目承载着我国民族优秀的传统和文化,能够很好地促进中学生身心健康的发展,虽然在中学体育课堂中没有占据较大比重,但是对其所发挥的重要作用我们要始终给予重视。本节将对适宜中学生开展的民族传统体育项目进行分析,主要探讨武术、跳绳、踢毽子等项目。

一、武术运动

(一)武术简介

武术是以技击动作为主要内容,以功法、套路、搏斗为运动形式,注重内外兼修的中国传统体育项目。中国武术在华夏土地上绵延了数千年,历史悠久并植根于民间。它来源于人们的生产实践、军事战争和社会活动,在中国文化的长期熏陶、哺育下,具有鲜明的民族文化特色,世代相传,历久不衰,逐渐成为民族传统体育项目。武术具有多彩的形式、丰富的内容、深邃的文化意蕴,具有健身防身、修性、竞技、娱乐等多方面的社会功能,无愧为中华民族创造的文化精粹,不仅为广大群众喜闻乐见,而且得到了世界上越来越多人的青睐。

(二)武术运动的健身特点

武术的内容丰富,不仅有套路练习形式,还有对抗练习形式。套路练习中不仅有拳术,还有多种器械;不仅有单人练习,还有对练,并且还有多种拳种和流派。这些不同的练习形式和内容各有其不同的运动特点,所以对人体健康有多方面的影响,并相互补充,可以全面地促进人的身体健康水平。

1. 内外兼修、增强体质

武术历来是"武""健"并重的。与其他运动相比,武术对人体各个肌肉群的相应运动中枢之间的协调关系要求较高,而锻炼方法也有所不同,注重"内"与"外"的整体修炼。所谓内,即心、神、意、气等内在的心智活动。所谓外,即手、眼、身法、步等外在的形体活动。运动中,其形体必须是中正安舒,左顾右盼,支撑八面;其心智必须是排除杂念,达到心动形随,意发神传,手与足合,肘与膝合,肩与胯合,心与意合,意与气合,气与力合;手到,眼到,身到,步到,一动无有不动,一静无有不静,周身上下无处不合,无处不动,浑然一体。① 这种练功法,对外能利关节、强筋骨、壮体魄,对内能理脏腑、通经脉、调精神,使身心得到全面的锻炼。

2.具有广泛的适应性

武术运动不仅锻炼价值高,而且内容丰富、形式多样,不同的拳术和器械有着不同的动作结构、技术要求、运动风格和运动量,它可以不受年龄、性别、体质、时间、季节、场地和器材的限制,人们可以根据自己的需要和条件,选择合适的项目来进行锻炼,这给开展群众性的体育活动提供了方便条件。如前所述,武术有不同风格特点的长拳、太极拳,这些拳术套路的动作结构、技术要求、运动风格和运动量都有所不同,易于普及和推广,这就使武术运动具有广泛的适应性。

3.具有陶冶情操的作用

不仅有健身和竞技价值,而且富有浓郁的艺术色彩,表现为运动中攻与防、虚与实、刚与柔、开与合、快与慢、动与静、起与伏等交替变化形成的强烈的动感、均衡的势态、恰当的节奏、和谐的韵律,使人百看不厌。就单个动作而言,讲究上、中、下三盘错落,高有鹰击长空的气概,低有鱼翔浅底的雅趣,如"大跃步前穿",忽地凌跃而起,忽地又伏身而下,似长风出谷,若燕子抄水,妙不可言。其套路运动变化,讲究动之如涛、静之如岳、起之如猿、轻之如叶、重之如铁、缓之如鹰、快之如风等充满着矫健、敏捷、洒脱、舒展而遒劲的美,使人的情感在演练中受到陶冶,自身的修养和审美能力得到提高。

4.能锻炼防身自卫能力

攻防的技击性是武术运动的特点。现代套路运动的表现形式,仍以体现攻防实战方法的动作为基本内容。如各种手法、腿法、摔法、跌扑滚翻等动作,每一个动作都暗含着不同的用意。因此,通过练习,不仅能强壮身心,还能锻炼防身自卫的能力。武术锻炼对人的力量、耐力、速度、灵敏、柔韧等各种身体

---

① 胡剑,刘翠萍.由中国传统人性文化审视中国武术走向之研究[J].四川体育科学,2009(2):18-20.

素质都有良好的影响,不同的人可以根据个人不同的爱好和条件,选择适合自己的武术内容进行锻炼,以达到更好地增强体质的目的。①

(三)武术基本功

基本功是武术运动所必须具备的体能、技能和心理等素质。它有一系列综合性训练方法和手段。基本功按人体的部位划分为腿功、腰功、臂功和桩功。

1.腿部练习

腿部练习主要发展腿部柔韧性、灵活性和力量等素质。练习方法有:压腿、搬腿、劈腿和控腿等。

(1)压腿

压腿主要是拉长腿部肌肉、韧带,加大髋关节活动范围,压腿的方法有正压、后压、侧压和仆步压四种。

1)正压腿:面对压腿架或适当高度的物体,左腿提起,脚跟放在压腿架上,脚尖勾起,两手按膝。两腿伸直、立腰、收髋,上体前屈,并向前、向下做压振动作(图4-1)。

要求与要点:两腿伸直,直体向前、向下压振。逐渐加大幅度,两手抓住左脚掌用力后拉,先以前额、鼻尖触及脚尖,最后过渡到下颌触及脚尖(图4-2)。压至有疼痛感时,停住不动,进行耗腿。

图 4-1　　　　　　　　图 4-2

2)后压腿:背对压腿架或适当高度的物体,两手叉腰或扶一适当高度的物体,左腿后举,脚背放在压腿架上,脚面绷直,上体后屈并做压振动作(图4-3)。

---

① 李远华,陈诗强.论武术教学与中学生终身体育意识的培养[J].搏击·武术科学,2009,6(5):56-58.

要求与要点:两腿挺膝伸直,支撑腿全部落地,脚趾抓地,挺胸、展髋、腰后屈。

图 4-3　　　　图 4-4

3)侧压腿:侧对压腿架或适当高度的物体,左脚提起,脚跟放在压腿架上,脚尖勾紧,右腿支撑,脚尖外展,两腿伸直。右臂屈肘上举,左掌附于右胸前立腰、开髋,上体向左侧压振(图 4-4)。

要求与要点:直体向侧、向下压振。逐渐加大幅度,右手抓住左脚掌,上体侧卧在被压腿上。

4)仆步压腿:右腿屈膝全蹲,全脚掌着地,左腿挺膝伸直仆地,脚尖内扣。两拳分别握于腰间,目视左侧,成左仆步(图 4-5)。压到一定时间,右腿蹬地,重心左移转成右仆步。

要求与要点:挺胸、塌腰、沉髋,左右移动尽量使臀部贴近地面,速度不宜过快。

(2)搬腿

搬腿主要增强腿部的柔韧性,加大髋关节的活动幅度,提高腿部上举力量。搬腿的方法有正搬、侧搬和后搬三种。

1)正搬腿:背靠墙站立,一腿支撑,另一腿向前上举起,由同伴托住脚跟上搬(图 4-6)。

要求与要点:挺胸、塌腰、收髋;上搬高度可随训练水平的提高而逐步提高。搬腿前先进行跑步、体操等全身性活动,把身体活动开再搬腿。

图 4-5　　　　　图 4-6

图 4-7　　　　　图 4-8

2）侧搬腿：左侧靠墙站立，左腿支撑，挺膝伸直，右腿侧起，由同伴托住脚跟上搬，左臂屈腕上举，右掌放于左胸前（图 4-7）。

要求与要点：挺胸、塌腰、别膀、开髋。

3）后搬腿：手扶适当高度的物体，左腿支撑，右腿后举，由同伴托起上搬，上体后屈（图 4-8）。

要求与要点：与后压腿同。

（3）劈腿

劈腿主要是加大髋关节的活动范围，增进腿部的柔韧性。劈腿练习可在压腿、搬腿和踢腿之后进行。劈腿的方法有竖劈（竖叉）和横劈（横叉）两种。

1）竖劈：两臂侧平举，两腿前后分开呈直线，脚尖勾紧，前腿后侧着地，后腿前侧或内侧着地，目视前方（图 4-9）。

要求与要点：挺胸、挺膝、立腰、沉髋。

2）横劈：两手侧平举，两腿左右分开呈直线，脚内侧着地或脚尖上翘（图 4-10、图 4-11）。

要求与要点：挺胸、挺膝、立腰、展髋。

练习步骤：与竖劈相同。

图 4-9　　　　　　　图 4-10　　　　　　　图 4-11

（4）控腿

控腿主要是发展腿部力量，提高腿部的支撑和上举的控制能力。练习方法有前控、侧控和后控三种。

1）前控腿：右手扶适当高度的物体，左手叉腰或侧平举，右腿支撑，左腿向前上方举起（图 4-14）。

要求与要点：挺胸、挺膝、立腰、收腹。

2）侧控腿：基本方法同前控腿（图 4-15）。

要求与要点：挺胸、挺膝、直背、开髋。

3）后控腿：后控腿右手扶器械，左手叉腰，右腿支撑，左腿屈膝提起，向后上伸出，脚尖绷直（图 4-16）。

要求与要点：挺胸、挺膝、腰后屈、展髋。练习步骤：与前控腿相同。

图 4-14　　　　　　　图 4-15　　　　　　　图 4-16

2.腰部练习

腰部练习主要发展脊椎和腰部各肌肉群的柔韧性与弹性，加大腰部的活动范围。另外，腰是较集中反映身法技巧的关键，所以，练好腰功具有重要的意义。练腰的方法有俯腰、甩腰、晃腰、拧腰、翻腰、涮腰等。

（1）俯腰

1）前俯腰：前俯腰两手十指交叉，直臂上举，掌心朝上。上体前俯，两掌心尽量贴地（图 4-17）。然后两手松开，抱住两脚跟处，逐渐使胸部贴近腿部（图

4-18)。持续一定时间后再起立。

要求与要点:两腿挺膝伸直,挺胸、收腹、前折体。

练习步骤:先俯腰两手按地,稍起再下按,反复多次,最后过渡到两手抱腿。

2)侧俯腰:两手十指交叉,直臂上举,掌心朝上,两脚不动,上体左转并向左下侧屈,两掌心按地(图4-19、图4-20)。持续一定时间再起立做另一侧。

要求与要点:两腿挺膝伸直,两脚不能移动。

练习步骤:先做一些腰部活动,再做俯腰动作。

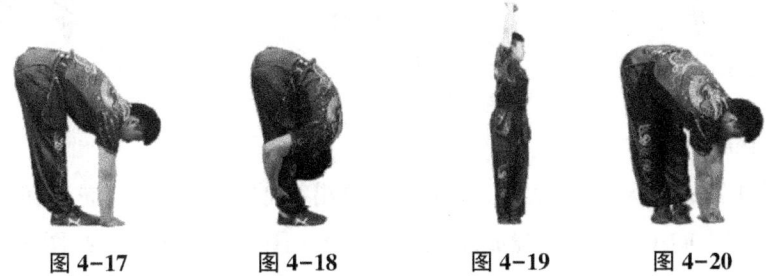

图4-17　　　　图4-18　　　　图4-19　　　　图4-20

(2)甩腰

开步站立,两臂上举,以腰为轴,上体做前后屈和甩腰动作,两臂随着摆动(图4-21、图4-22)。

要求与要点:前后甩腰要快速,有弹性,两腿伸直。

(3)晃腰

开大步站立,两臂侧平举,上体挺腹后仰,向左右转动,两臂随体摆动(图4-23、图4-24)。

要求与要点:右晃时,右手必须尽量向左脚跟处摆动,左晃时,左手必须尽量向右脚跟处摆动;晃动时,尽量挺胸、展腹,逐渐加大幅度。

图4-21　　　　图4-22　　　　图4-23　　　　图4-24

(4)拧腰

左腿支撑,右腿提膝,右臂侧平举,左臂屈肘平举于胸前,接着右脚插在左腿前外侧,上体随即经左向后、向上拧腰转动(图4-25、图4-26、图4-27)。

要求与要点:插步和拧腰动作要协调一致;拧腰时要充分侧展,快速有力。

图4-25　　　　　　　图4-26　　　　　　　图4-27

(5)翻腰

屈膝下蹲成右歇步双摆掌,上体前俯并沿纵轴向左翻转一周,同时两臂依次向下、向左、向上、向右轮绕成左歇步双摆掌(图4-28、图4-29、图4-30)。

要求与要点:上体必须沿纵轴翻转并挺胸、展腹,翻转快而有力,两臂立抡成圆。

图4-28　　　　　　　图4-29　　　　　　　图4-30

(6)涮腰

两脚开立,略宽于肩,上体前俯,以髋关节为轴,两臂由下向左前方伸出,并向前、向右、向后、向左翻转绕环(图4-31、图4-32)。

要求与要点:两脚不能移动,两臂相随绕动,前俯后仰,尽量加大上体绕环幅度。

图 4-31　　　　　　　　　　　图 4-32

3. 臂部练习

臂部练习主要增进肩关节韧带的柔韧性，加大肩关节的活动范围，发展臂部力量，提高上肢运动的敏捷、转环等能力，为学习各种手法提供必要的专项素质。练习方法有压肩、握棍转肩、绕环、仆步抡拍等。

（1）压肩

面对肋木或适当高度的物体开步站立。两手抓握肋木，上体前俯并做下振动作，也可由助手帮助做搬压练习（图 4-33、图 4-34）。

要求与要点：臂、腿伸直，挺胸、塌腰、收髋。振幅逐渐加大，发力点集中在肩部。

图 4-33　　　　　　　　　　　图 4-34

（2）握棍转肩

转肩时两脚开立，两手正握小棍于体前；两手相距一定距离。以肩关节为轴，两臂由体前经头顶绕至身后，再由后经头顶绕回体前（图 4-35、图 4-36、图 4-37）。

要求与要点：两臂始终伸直，两手持棍的距离不变。

图 4-35　　　　　图 4-36　　　　　图 4-37

(3) 绕环

1) 单臂绕环:左手叉腰或按于左膝上,右臂垂于体侧,呈左弓步站立。右臂由下向上、向后、向前绕环数周,然后再向相反方向绕环数周(图 4-38、图 4-39、图 4-40)。

图 4-38　　　　　图 4-39　　　　　图 4-40

要求与要点:肩松、臂直、立圆绕环,逐渐加速。

2) 双臂前后绕环:两脚开立,与肩同宽,两臂垂于体侧。左右臂依次由下向前、向上、向后绕环,一定数次后再做相反方向绕环(图 4-41、图 4-42、图 4-43)。

要求与要点:松肩、探臂、两臂在体侧呈立圆绕环。

图 4-41　　　　　图 4-42　　　　　图 4-43

3) 双臂交叉绕环:两臂上举,开步站立。左臂向前、向下、向后,右臂向后、向下、向前,同时于体侧画立圆绕环。数次后,再做反方向绕环(图 4-44、图 4-45、图 4-46)。

要求与要点:两臂放松,上体与双臂协调配合。

图 4-44　　　　　图 4-45　　　　　　图 4-46

(4)仆步抡拍(乌龙盘打)

1)预备姿势。两脚并步站立,身体自然正直,两臂垂于体侧,指尖向下,拇指侧向前,目视正前方。

2)弓步插掌。左脚向左迈进一大步,左腿屈膝半蹲,右腿挺膝蹬直,成为左弓步,身体左转,右臂伸直向左摆,指尖向前,拇指侧向上,左臂屈肘于右臂前,指尖向上,小指侧向前,目视正前方。

3)弓步抡臂。上体右转,右腿屈膝半蹲,左腿挺膝蹬直,成为右弓步,同时右臂向上、向右抡臂,左臂向左抡臂,目随右手环视。上体继续右转,右臂向下、向后抡臂,左臂向上、向前抡臂。

4)仆步拍地。上体左转,左腿屈膝全蹲,右腿伸直,成右仆步;右臂向上、向右、向下抡臂至右腿内侧以掌心拍地,左臂向下、向左抡臂至左上方,掌指尖斜向后,拇指斜向上,目视右手方向。右腿屈膝半蹲,左腿挺膝蹬直,成为右弓步,同时左臂伸直向右摆,指尖向前,拇指侧向上,右臂屈肘于左臂前,指尖向上,小指侧向前,目视正前方。然后按照上述方法,做反式练习(图 4-47、图 4-48、图 4-49、图 4-50)。

要求与要点:向上抡臂时要贴近耳朵,向下抡臂时要贴近腿部,要做到"眼随手动,目随势主"。

| 图 4-47 | 图 4-48 | 图 4-49 | 图 4-50 |

4.站桩练习

桩功是武术基本功中最独特的锻炼形式,它是以静站的方式锻炼周身气血流畅,培植元气,并增强腿部肌肉的力量以及下肢各关节韧带的坚韧性。所谓"桩",就是要像木桩那样静稳。主要功法有马步桩、弓步桩、虚步桩、浑元桩、三体桩、八卦桩等(图4-51、图4-52、图4-53)。

| 图 4-51 | 图 4-52 | 图 4-53 |

(四)基本动作

1.基本手型、手法、步型、步法练习

(1)手型练习

1)拳:四指并拢卷握,拇指紧扣食指和中指的第二指节(图4-54)。

要求与要点:拳握紧、拳面平,直腕。

2)掌:四指并拢伸直,拇指弯曲紧扣于虎口处(图4-55)。

要求与要点:出掌快而有力,肘要贴肋运行。

3)勾:五指第一指节捏拢在一起屈腕(图4-56)。

要求与要点:五指指尖捏拢,用力屈腕。

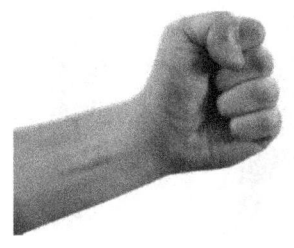  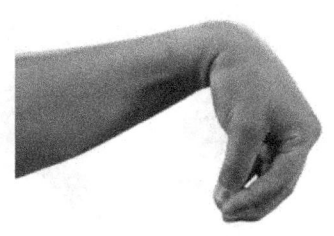

图 4-54　　　　　　图 4-55　　　　　　图 4-56

（2）手法练习

主要手法有冲拳、架拳、劈拳、撩拳、推掌、摆掌、亮掌、顶肘等。

1）冲拳：分平拳和立拳两种。平拳拳心向下，立拳拳眼向上。冲拳时拳从腰间向前猛力冲出，高与肩平。

要求与要点：挺胸、收腹、立腰，出拳快速有力，力达拳面，有寸劲。同时拧腰送肩，急旋前臂（图 4-57）。

2）架拳：右拳向左、向上经头前向右上方弧形架起，拳眼向下。

要求与要点：架拳时，松肩，肘微屈，前臂内旋，力达前臂外侧（图 4-58、图 4-59）。

图 4-57　　　　　　图 4-58　　　　　　图 4-59　　　　　　图 4-60

3）劈拳：右拳向左、向上经头上方向右快速下劈，力达拳轮。

要求与要点：臂伸直，高与肩平，也可从脸前下劈（图 4-60、图 4-61）。

4）撩拳：右拳由下向前上方弧形直臂撩击。

要求与要点：力达拳眼或拳心者为正撩，力达拳轮或拳背者为反撩（图 4-62、图 4-63）。

图 4-61　　　　图 4-62　　　　图 4-63　　　　图 4-64

5）推掌：右拳变掌，从腰间旋臂猛力推出，臂伸直，立掌，力达掌根，掌指与眼平（图 4-64）。

要求与要点：挺胸、收腹、直腰。出掌要快速有力，有寸劲，同时要做好拧腰、顺肩、沉腕、立掌等动作。

6）摆掌：右拳变掌，前臂内旋向右，然后屈肘再向上、向左经脸前摆至左胸间，坐腕。

要求与要点：掌指向上，掌心朝外，眼左视（图 4-65、图 4-66）。

图 4-65　　　　图 4-66　　　　图 4-67　　　　图 4-68

7）亮掌：右拳变掌，向右侧、向上弧形摆起，抖腕亮于头右上方，肘微屈，掌心朝前，眼左视（图 4-67、图 4-68）。

要求与要点：抖腕、亮掌与转头要同时完成。

8）顶肘：右臂屈肘平举于胸前，拳心向下，左拳变掌，掌心贴附于右拳面，掌指向上，然后肘尖用力向右撞击，力达肘尖（图 4-69、图 4-70、图 4-71）。

要求与要点：转腰、顶肘与转头要同时完成。

图 4-69　　　　　图 4-70　　　　　图 4-71

(3) 步型练习

步型练习主要能增强腿部力量,规范下肢动作,提高两腿的稳定性。长拳的主要步型有弓步、马步、虚步、仆步、歇步、丁步等。

1) 弓步:左脚向前一大步,脚尖微内扣,屈膝半蹲,膝与脚尖垂直。右腿挺膝伸直,脚尖斜向前,两脚全脚掌着地。

要求与要点:上体正对前方,挺胸、塌腰、沉髋,前腿弓、后腿绷,目视前方,两手抱拳于腰间(图 4-72)。

2) 马步:两脚平行开立,两脚跟外蹬,屈膝半蹲,膝部不超过脚尖,大腿接近水平。

要求与要点:挺胸、直背、塌腰,目视前方,两手抱拳于腰间(图 4-73)。

3) 虚步:两脚前后开立,右膝屈膝半蹲,脚尖外展 45°,左脚前伸,脚尖稍内扣,虚点地面,膝微屈,重心落于后腿。

要求与要点:挺胸、塌腰,虚实分明,两手抱拳于腰间(图 4-74)。

图 4-72　　　　　图 4-73　　　　　图 4-74

4) 仆步:右腿屈膝全蹲,大小腿相靠,左腿挺直平仆,脚尖里扣,两脚均全脚掌着地。

要求与要点:挺胸、塌腰、沉髋,目视左前方,两手抱拳于腰间(图 4-75)。

5) 歇步:两腿交叉靠拢全蹲,左脚全脚掌着地,脚尖外展。右腿前脚掌着地,臀部坐于右小腿上。

要求与要点:挺胸、塌腰、目视左前方,两手抱拳于腰间(图4-76)。

6)丁步:两腿屈膝半蹲,右脚全脚着地,左脚脚跟提起,脚尖稍里扣并虚点地,贴于右脚脚弓处,重心落于右腿上。

要求与要点:挺胸、塌腰、虚实分明,目向左平视,两手抱拳于腰间(图4-77)。

图 4-75

图 4-76

图 4-77

(4)步法练习

步法练习主要是增进腿部的速度,发展两腿移动和转换的灵活性。主要步法有盖步、插步、击步、垫步、弧形步等。

1)盖步:右腿提起经左脚前横迈一步,稍屈膝,脚尖外展,两腿交叉,重心偏于右腿(图4-78、图4-79)。

要求与要点:转腰,动作迅速,重心稳。

图 4-78

图 4-79

2)插步:右脚提起,经左脚后向左横迈一步,脚前掌着地,两腿交叉,重心偏于左腿(图4-80、图4-81)。

要求与要点:与盖步同。

图 4-80　　　　　图 4-81　　　　　图 4-82

3）击步：两脚前后开立，两手叉腰。上体前倾，后脚提起，前脚随即蹬地前纵。在空中后脚碰击前脚后即落地，目平视（图4-82、图4-83、图4-84）。

要求与要点：跳起空中时，要保持上体正直并侧对前方。

图 4-83　　　　　图 4-84　　　　　图 4-85

4）垫步：后脚提起向前脚处落步，前脚立即蹬地前跳，将位置让给后脚（图4-85、图4-86）。

要求与要点：与击步同。

5）弧形步：两腿略屈，迅速连续向侧前方沿弧线行步。

要求与要点：每步略比肩宽。挺胸、塌腰，保持半蹲姿势。身体平稳，不要有起伏现象。落步时由脚跟迅速过渡到全脚掌，并注意转腰，目向前平视（图4-87、图4-88）。

图 4-86　　　　　图 4-87　　　　　图 4-88

2.腿法练习

踢腿是腿法练习的主要内容,也是基础训练的主要方面之一。腿法主要有直摆性、屈伸性、扫转性腿法三种。

(1)直摆性腿法:支撑腿和摆动腿均直的腿法

1)正踢腿:右手扶住适当高度的器械,左手叉腰或侧平举,右腿支撑,左腿勾足,挺膝踢起,然后下落成前点步,还原(图4-89、图4-90)。也可两臂侧平举,原地或行进间左右交替踢腿。

要求与要点:挺胸、立腰、沉髋、收腹;踢腿时勾脚尖,过腰后加快速度;连续若干次后再换踢右腿。

2)侧踢腿:双手扶适当高度的器械,丁字步站立。动作同正踢腿(图4-91、图4-92)。也可行进间左右交替练习,踢腿的同侧臂屈肘于胸前,异侧臂上举,屈腕。

要求与要点:挺胸、直腰、开髋、侧身、猛收腹。

3)斜踢腿:并步站立,两臂侧平举,左脚向前上半步,左腿支撑,右腿挺膝,勾足向异侧耳际猛踢(图4-93)。也可以手扶器械,异侧腿进行斜踢。

要求与要点:与正踢腿相同。

图4-89　　　图4-90　　　图4-91

图4-92　　　图4-93

4)外摆腿:右手扶适当高度的器械,左手叉腰或侧平举,右腿支撑,左腿脚尖勾紧向右上踢起,经脸前向左摆至左侧上方,然后下落成侧点步,还原(图4-94、图4-95、图4-96)。也可两臂侧平举,行进间左右交替练习。

要求与要点:挺胸、立腰、松髋、开胯。外摆时以髋关节为轴,外摆幅度要大,呈扇形。

图 4-94　　　　　图 4-95　　　　　图 4-96

5)里合腿:同外摆腿(图4-97、图4-98、图4-99)。也可两手侧平举,行进间交替练习。

要求与要点:挺胸、挺膝、松髋里合、幅度要大,呈扇形。

图 4-97　　　　　图 4-98　　　　　图 4-99

6)后踢腿:双手扶器械或适当高度的物体,右腿支撑,左腿绷足,挺膝向后上踢起。

要求与要点:当踢到一定高度后也可松膝,用脚掌碰及头部(图4-100、图4-101)。也可向前或向后在行进间练习。

7)单拍脚:两腿并立,两手抱拳于腰间。左脚向前上半步,右腿挺膝绷足向上猛力踢摆。同时,右拳变掌于脸前迎击右脚面(图4-102、图4-103)。

要求与要点:收腹、立腰、击拍准确、响亮。

图 4-100　　　　　图 4-101　　　　　图 4-102　　　　　图 4-103

（2）屈伸性腿法：支撑腿直、摆动腿由屈到伸直的腿法

1）弹腿：两脚并立，两手叉腰。右腿屈膝提起，接近水平时，迅速猛力挺膝向前平踢，力达脚尖，大小腿在一直线（图4-104、图4-105）。

要求与要点：挺胸、直腰、脚面绷直、收髋。弹击要有寸劲。

2）蹬腿：动作方法、要求与要点均与弹腿相同，唯脚尖勾起，力达跟脚（图4-106）。

要求与要点：与弹腿同，强调勾脚尖。

图 4-104　　　　　图 4-105　　　　　图 4-106

3）侧踹腿：两脚并立，两手叉腰右脚向左脚盖步，左腿屈膝提起猛向左侧上方踹击，上体向右侧倾（图4-107、图4-108）。

要求与要点：挺膝、开髋、左脚掌里扣，脚外侧朝上，力达脚跟。

图 4-107　　　　　图 4-108

(3)扫转性腿法

1)后扫腿:两脚并立,两手抱拳于腰间。左脚向前上步成左弓步,同时两掌从腰间向前平直推出,掌指向上,小指一侧朝前。上体右转成右仆步,两掌随转体在右腿内侧扶地,以左脚为轴,右脚贴地向后扫转一周(图4-109、图4-110、图4-111)。

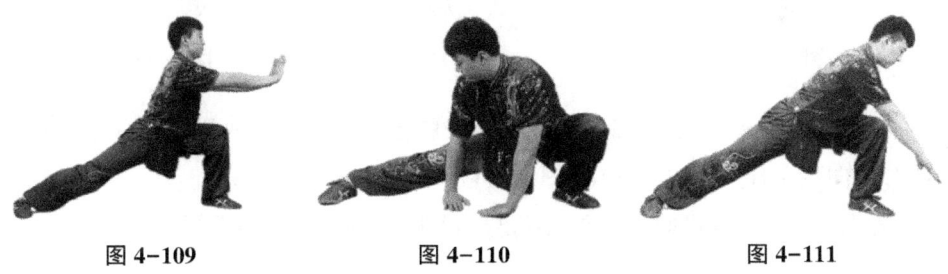

图4-109　　　　　　图4-110　　　　　　图4-111

要求与要点:转身、俯身、撑地要连贯紧凑,一气呵成。上下肢动作不要脱节。

2)前扫腿:左脚向前上步,右脚向左扫转一周,成仆步勾手亮掌(图4-112、图4-113)。

要求与要点:上体正直,重心平衡,腰腿发力。

图4-112　　　　　　图4-113

3.平衡

提膝平衡右腿伸直支撑,左腿屈膝提起,成勾手亮掌姿势(图4-114)。

要求与要点:挺胸、塌腰、收腹、脚内扣、站稳平衡。

(1)扣腿平衡:右腿屈膝半蹲,左腿屈膝勾脚贴扣于右膝腘窝处,脚背朝里,左掌上架,右拳侧冲,目视右拳(图4-115)。

要求与要点:挺胸、塌腰、沉肩、平衡稳固、持久。

图 4-114　　　　　　图 4-115　　　　　　图 4-116

（2）燕式平衡：右腿屈膝提起，两手在胸前交叉，然后两臂侧平举，上体前俯，右脚向后上蹬伸（图 4-116、图 4-117）。

要求与要点：两腿伸直，后举腿要高过头，脚面绷直，腰后屈。

4. 跳跃翻腾

跳跃翻腾练习，对增强腿部力量，提高弹跳力有很好的作用。主要练习有大跃步前穿、腾空飞脚、旋风脚、腾空摆莲、旋子等。

图 4-117　　　　　　图 4-118　　　　　　图 4-119

（1）大跃步前穿：左提膝推左掌，左掌摆至身后，右掌前抄，不停，左脚前落，随即猛力蹬地向前跃出，两掌向前画弧摆起，落地成右弓步，右掌变拳抱于右腰侧，左掌立掌停于右胸前，目视左掌（图 4-118、图 4-119、图 4-120、图 4-121、图 4-122）。

要求与要点：起跳猛、腾空高、跃步远、落地轻。

图 4-120　　　　　　图 4-121　　　　　　图 4-122

（2）腾空飞脚：右脚上步，左腿向前上摆踢，右脚蹬地跃起，身体腾空。两臂由下向前、向头上摆起，右手背迎击左掌心作响。在空中，右腿向前上方弹踢，脚面绷直，右掌迎击右脚面作响。同时，左腿收控于右腿内侧，脚面绷直，左掌迅速摆至左侧变勾手，目视前方（图 4-123、图 4-124、图 4-125）。

要求与要点：右脚在空中摆踢时过腰，在腾空最高点完成击响动作，击拍动作必须连贯、准确、响亮。

图 4-123　　　　　　图 4-124　　　　　　图 4-125

（3）旋风脚：左脚向左上步，同时左掌前推；右脚随即上步，脚尖内扣，落地即蹬地跳起；左脚提起向左上方摆动，上体向左上方翻转一周，右腿里合，左掌在脸前迎击右脚掌。两臂随转体摆动（图 4-126、图 4-127、图 4-128、图 4-129、图 4-130）。

要求与要点：右腿里合时要贴近身体，左腿外摆要舒展；抡臂、踏跳、转体、里合等环节要连贯、协调一致。

图 4-126　　　图 4-127　　　图 4-128

图 4-129　　　　　图 4-130

（4）腾空摆莲：高虚步挑掌站立。左脚向前上步，右脚随之向前上一大步，脚尖外展，身体右转，同时右臂顺势下落，左臂前摆。重心快速前移，右脚蹬地跳起，同时，左腿向右上方屈膝里合摆踢，两手上摆于头上击响。上体右转，身体腾空。右腿上踢外摆，两手先左后右拍击脚面，左腿在空中击响时伸直分开摆动控于体侧，或屈膝收控于右腿内侧（图4-131、图4-132、图4-133、图4-134、图4-135、图4-136）。

要求与要点：上步要呈弧形，右腿外摆要呈扇形；起跳后迅速完成拧腰、转体、里合左腿与外摆右腿等动作。动作要连贯、协调。

图 4-131　　　　图 4-132　　　　图 4-133

图 4-134　　　　　　图 4-135　　　　　　图 4-136

（5）旋子：开步站立，身体右转，左脚离地，左臂前平右臂后下举；其次，左脚踏地，身体平俯向左甩腰摆动，同时两臂伸直随身向左摆动；紧接着左脚蹬地，身体悬空，两腿随身向左平旋，然后右脚先落地，左脚随之落地（图4-137、图4-138、图4-139）。

要求与要点：过水平。练习步骤：挺胸、抬头，身体呈水平旋转，两腿要高过水平。

图 4-137　　　　　　图 4-138　　　　　　图 4-139

5.跌扑滚翻练习

跌扑滚翻练习对于培养自身稳定性以及提高身体协调、灵巧、速度力量等素质，都起着良好的作用。主要有：抢背、鲤鱼打挺、乌龙绞柱、侧空翻等。

（1）抢背：右脚在前、左脚在后，两脚交错站立，左脚从后向上摆起，右脚蹬地跳起，团身向前滚翻，两腿屈膝（图4-140、图4-141）。

图 4-140　　　　　　图 4-141

要求与要点：肩、背、腰、臀要依次着地，滚翻要圆、快，立起要迅速。

（2）鲤鱼打挺：仰卧、屈体使两腿上摆，两手扶按两膝；两腿下打，挺腹，振摆而起（图4-142、4-143）。

要求与要点：身体必须呈半圆环形，两脚分开不得超过两肩宽，打腿振摆要快速。

图4-142　　　　　　图4-143

（3）乌龙绞柱：侧卧，左腿略屈贴地，右腿伸直；绞柱时，右腿由左向右贴身平扫，身体随之翻仰，两腿上举相绞（图4-144、图4-145、图4-146、图4-147）。

要求与要点：两腿正上方蹬起，绞腿幅度要大。

图4-144　　　　　　图4-145

图4-146　　　　　　图4-147

（4）侧空翻：左脚蹬地，右腿从后向上摆起，身体前屈，在空中做向左侧翻动作。右脚先落地，左脚随之落地（图4-148、图4-149、图4-150）。

要求与要点：翻转要快，两腿要直。

图 4-148　　　　　图 4-149　　　　　图 4-150

(五) 初级长拳

1.初级长拳(第一路)

第一段：

(1) 动作名称

预备势→①马步双劈拳→②拗弓步冲拳→③蹬腿冲拳→④马步冲拳→⑤马步双劈拳→⑥拗弓步冲拳→⑦蹬腿冲拳→⑧马步冲拳。

(2) 技法图解

预备势：两脚并拢站立，眼看前方(预备势1，图4-151)；两手握拳，屈肘抱于两腰侧，拳心朝上，脸向左转，眼向左侧方平视(预备势2，图4-152)。

要点：挺胸、直腰、两肩后张、两拳紧贴腰侧。

1) 马步双劈拳

①左脚向左开步，同时两拳从腰侧伸向腹前错臂交叉，左拳在里，右拳在外，如图4-153所示。

②两腿屈膝半蹲成马步，同时两拳向左右抢臂侧劈，拳眼朝上，眼看左拳，如图4-154所示。

图 4-151　　图 4-152　　图 4-153　　　　图 4-154

要点：开步、抢劈和半蹲的动作必须同时进行；形成马步之后，两大腿要坐平，脚尖里扣，两膝里合；挺胸、塌腰、两肩松沉，两拳与肩平行。

2)拗弓步冲拳

左脚跟和右脚掌同时碾地使上身左转,左腿屈膝,右腿蹬直,成左弓步。在上身左转的同时,右拳先收抱于右腰侧(拳心朝上),继而臂内旋,使拳眼朝上,用力向前冲出,拳略比肩高;左拳和左臂外旋使拳心朝上,屈肘收抱于左腰侧(图4-155)。

要点:上述两个动作必须连贯;冲拳要用力,右肩前顺,左肩后牵;两脚脚掌要全部着地。

3)蹬腿冲拳

左脚不动,右脚屈膝提起,用脚跟向前平直蹬出,脚尖勾起。同时,右拳外旋使拳心朝上,屈肘收抱于右腰侧;左拳随之成直拳向前冲出,拳眼朝上,眼看左拳(图4-156)。

要点:收拳、冲拳、蹬腿三个动作必须同时进行,协调一致;立地腿要站稳,两肩要松沉,左肩前顺,右肩后牵。

4)马步冲拳

右脚向前落步,脚尖里扣;同时,左脚前脚掌碾地使脚跟里转,上身随之左转,两腿屈膝半蹲成马步。在形成马步的同时,左拳和左臂外旋,使拳心朝上,屈肘收抱于左腰侧;右拳随即向右侧方成立拳平直冲出,略比肩高,拳眼朝上,眼看右拳(图4-157)。

图4-155　　　　　图4-156　　　　　图4-157

要点:落步、转身和屈膝半蹲的动作必须与收拳、冲拳的动作协调一致;形成马步之后,两肩稍向后张,左肘向后牵引,挺胸,塌腰。

5)马步双劈拳

①上动稍停,两脚不动,两腿直起。左拳从腰侧向腹前下伸,拳背朝前;在左拳下伸的同时,右臂内旋从右侧方向腹前内收,收至腹前时,两臂成右外左

内错臂交叉,拳心对着腹部,眼向右平视(图4-158、图4-159)。

②两腿屈膝半蹲成马步,同时两拳向左右抡臂侧劈,拳眼朝上,眼看右拳。

要点:与本节的马步双劈拳相同。

6)拗弓步冲拳

右脚跟和左脚掌同时碾地,使上身右转,右腿屈膝,左腿蹬直,成右弓步。在上身右转的同时,左拳先收抱于左腰侧(拳心朝上),继而臂内旋,使拳眼朝上,用力向前冲出,拳略比肩高;右拳和右臂外旋,使拳心朝上,屈肘收抱于右腰侧(图4-160)。

要点:与本节的拗弓步冲拳相同,唯左右相反。

图4-158　　　　图4-159　　　　图4-160

7)蹬腿冲拳

右脚不动,左脚屈膝提起,用脚跟向前平直蹬出,脚尖勾起。同时左拳外旋使拳心朝上,屈肘收抱于腰侧;右拳随之成直拳向前冲出,拳眼朝上,眼看右拳(图4-161)。

要点:与本节的蹬腿冲拳相同,唯左右相反。

8)马步冲拳

左脚向前落步,脚尖里扣;同时右脚前脚掌碾地使脚跟里转,上身随之右转,两腿屈膝半蹲成马步。在形成马步的同时,右拳和右臂外旋使拳心朝上,屈肘收抱于右腰侧;左拳随即向左侧方成立拳平直冲出,略比肩高,拳眼朝上,眼看左拳(图4-162)。

要点:与本节的马步冲拳相同,唯左右相反。

图 4-161　　　　　　图 4-162

第二段：

（1）动作名称

①弓步推掌→②拗弓步推掌→③弓步搂手砍掌→④弓步穿手推掌→⑤弓步推掌→⑥拗弓步推掌→⑦弓步搂手砍掌→⑧弓步穿手推掌。

（2）技法图解

1）弓步推掌

上动稍停，上身左转，右脚随之向前上步，左腿蹬直，右腿屈膝，成右弓步；在右脚上步的同时，左拳拳心朝上，屈肘收抱于左腰侧；右拳随之变为侧上掌向前平直推出，掌指朝上，眼看右掌（图4-163）。

要点：转身、上步、收拳、推掌的动作，必须协调一致；推掌时，必须使腕关节向拇指一侧弯曲，以小指一侧用力向前推出；推出之后，腕部尽量向上弯曲，肘臂伸直，肩部松沉并向前顺，挺胸，塌腰，掌指高与眉齐。

2）拗弓步推掌

两脚不动，步型不变，上身右转；右掌变拳屈肘收抱于右腰侧，拳心朝上；同时左掌变为侧立掌向前平直推出，掌指朝上，眼看左掌（图4-164）。

要点：左肩前顺，右肩后牵，两脚不要拔跟或掀脚。

3）弓步搂手砍掌

①上身从左向后转，右腿挺膝伸直，左腿屈膝半蹲，成左弓步；左掌直腕成俯掌，在转身的同时从左向后平摆后搂；眼随左掌（图4-165）。

②上动不停，左掌变拳，拳心朝上，屈肘收抱于左腰侧；同时右拳变掌，臂伸直从后由外向身前成仰掌平摆横砍，眼看右掌（图4-166）。

要点：转身、搂手、收拳、砍掌的动作，必须协调一致，但不必过快；砍掌时，肘腕关节都必须伸直，砍掌之后，掌心略过肩，两肩松沉。

图 4-163　　　　图 4-164　　　　图 4-165　　　　图 4-166

4）弓步穿手推掌

①左拳变掌,由左腰侧经右掌上面向前穿出,掌心朝上;在左掌前穿的同时,右掌内旋使掌心朝下成俯掌,从左臂下屈肘收于胸前(图 4-167)。

②上动不停,左臂内旋,左掌五指捏拢成勾手,勾尖朝下;此时上身右转,左腿挺膝伸直,右腿屈膝半蹲,成右弓步;同时右掌成侧立掌向前平直推出,掌指朝上;眼看右掌(图 4-168)。

要点:穿掌与收掌的动作,转身、勾手与推掌的动作,必须同时进行;而这两部分动作又必须协调连贯,中间不要停顿;推掌之后,手腕要尽量向上弯曲,掌指高与肩齐;勾手要尽量向下屈,手背略高过肩。

5）弓步推掌(图 4-169)

①上动稍停,左勾手变掌屈肘收抱于左腰侧,掌指朝下,掌心朝前。

②左脚向前上步,右腿挺膝伸直,左腿屈膝半蹲,成为左弓步;同时右掌变拳,屈肘收抱于右腰侧,拳心朝上;左掌随之成侧立掌向前平直推出,掌指朝上,眼看左掌。

要点:与本段的弓步推掌相同,唯左右相反。

图 4-167　　　　　图 4-168　　　　　图 4-169

6）拗弓步推掌

两脚不动,步型不变,上身左转。左掌变拳屈肘收于左膝侧,拳心朝上;同时右拳变为侧立掌向前平直推出,掌指朝上,眼看右掌(图 4-170)。

要点：与本段的拗弓步推掌相同，唯左右相反。

7）弓步搂手砍掌

①上身从右向后转，左腿挺膝伸直，右腿屈膝半蹲，成右弓步；右掌直腕成俯掌，在转身的同时从右向后平摆后搂，眼随右掌（图4-171）。

②上动不停，右掌变拳，拳心朝上，屈肘收抱于右腰侧；同时左拳变掌，臂伸直从后由外向身前成仰掌平摆横砍，眼看左掌（图4-172）。

要点：与本段的弓步搂手砍掌相同，唯左右相反。

图4-170　　　　　图4-171　　　　　图4-172

8）弓步穿手推掌

①右拳变掌，由右腰侧经左掌上面向前穿出，掌心朝上；在右掌前穿的同时，左掌内旋使掌心朝下成俯掌，顺右臂下屈肘收于胸前（图4-173）。

②上动不停，右臂内旋，右掌五指捏拢成勾手，勾尖朝下；此时上身左转，右腿挺膝伸直，左腿屈膝半蹲，成左弓步；同时左掌成倒立掌向前平直推出，掌指朝上，眼看左掌（图4-174）。

要点：与本段的弓步穿手推掌相同，唯左右相反。

图4-173　　　　　图4-174

第三段：

(1)动作名称

①虚步上架→②马步下压→③拗弓步冲拳→④马步冲拳→⑤虚步上架→

⑥马步下压→⑦拗弓步冲拳→⑧马步冲拳。

（2）技法图解

1）虚步上架

上动稍停,左脚尖里扣,上身右转,右脚撤回半步以前脚掌点地,左腿屈膝略蹲,右膝稍屈,身体重量落于左腿,成左实右虚之虚步。左掌变拳,在上身右转成虚步的同时,向上屈肘横举在头顶上方,拳心朝向身前,拳眼朝下;右勾手随之变拳,臂内旋使拳下栽,屈肘附在右膝上面,拳心朝向身后,拳面朝下,眼向右前方平视(图4-175)。

要点:上架之拳,肘略向身后展开,下栽之拳,肘稍向前牵引;做虚步时要挺胸,塌腰,左脚实踏地面,右脚虚点地面,虚实分明。

2）马步下压

①左腿伸直立起,右腿屈膝提起。同时右拳从下经体前向外抡臂绕环,至右前方时成仰拳平举,左拳下降至背后(图4-176)。

②上动不停,左脚蹬地纵起,同时上身从右向后转,右脚在转身后立即落于左脚的原位,左脚随之落于上身左侧,两腿屈膝半蹲成马步。右拳在右脚落地的同时,屈肘收抱于右腰侧,拳心朝上;左拳由后向上抡臂,在形成马步的同时,臂外旋,屈肘以前臂为力点,从上向身前下压,左臂屈肘成直角,拳心朝上,眼看左拳(图4-177)。

要点:纵跳时,先使左膝稍屈,然后蹬地纵起;纵起后,上身在空中向后转;转身后,右脚先落地,左脚随后落地;右拳外抡与提步动作、右拳屈肘抱腰与右脚落步动作、左前臂下压与左脚动作必须分别同时进行。

3）拗弓步冲拳

左脚跟和右脚掌同时碾地使上身左转,左腿屈膝,右腿蹬直,成左弓步;同时左拳屈肘收抱于左腰侧,拳心仍朝上;右拳随即从右腰侧向前平直冲出,拳眼朝上,眼看右拳(图4-178)。

要点:与第一段、第二段的拗弓步冲拳相同。

图 4-175　　　　　图 4-176　　　　　图 4-177

4）马步冲拳

左脚尖里扣，右脚跟里转，上身右转，两腿屈膝半蹲成马步；同时右拳和右臂外旋使拳心朝上，屈肘收抱于右腰侧；左拳随即向左侧方成立拳平直冲出，略比肩高，拳眼朝上，眼看左拳（图 4-179）。

要点：收拳和冲拳动作必须协调一致；形成马步后，两肩稍向后张，右肘向后牵引，挺胸，塌腰。

5）虚步上架

上动稍停，右脚尖里扣，上身左转，左脚撤回半步，以前脚掌点地，右腿屈膝略蹲，左膝稍屈，身体重量落于右腿，成右实左虚之虚步。同时右臂向右向上屈肘横举于头顶上方，拳心朝向身前，拳眼朝下；左拳随之内旋使拳下沉，屈肘附在左膝上面，拳心朝向身后，拳面朝下，眼向左前方平视（图 4-180）。

要点：与本段的虚步上架相同，唯左右相反。

图 4-178　　　　　图 4-179　　　　　图 4-180

6）马步下压

①右腿伸直立起，左腿屈膝提起，同时左拳从下经体前向外抡臂绕环，至左前方时举，拳心朝上，右拳下降至背后（图 4-181）。

②上动不停，右脚蹬地纵起，同时上身从左向后转，左脚在转身后立即落于右脚的原位，右脚随之落于上身右侧，两腿屈膝半蹲成马步。左拳在左脚落

地的同时,屈肘收抱于左腰侧,拳心朝上;右拳由后向上抡臂,在右脚落地形成马步的同时,臂外旋,屈肘以前臂为力点,从上向身前下压,上臂垂直,前臂平举,拳心朝上,眼看右拳(图4-182)。

要点:与本段的马步下压相同,唯左右相反。

7)拗弓步冲拳

右脚跟和左脚掌同时碾地使上身右转,右腿屈膝,左腿蹬直,成右弓步。同时,右拳屈肘收抱于右腰侧,拳心仍朝上;左拳随即从左腰侧向前平直冲出,拳眼朝上,眼看左拳(图4-183)。

要点:与第一段、第二段的拗弓步冲拳相同,唯左右相反。

8)马步冲拳

右脚尖里扣,左脚跟里转,上身左转,两腿屈膝半蹲成马步。同时左拳和左臂外旋使拳心朝上,屈肘收抱于左腰侧;右拳随即向右侧方成立拳平直冲出略比肩高,拳眼朝上,眼看右拳(图4-184)。

要点:与本段的马步冲拳相同,唯左右相反。

图4-181　　　图4-182　　　图4-183　　　图4-184

2.初级长拳(第二路)

第一段:

(1)动作名称

预备势→①拗弓步搂手冲拳→②冲拳弹踢→③马步上架冲拳→④虚步挎肘→⑤拗弓步搂手冲拳→⑥冲拳弹踢→⑦马步上架冲拳→⑧虚步挎肘。

(2)技法图解

预备势:两脚并拢站立,眼看前方(图4-185),两手握拳,屈肘抱于两腰侧,拳心朝上,脸向左转,眼向左侧方平视(图4-186)。

要点:挺胸,直腰,两肩后张,两拳紧贴腰侧,拳面与腹壁相齐。

1)拗弓步搂手冲拳(图 4-187)

①先使左拳变掌,臂内旋成俯掌向身前平伸。

②上身左转,左脚向侧方上一步,右脚跟外展,左腿屈膝半蹲,右腿挺膝伸直,成左弓步。左掌随上身左转向左搂,在弓步形成时,变成拳,臂外旋使拳心朝上,屈肘收抱于左腰侧;在左拳收回的同时,右拳从腰侧向前平直冲出,拳眼朝上,眼看右拳。

要点:冲拳要快而有力,拳略高过肩,右肩前顺,左肩后牵,弓步的要点与前面弓步的要点相同。

2)冲拳弹踢

右拳和右臂外旋使拳心朝上,屈肘收抱于右腰侧,同时左拳从腰侧向前平直冲出,拳眼朝上。左脚不动,右脚随之向前水平弹踢,脚面绷平,眼看左拳(图 4-188)。

要点:收拳、冲拳、弹踢的动作,必须协调一致,同时进行;弹踢必须有力,立地支撑之腿要站立稳固,上身挺胸、直背,两肩松沉。

图 4-185　　　图 4-186　　　　　图 4-187　　　　　图 4-188

3)马步上架冲拳

右脚向前落步,脚尖里扣,同时左脚前脚掌碾地使脚跟内转,上身随之左转,两腿屈膝半蹲成马步。在形成马步的同时,左拳和左臂内旋使拳眼朝下,屈肘横架于头顶上方,右拳随之从腰侧向右侧方向直冲出,拳眼朝上,眼看右拳(图 4-189)。

要点:上下肢动作要协调一致;做马步时,两脚须平行,大腿坐平,两肩稍后张,左臂呈圆弧,右拳略高过肩,挺胸,塌腰。

4)虚步挎肘

两腿略立起,上身稍左转,左脚不动,右脚从右侧方移至左脚前方,前脚掌虚点地面,身体重量落于左腿,成为右虚步。同时左臂屈肘将左拳收抱于左腰侧,拳心朝上,右臂随之外旋,前臂上屈成挎肘,以尺骨一面为力点,从右侧向身前里磕,拳眼朝右,拳面朝上,眼看右拳(图4-190)。

要点:移步、收拳动作要和挎肘里磕动作同时进行,协调一致;右脚离地不要过高,里磕挎肘时,上臂和前臂要屈成直角,或稍大于直角。

5)拗弓步搂手冲拳

上动稍停,先使右拳变成俯掌向身前平伸。右脚从左脚前方移回原地,上身右转,左脚跟外展,左腿挺膝伸直,右腿屈膝半蹲,成右弓步。右掌随上身右转向右平搂,在弓步形成时变成拳,臂外旋使拳心朝上,屈肘收抱于右腰侧;在右拳收回的同时,左拳从腰侧向前平直冲出,拳眼朝上,眼看左拳(图4-191)。

图4-189　　　　　图4-190　　　　　图4-191

6)冲拳弹踢

左拳和左臂外旋使拳心朝上,屈肘收抱于左腰侧,同时右拳从腰侧向前平直冲出,拳眼朝上,右脚不动,左脚随之向前水平弹踢,脚面绷平,眼看右拳(图4-192)。

7)马步上架冲拳

左脚向前落步,脚尖里扣;同时右脚前脚掌碾地使脚跟内转,上身随之右转,两腿屈膝半蹲成马步。在形成马步的同时,右拳和右臂内旋使拳眼朝下,屈肘横架于头顶上方,左拳随之从腰侧向左侧方平直冲出,拳眼朝上,眼看左拳(图4-193)。

8)虚步挎肘

两腿略立起,上身稍右转,右脚不动,左脚从左侧方移至右脚前方,以前脚掌虚点地面,身体重量落于右腿,成为右实左虚之虚步。同时右臂屈肘将右拳收抱于右腰侧,拳心朝上;左拳和左臂随之外旋使拳心朝上,前臂上屈成挎肘,以尺骨一面为力点,从左侧向身前里磕,拳眼朝左,拳面朝上,眼看左拳(图4-194)。

图4-192　　　　　　　　图4-193　　　　　　　　图4-194

第二段：

(1)动作名称

①歇步亮掌→②转身弓步顶肘→③提膝双扣拳→④弓步双推掌→⑤歇步亮掌→⑥转身弓步顶肘→⑦提膝双扣拳→⑧弓步双推掌。

(2)技法图解

1)歇步亮掌

①上动稍停,两腿伸直立起,左脚从身前向左侧方移步,左拳变掌,在身前平伸,掌心朝上(图4-195)。

②上动不停,左掌向右侧方平摆,至右侧方时,臂内旋使掌心朝下,继而向下、向左、向身后摆动,反臂后举成勾手,勾尖朝上。同时右脚从左腿后面向左插步,两腿屈膝全蹲成歇步。右拳在右脚向左插步的同时变掌,反臂俯掌后举,在形成歇步时,从身后向右、向额前上方屈肘、抖腕,成横掌上架,眼看左侧方(图4-196)。

要点:向左移步和伸掌动作,右脚倒插、左掌右摆成俯掌和右拳变掌后举动作,歇步、左掌成勾手反臂后举和右掌成横掌上架动作,必须分别同时进行,协调一致;眼随左掌向右摆动时注视左掌,然后随右掌上架时注视右掌,在右掌成横掌时,再向左侧平视;做歇步时,两腿必须并紧,左大腿压在右大腿上面,左脚全掌着地,右脚脚跟掀起,臀部坐在右小腿上面,上身挺胸、塌腰。

2)转身弓步顶肘

①两腿伸直立起,以右脚掌和左脚跟为轴碾地,使上身从右向后转;转至后方时,上身再右转,右脚向前进半步,左脚尖里扣,右腿屈膝,左腿蹬直,成右

弓步。此时左勾手不变,右掌在向后转身的同时,从上向身前平伸成俯掌,并随转身平摆,眼随右掌(图4-197)。

②上动不停,右掌和右臂外旋使掌心朝上,从前面向下、向后、向上弧形绕环,至头顶上方时屈肘、屈腕成横掌上架。同时左勾手变拳,拳心朝下从后向左、向前弧形平摆,至身前时屈肘,成平肘前顶,眼向前方平视(图4-198)。

要点:转身要稳,不必过快,转身之后成弓步顶肘时,左肩前顺,右肩后牵;左前臂和上臂要平,肘尖正对前方,略向右拧腰。

图4-195　　　　图4-196　　　　图4-197

3)提膝双扣拳

①右脚掌碾地使上身稍向右转,同时左脚离地屈膝在身前提起,脚面绷平,脚尖朝下。左拳不变,右掌随之变拳,从上落于胸前,成平肘俯拳,与左拳水平相对,拳心均朝下,眼看左侧方(图4-199)。

②两拳从胸前经上方分别向左前右后甩臂、抖腕叩击,成仰拳平举,眼看左拳(图4-200)。

要点:扣拳时,要以拳背为力点,从上向下猛然伸肘、甩臂;扣拳平举之后,肘微屈;提膝独立要稳。

图4-198　　　　图4-199　　　　图4-200

4)弓步双推掌

①左拳变掌,臂内旋使掌心朝下平举,同时右拳上举,并变掌向前下盖压,

成俯掌与左掌平行并列,上身随之稍向左转。

②上动不停,左脚在右脚内侧跺地震脚,膝略屈,右脚随之屈膝提起,微离地面。在震脚的同时,两掌屈腕在身前下按,掌心朝下,掌指朝前,眼向前平视(图4-201)。

③上动不停,右脚向前进步,左腿挺膝伸直,右腿屈膝半蹲,成右弓步。同时两臂向身前屈肘,然后两掌再向前平直推出,成侧立掌,掌指朝上,眼看两掌(图4-202)。

要点:震脚和按掌的动作,进步和推掌的动作,均须同时进行,协调一致;推掌之后,两肩松沉,两臂伸直,两腕尽量向上弯曲,小指一侧在前,掌指高与眉齐。

5)歇步亮掌

①上动稍停,右腿伸直立起,右脚尖里扣,上身随之左转,开步站立。左掌变拳,在转身的同时屈肘收抱于左腰侧,拳心朝上,右掌和右臂外旋使掌心朝上,直腕成仰掌,随身体左转平摆,眼随右掌(图4-203)。

图4-201　　　　图4-202　　　　图4-203

②上动不停,右掌向左侧方平摆,至左侧方时,臂内旋使掌心朝下,继而向下、向右、向身后摆动,反臂后举成勾手,勾尖朝上。同时左脚从右腿后面向右插步,两腿屈膝全蹲,成歇步。左拳在左脚向右插步的同时变掌,反臂俯掌后举,在形成歇步时,从身后向左、向额前上方屈肘、抖腕,成横掌上架,眼看右侧方(图4-204)。

6)转身弓步顶肘

①两腿伸直立起,以左脚掌和右脚跟为轴碾地,使上身从左向后转;转至后方时,上身再左转,左脚向前进半步,右脚尖里扣,左腿屈膝,右腿蹬直,成左弓步。此时右勾手不变,左掌在向后转身的同时,从上向身前平伸成俯掌,并

随转身平摆,眼随左掌(图4-205)。

②上动不停,左掌和左臂外旋使掌心朝上,从前面向下、向后、向上弧形绕环,至头顶上方时屈肘、屈腕成横掌上架,同时右勾手变拳,拳心朝下从后向右、向前弧形平摆,至身前时屈肘,成平肘前顶,眼向前方平视(图4-206)。

7)提膝双扣拳

①左脚掌碾地使上身稍向左转,同时右脚离地屈膝在身前提起,脚面绷平,脚尖朝下。右拳不变,左掌随之变拳,从上落于胸前,成平肘俯拳,与右拳水平相对,拳心均朝下,眼看右侧方(图4-207)。

图4-204　　　　　图4-205　　　　　图4-206

②两拳从胸前经上方分别向右前左后甩臂、抖腕叩击,成仰拳平举,眼看右拳(图4-208)。

8)弓步双推掌

①右拳变掌,臂内旋使掌心朝下平举;同时左拳上举,并变掌向前下盖压,成俯掌与右掌平行并列,上身随之稍向右转。

②上动不停,右脚在左脚内侧跺地震脚,膝略屈,左脚随之屈膝提起,微离地面。在震脚的同时,两掌屈腕在身前下按,掌心朝下,掌指朝前,眼向前平视(图4-209)。

③上动不停,左脚向前进步,右腿挺膝伸直,左腿屈膝半蹲,成左弓步。同时两臂从身前屈肘,然后两掌再向前平直推出,成侧立掌,掌指朝上,眼看两掌(图4-210)。

图 4-207　　　图 4-208　　　图 4-209　　　图 4-210

第三段：

（1）动作名称

①虚步推掌→②歇步抡压→③提膝上穿掌→④弓步撑掌→⑤虚步推掌→⑥歇步抡压→⑦提膝上穿掌→⑧弓步撑掌。

（2）技法图解

1）虚步推掌

左脚尖里扣，上身右转，右脚移至左脚前方，以前脚掌虚点地面，身体重量落于左腿，成左实右虚之虚步。在上身右转的同时，右掌从左肩外侧向下、向右、向身后绕环摆动，至身后成勾手平举，勾尖朝下；左掌则随之先屈肘，然后从左腰侧向额前上方成侧立掌推出；脸向右转，眼向右前方平视（图 4-211）。

要点：转身、移步、勾手、推掌的动作，必须协调一致；形成虚步推掌之后，勾手之勾顶要与肩平，两肩松沉，不要耸起，要挺胸、直背、塌腰，两腿虚实必须分明。

2）歇步抡压

①右脚向右侧方移一步，同时左脚跟里转使上身左转，右腿伸直，左腿屈膝，成左弓步。在转身的同时，左掌变拳屈肘收抱于左腰侧，拳心朝上，右勾手随之变拳，臂内旋，反臂使拳背朝下，从身后向下、向前直臂抡起，眼随右拳（图 4-212）。

②上动不停，左脚跟外展，上身随之右转，同时右脚移回半步，成左实右虚之虚步。在转身的同时，右拳继续直臂抡动至右前方；左拳也同时直臂下伸，从下向左、向上抡起，跟随右拳（图 4-213）。

③上动不停，两脚掌碾地使上身从右向后转，变成右腿在前、左腿在后的交叉步，随即两腿屈膝全蹲成歇步。右拳在上身后转的同时，向后、向上绕环

抡起；左拳则随之以拳背为力点，向前下方抡压，两拳心均朝上，眼看左拳（图4-214）。

要点：向前抡臂和转身变歇步的动作要协调一致；两臂回环时，肩关节必须放松，臂要伸直；形成歇步之后，上身略向左侧倾俯，右拳在右侧上方斜举，左拳在左侧下方斜举。

图 4-211　　　　图 4-212　　　　图 4-213　　　　图 4-214

3) 提膝上穿掌

两腿伸直立起，右脚不动，左脚离地屈膝在身前提起，脚面绷直，脚尖朝下，成独立平衡，两拳变掌。在两腿伸直立起时，左掌从左侧上举，右掌从右侧下垂；在左脚提步离地时，左掌从上向右肩处屈肘下降，右掌从下在左臂里面向左胸前屈肘上穿。在形成独立平衡时，左掌直臂下伸，掌心朝右，掌指朝下，贴于左小腿内侧，右掌直臂上穿，掌心朝左，掌指朝上，眼向左前方平视（图4-215、图4-216）。

要点：左掌向上、向里、向下的绕环动作，必须与右掌向下、向里、向上的绕环上穿动作同时进行，连贯协调；提膝上穿掌之后，两臂要上下伸直，右腿伸直站稳，左腿屈膝尽量上提，上身保持挺胸、直背。

4) 弓步撑掌

① 左脚向左前方落步，左腿屈膝，右腿蹬直，成左弓步。两掌收于胸前，成平肘相对，手腕均上屈，掌心斜朝下（图4-217）。

② 两掌从胸前分向两侧平撑推出，成立侧掌，掌指朝上，眼看左掌（图4-218）。

要点：上述两动作必须连贯，撑掌之后，两肩要松沉，肘臂伸直，两腕尽量向上侧屈，掌指高与眉齐。

图 4-215　　　图 4-216　　　图 4-217　　　图 4-218

5）虚步推掌

上动稍停，左腿蹬直立起，右腿屈膝略蹲，左脚随之从左侧方移至右脚前方，以前脚掌虚点地面，身体重量落于右腿，成右实左虚之虚步。在移步的同时，左掌先向上、向右、向下在身前画半圆，继而向身后绕环摆动，至身后成勾手平举，勾尖朝下，右掌则随之先屈肘，再从右腰侧向额前上方成侧立掌推出。脸向左转，眼向左前方平视（图 4-219）。

6）歇步抡压

①左脚向左侧方移一步，同时右脚跟里转使上身右转，左腿伸直，右腿屈膝，成右弓步。在转身的同时，右掌变拳屈肘收抱于右腰侧，拳心朝上；左勾手随之变拳，臂内旋，反臂使拳背朝下，从身后向下、向前直臂抡起，跟随左拳。

②上动不停，右脚跟外展，上身随之左转，同时左脚移回半步，成为右实左虚之虚步。在转身的同时，左拳继续直臂抡动至左前方；右拳也同时直臂下伸，从下向右、向上抡起，跟随左拳（图 4-220）。

③上动不停，两脚掌碾地使上身从左向后转，变成左腿在前、右腿在后的交叉步，随两腿屈膝全蹲成歇步。左拳在上身后转的同时，向后、向上绕环抡起；右拳则随之以拳背为力点，向前下方抡压，两拳心均朝上，眼看右拳（图 4-221）。

图 4-219　　　　　图 4-220　　　　　图 4-221

7)提膝上穿掌

两腿伸直立起,左脚不动,右脚离地屈膝在身前提起,脚面绷直,脚尖朝下,成独立平衡。两拳变掌,在两腿伸直立起时,右掌从右侧上举,左掌从左侧下垂;在右脚提步离地时,右掌从上向左肩处屈肘下降,左掌从下在右臂里面向右胸前屈肘上穿。在形成独立平衡时,右掌直臂下伸,掌心朝左,掌指朝下,贴于右小腿内侧,左掌直臂上穿,掌心朝右,掌指朝上,眼向右前方平视(图4-222)。

8)弓步撑掌

①右脚向右前方落步,右腿屈膝,左腿蹬直,成右弓步。两掌收于胸前,呈平肘相对,手腕均上屈,掌心斜朝下(图4-223)。

②两掌从胸前同时向两侧推出,成侧立掌,掌指朝上,眼看右掌(图4-224)。

图4-222　　　　　图4-223　　　　　图4-224

3.初级长拳(第三路)

(1)动作名称

预备势→①虚步亮掌→②并步对拳。

(2)技法图解

预备势:两脚并步站立,两臂垂直于身体两侧,五指并拢贴靠腿外侧,眼向前视。

1)虚步亮掌(图4-225、图4-226)

①右脚向右后方撤步成左弓步。右掌向右、左上、前画弧,掌心向上;左臂屈肘,左掌提至腰侧,掌心向上,目视右掌。

②右腿微屈,重心后移。左掌经胸前从右臂上向前穿出伸直;右臂屈肘,右掌收至腰侧,掌心向上,目视左掌。

③重心继续后移,左脚稍向右移,脚尖点地,成左虚步。左臂内旋向左、向后画弧成勾手,钩尖向上;右手继续向后、向右、向前上画弧,屈肘抖腕,在头前上方成亮掌(横掌),掌心向前,掌指向左,目视左方。

图 4-225　　　　　　　　　图 4-226

要点:头要端正,颌微收;挺胸,塌腰,收腹,三个动作必须连贯,成虚步时,重心落于右腿上,右大腿与地面平行,左腿微屈,脚尖点地;撤右步与摆右掌,同时后移重心与穿左掌,同时虚步与摆头、勾手亮掌同时眼随主动作为的手走,向左甩头。

2)并步对拳

①右腿蹬直,左腿提膝,脚尖里扣,上肢姿势不变。

②左脚向前落步,重心前移。左臂屈肘,左勾手变掌经左肋前伸;右臂外旋向前下落于左掌右侧两掌同高,掌心均向上。

③右脚向前上一步,两臂下垂后摆。

图 4-227

④左脚向右脚并步,两臂向外向上经胸前屈肘下按,掌变拳,拳心向下,停于小腹前,目视左侧(图 4-227)。

要点:并步后挺胸,塌腰;对拳、并步、转头要同时完成;提左膝直立时上肢姿势不变;前落左脚与前伸两臂对掌,同时上右步与后摆两臂,同时收左脚并步与双对拳、向左甩头。几个动作必须连贯。

第一段：

(1) 动作名称

①弓步冲拳→②弹腿冲拳→③马步冲拳→④弓步冲拳→⑤弹腿冲拳→⑥大跃步前穿→⑦弓步击掌→⑧马步架掌。

(2) 技法图解

1) 弓步冲拳

①左脚向左上一步，脚尖向斜前方；右腿微屈，成半马步。左臂向上向左格打，拳眼向后，拳于肩同高；右拳收至腰侧，拳心向上，目视左拳。

②右腿蹬直成左弓步。左拳收至腰侧，拳心向上；右拳向前冲出，高于肩平，拳眼向上，目视右拳（图 4-228）。

要点：成弓步时，右腿充分蹬直，脚跟不要离地；冲拳时，尽量转腰顺肩。

2) 弹腿冲拳

重心前移至左腿，右腿屈膝提起，脚面绷直，猛力向前弹出伸直，高于肩平。右拳收至腰侧，左拳向前冲出，目视前方（图 4-229）。

要点：支撑腿可微屈，弹出的腿要有爆发力。

图 4-228　　　　　　图 4-229

3) 马步冲拳

右脚向前落步，脚尖里扣，上体左转。左拳收至腰侧，两腿下蹲成马步。右拳向前冲出，目视右拳（图 4-230）。

要点：成马步时，大腿要平，两脚平行，脚跟外蹬，挺胸，塌腰。

4) 弓步冲拳

①上体右转 90°，右脚尖外撇向斜前方，成半马步。右臂屈肘向右格打，拳眼向后，目视右拳。

②左腿蹬直成右弓步，右拳收至腰侧；左拳向前冲出，目视左拳（图 4-

231)。

要点:成弓步时,左腿充分蹬直,脚跟不要离地;冲拳时,尽量转腰顺肩。

5)弹腿冲拳

重心前移至右腿,左腿屈膝提起,脚面绷直,猛力向前弹出伸直,高于腰平。左拳收至腰侧。右拳向前冲出,目视前方(图4-232)。

要点:支撑腿可微屈,弹出的腿要有爆发力。

图4-230　　　　图4-231　　　　图4-232

6)大跃步前穿

①左腿屈膝,右拳变掌内旋,以手背向下挂至左膝外侧,上体前倾,目视右手。

②左脚向前落步,两腿微屈。右掌继续向后挂,左拳变掌,向后向下伸直,目视右掌。

③右腿屈膝向前提起,左腿立即猛力蹬地向前跃出。两掌向前向上画弧摆起,目视左掌。(图4-233)

④右腿落地全蹲,左腿落地向前铲出成仆步。右掌变拳抱于腰侧,左掌由上向下画弧成立掌,停于右胸前,目视左脚(图4-234)。

要点:跃步要远,落地要轻,落地后立即接着做下一个动作。

7)弓步击掌

右腿猛力蹬直成左弓步。左掌经左脚面后画弧至身后成勾手,左臂伸直,钩尖向上;右拳由腰侧变掌向前推出,掌指向上,掌外侧向前,目视右掌(图4-235)。

要点:蹬腿有力,手法变化快。

8)马步架掌

①重心移至两腿中间,左脚脚尖里扣成马步,上体右转。右臂向左侧平

摆,稍屈肘;同时左勾手变掌由后经左腰侧从右臂内向前上穿出,掌心均朝上,目视左手。

②右掌立于左胸前,左臂向左上屈肘抖腕,亮掌于头部左上方,掌心向前,目向右转视。

要点:成马步时,大腿要平,两脚平行,脚跟外蹬,挺胸,塌腰。

图 4-233　　　　　　图 4-234　　　　　　图 4-235

第二段：

(1)动作名称

①虚步栽拳→②提膝穿掌→③仆步穿掌→④虚步挑掌→⑤马步击掌→⑥叉步双摆掌→⑦弓步击掌→⑧转身踢腿马步盘肘。

(2)技法图解

1)虚步栽拳

①右脚蹬地,屈膝提起;左腿伸直,以前脚掌为轴向右后转体180°,右掌由左胸前向下经右腿外侧向后画弧成勾手;左臂随体转动并外旋,使掌心朝右,目视右手。

②右脚向右落地,重心移至右腿,下蹲成左虚步,左掌变拳下落于左膝上,拳眼向里,拳心向后;右勾手变拳,屈肘向上架于头右上方,拳心向前,目视左方(图4-236)。

2)提膝穿掌

①右腿稍伸直。右拳变掌收至腰侧,掌心向上,左拳变掌沿右下向左向上画弧盖压于头上方,掌心向前。

②右腿蹬直,左腿屈膝提起,脚尖内扣,右掌从腰侧经左臂内向右前上方穿出,掌心向上;左掌收至右胸前成立掌,目视右掌(图4-237)。

要点:支撑腿与右臂充分伸直。

图 4-236

图 4-237

3）仆步穿掌

右腿全蹲，左腿向左后方铲出成仆步。右臂不动，左掌由右胸前向下经左腿内侧，向左脚面穿出，目随左掌转视（图 4-238）。

要点：下蹲穿掌。

4）虚步挑掌

①右腿蹬直，重心前移至左腿，成左弓步。右掌稍下降，左掌随重心前移。

②右脚向左前方上步，左腿半蹲，成右虚步，身体随上步左转 180°，在右脚上步的同时，左掌由前向上向后画弧成立掌，右掌由后向下向前上挑成立掌，指尖与眼平，目视右掌（图 4-239）。

要点：上步要快，虚步要稳。

图 4-238

图 4-239

5）马步击掌

①右脚落实，脚尖外撇，重心稍升高并右移。左掌变拳收至腰侧，右掌俯掌向外搂手。

②左脚向前上一步，以右脚为轴向右后转体 180°，两腿下蹲成马步。左掌从右臂上成立掌向左侧击出，右掌变拳收至腰侧，目视左掌（图 4-240）。

要点：右手做搂手时，先使臂稍内旋，腕伸直，手掌向下、向外转，接着臂外旋，掌心经下向上翻转，同时抓握成拳。收拳和击掌动作要同时进行。

6）叉步双摆掌

①重心稍右移,同时两掌向下向右摆,掌指均向上,目视右掌。

②右脚向左腿后插步,前脚掌着地。两臂继续由右向上、向左摆,停于身体左侧,均成立掌,右掌停于左肘窝处,目随双掌转视(图4-241)。

要点:两臂要画立圆,幅度要大,摆掌与后插步配合一致,回身摆掌,插步摆掌。

图4-240

图4-241

7）弓步击掌

①两腿不动,左掌收至腰侧,掌心向上,右掌向上向右画弧,掌心向下。

②左腿后撤一步,成右弓步。右掌向下向后伸直摆动,成勾手,钩尖向上;左掌成立掌向前推出,目视左掌(图4-242)。

图4-242

8)转身踢腿马步盘肘

①两脚以前脚掌为轴向左后转体180°。在转体的同时,左臂向上、向前画半立圆。

②上动不停,两脚不动,右臂由后向上向前画半立圆,左臂由前向下、向后画半立圆。

③上动不停,右臂向下成反臂勾手,钩尖向上;左臂向上成亮拳,掌心向前上方,右腿伸直,脚尖勾起,向额前踢。

④右脚向前落地,脚尖里扣。右手不动,左臂屈肘下落至胸前,左掌心向下,目视左掌。

⑤上体左转90°,两腿成马步。同时左掌向前向左平搋变拳收至腰侧,右勾手变拳,右臂伸直,由体后向右向前平摆,至体前时屈肘,肘尖向前,高于肩平,拳心向下,目视肘尖(图4-243)。

要点:两臂抡动时要画立圆,动作连贯;盘肘时要快速有力,右肩前顺。

图4-243

第三段:

(1)动作名称

①歇步抡砸掌→②仆步亮掌→③弓步劈拳→④换跳步弓步冲拳→⑤马步冲拳→⑥弓步下冲拳→⑦叉步亮掌侧踹腿→⑧虚步挑拳。

(2)技法图解

1)歇步抡砸掌

①重心稍升高,右脚尖外撇。右臂由胸前向上、向右抡直;左拳向下、向左,使臂抡直,目视右拳。

②上动不停,两脚以前脚掌为轴,向右后转体180°,右臂向下、向后抡摆,左臂向上、向前随身体转动。

③紧接上动,两腿全蹲成歇步。左臂随身体下蹲向下平砸,拳心向上,臀部微屈,右臂伸直向上举起,目视左拳(图4-244)。

要点:抡臂动作要连贯完成,画成立圆;歇步要两腿交叉全蹲,左腿大、小腿靠紧,臀部贴于左小腿外侧,膝关节在右小腿外侧,脚跟提起,右脚尖外撇,全脚着地。

2)仆步亮掌

①左脚由右腿后抽出前上一步,左腿蹬直,右腿半蹲,成右弓步。上体微向右转,左拳收至腰侧,右拳变掌向下经胸前向右横击掌,目视右掌。

②右脚蹬地屈膝提起,上体右转。左拳变掌从右掌上向前穿出,掌心向上,右掌平收至左肘下。

③右脚向右落步,屈膝全蹲,左腿伸直成仆步。左掌向下向后画弧微屈,抖腕成亮掌,掌心向前。头随右手转动,至亮掌时,目视左方(图4-245)。

要点:仆步时左腿充分伸直,脚尖里扣,右腿全蹲,两脚脚掌全部着地,上体挺胸、塌腰,稍左转。

图4-244

图4-245

3)弓步劈拳(图4-246)

①右腿蹬地立起,左腿收回并向左前方上步。右掌变拳收至腰侧,左勾手变掌由下向前上方经胸前向左做捋手。

②右腿经左腿前方向左绕上一步,左腿蹬直成右弓步。左手向左平挥后再向前挥摆,虎口朝前。

③在左手平掳的同时,右拳向后平摆,再向前向上做抢劈拳,拳高与耳平,拳心向上,左掌外旋接扶右前臂,目视右拳。

要点:左右脚上步稍带弧形。

图 4-246

4)换跳步弓步冲拳

①重心后移,右脚稍向后移动。右拳变掌臂内旋以掌背向下画弧挂至右膝内侧,左掌背贴靠右肘外侧,掌指向前,目视右掌。

②右腿自然上抬,上体稍向左扭转。右掌挂至体左侧,左掌伸向右腋下。目随右掌转视。

③右脚以全脚掌用力向下震跺,与此同时,左脚急速离地抬起。右手由左向上向前掳盖而后变拳收至腰侧;左掌伸直向下、向上、向前屈肘下按,掌心向下。上体右转,目视左掌。

④左脚向前落步,右腿蹬直成左弓步。右拳向前冲出,拳高与肩平;左掌藏于右腋下,掌背贴靠腋窝,目视右拳(图 4-247)。

要点:换跳步动作要连贯、协调,震脚时腿要弯曲,全脚掌着地,左脚离地不要高。

5)马步冲拳

上体右转 90°,重心移至两腿中间,成马步。右拳收至腰间,左掌变拳向左冲出,拳眼向上,目视左拳(图 4-248)。

图 4-247

图 4-248

6）弓步下冲拳

右脚蹬直，左腿弯曲，上体稍向左转，成左弓步。左拳变掌向下经体前向上架于头左上方，掌心向上，右拳自腰侧向左斜下方冲出，目视右拳（图 4-249）。

图 4-249

7）叉步亮掌侧踹腿

①上体稍右转，左掌由头上下落于右手腕上，右拳变掌，两手交叉呈十字，目视双手。

②右脚蹬地并向左腿后插步，以前脚掌着地。左掌由体前向下向后画弧成勾手，钩尖向上，右掌由前向右向上画弧抖腕亮掌，掌心向前，目视左侧。

③重心移至右腿，左腿屈膝提起，向左上方猛力蹬出。上肢姿势不变，目

视左侧(图4-250)。

要点:叉步时上体稍向右倾斜,腿、臂的动作要一致。侧踹高度不能低于腰,大腿内旋,着力点在脚跟。

图4-250

8)虚步挑拳

①左脚在左侧落地。右掌变拳稍后移,左勾手变拳由体后向左上挑,拳背向上。

②上体左转180°,微含胸前俯。左拳继续向前向上画弧上挑,右拳向下、向前画弧挂至右膝外侧,同时右膝提起,目视右拳(见图4-251)。

③右脚向左前方上步,脚尖点地,重心落于左脚,左腿下蹲,成右虚步。左拳向后画弧收至腰侧,拳心向上;右拳向前屈臂挑出,拳眼斜向上,拳与肩同高,目视右拳。

图4-251

二、跳绳

跳绳,家喻户晓,妇孺皆知,花样繁多,趣味浓厚,其运动量可以根据动作繁简和速度快慢来调节,是一项男女老少皆宜的运动项目。跳绳对于发展人体的灵敏、速度、弹跳及耐力等身体素质有良好的作用,尤其可以促进少年儿童的身体发育。

（一）跳绳的发展历史

跳绳是我国由来已久的民族传统游戏，早在明朝初年就流行于民间，人们通常在元宵佳节的夜晚，借着灯火来玩跳绳游戏，那时候的跳绳俗称跳百索或跳白索，民国初年才改叫跳绳。刘侗在《帝京景物略·灯市》中对跳白索的来历有这样的记载："在元宵节夜的灯下，二童子引索略地，如白光轮，一童子跳光中，曰跳白索。"白索是指在灯光的照耀下绳是白色的，故称此游戏为跳白索。沈榜在《宛署杂记·民冈一》中有跳百索的记载："以长绩丈许，两儿对牵飞摆不定，令难凝视，若百索然，其实一索也。群儿乘其动时轮跳其上，以能过者为胜否，或为索绊，听牵绳者以绳击之示罚，名曰跳百索。"从两书的记载可以看出，跳绳游戏是我国古代儿童所钟爱的游戏，其实不光儿童，妇女也常常把跳绳作为娱乐。《金瓶梅》十八回中有记载："只见关月娘、孟玉楼、潘金莲并西门大姐四个，在前厅天井内月光下跳马索儿耍……，被西门庆酒后骂道：……平白跳什么百索儿。"这段文字虽然没有从正面介绍跳绳游戏，但从侧面反映出我国古代妇女亦从事这一游戏。到了清代，朱彝尊在其《日下旧闻考·风俗》中对跳绳也有简单的介绍。从这些典故中可以看出，跳绳以其所需器材简单，技术门槛低，趣味性强等优势，深受我国古代人的喜爱。可以想象在那时的农家小院、田野空地、市井街道都有可能看到人们愉快地从事这一游戏。

到了近代，跳绳运动有了长足的发展，首先表现在绳子的制作上，原来跳绳用的绳子都是草绳或者麻绳，不仅质地粗糙而且笨重，而现在用的绳子在制作材料上有了很大的进步，使其更加轻便，而且在短绳的两端加上手柄，更有利于摇绳。绳子的色彩多采用鲜艳、明朗的色调，使其更加具有趣味性，更加人性化。喜爱这一运动的人越来越多，而为了更好地对这个项目进行组织和推广，先后成立了世界跳绳联盟、欧洲跳绳总会、中国跳绳网、中国香港跳绳总会、美国跳绳网。这些组织和网站的出现在一定程度上说明跳绳已经不是单纯的游戏，它具备了作为一个独立的运动项目而存在的一些特征，这些组织和网站会定期举行一些比赛，为喜爱这项运动的朋友构建了一个舞台。

（二）跳绳的益处

跳绳不但有助于提高身体素质、促进身体发育，而且还有助于健脑。人在跳绳时身体以两腿的弹跳和上肢的摇动为主,手握绳把不停地摇动会刺激拇指上的穴位,增加脑神经细胞的活力。跳绳时各种复杂的动作能够使大脑皮层的分析与综合机能得到提高。

跳绳是一项极好的健身运动,相对于其他运动项目有以下几个优势。

(1)运动范围不大,也无须规定的场地,只要一块平整的空地就可开展。

(2)所需要器材只要一根跳绳,练习者只要身着轻便的衣服和舒适的运动鞋。运动量可以随时调整,跳绳的节拍也可根据自己的喜好,可快可慢,适合不同体能的人参加。

(3)参加人数不限,可以一人参加,也可以群体参与。

(4)手、足、脑并用,可以锻炼四肢的力量、灵敏性和协调能力。

(5)跳绳的花样繁多,可简可繁,随时可练,一学就会,特别适宜在气温较低的季节作为健身运动。

(6)从运动量的角度来说,10min 的跳绳与 30min 的慢跑或 20min 的健身舞相差无几,属于耗时少、耗能大的有氧运动。

(7)跳绳运动能够增强人的心血管、呼吸系统和神经系统的功能。

(8)跳绳运动不仅是体操课的一项锻炼内容,在其他的竞技运动项目当中,跳绳作为一项很重要的身体素质训练和技术训练的辅助手段,在竞技运动中被广泛使用,它对运动员的呼吸、灵活性和耐久力等有明显的作用。

(三)基本技术

1.单人跳绳

单人跳绳中有单足跳、双足跳和编花跳。

(1)单足跳:可以左脚连续跳若干次后,换右脚再跳,还可以两脚轮流跳起,落地。

(2)双足跳:两足并拢,双膝微屈,前脚掌蹬地后两膝伸直,同时起跳。其中分为单摇和双摇。单摇是两手摇动绳子一次,两脚跳动一次。双摇是两手摇动绳子两次,两脚跳动一次,双摇跳法要求两脚用力向上跳,跳得要高一些,腾空时间长,同时两臂摇动绳子的速度要快。如果跳得高,绳子摇动得快,还可以进行三摇、四摇的跳法。

(3)编花跳:有单手摇绳跳、矮人跳、燕式平衡跳、后蹬腿跳、双臂交叉跳和跑跳。

2. 多人跳

(1) 2人或3人跳绳：2人跳的花样很多，如1人摇2人跳、2人摇2人跳、2人摇1人跳和1人摇2人交换跳。摇绳的人两臂摇动的幅度要大，速度不宜过快，以便跳绳的人从他臂下钻过。

(2) 集体跳绳：跳长绳，两人摇绳大家跳，不受人数限制，集体进行活动。

两组每人只限跳一次，跳绳方法有两种。一种是一组的一个人跳过绳之后，跑到对方的队尾。另一组的一个人马上跳过绳跑到对方一组的队尾。另一种跳绳方法是一组的人连续跳过绳，排到对方一组的队尾。待最后一人跳过绳后，另一组的第一个人马上接上跳过去。两种跳法都是以绳子的中心绕8字形跑跳。

3. 游戏跳

(1) 传球跳：人持球进入长绳内，剩余人依次进入长绳，第一人将球传给第二人后退出，第二人传给第三人后退出，依次进行一人传一人的团体游戏。

(2) 放物拾物跳：人持手帕或其他物件进入长绳，边跳边弯腰把物件放在地面上后退出，第二人进入长绳，边跳边弯腰把物件拾起再放下，依次进行。

(3) 长、短绳重叠跳：由两个人摇动长绳，另一人持短绳进入长绳后，按照长绳的节奏跳短绳。

(4) 跑跳绳：由一个人进行，一边跳一边向前跑。可以进行几个人的比赛，也可以分为两组进行接力比赛。

(四) 注意事项

1. 跳绳时不要穿皮鞋及硬底鞋，要穿软底的球鞋或运动鞋。

2. 跳绳落地时要用前脚掌着地，不要用脚跟着地，因为脚跟着地会使脊柱关节受到挤压，并且会使大脑受到震动。

3. 单人跳的时候，两臂的动作为上臂要自然下垂，以肘和手腕发力摇动绳子，不要将上臂抬起，这样可以避免两肩过早疲劳，还可避免因抬上臂使绳子缩短绊脚。另外，绳的长短、粗细也要合适。

4. 初学者应从双脚跳开始，摇绳速度稍慢，使摇绳与跳跃动作相互配合。

5. 跳绳顺序应由易到难，就速度而言，应先练单摇，后练双摇，再练三摇；就方向而言，应先练前摇，后练后摇跳；就手法而言，应先练单摇，后练编花跳；就花绳数量而言，应先练一根绳，后练两根乃至更多长绳和花绳跳。

三、踢毽子

踢毽子是一项老幼皆宜的终身性运动游戏。把一束鸡毛插在铜钱上,再以布条缠牢,即扎成一个惹人喜爱的毽子。毽子的踢法多种多样,可以比次数、比花样,对活动关节、加强韧带、发展灵敏和平衡均有良好作用。

(一)踢毽子的起源

踢毽子是中国民间传统的体育健身活动,历史悠久,宋代集市上就有专卖毽子的店铺,明清时开始有正式的踢毽子比赛,踢毽子是我国历史悠久的民间体育项目之一。

(二)基本方法

踢毽子的方法很多,常见的有踢法、花样踢法、趣味踢法几种。

1.一般踢法

毽子的踢法种类很多,以下是较常见的几种。

(1)拎踢:两脚自然开立,左手自然下垂,右手轻抛毽子,高度适当,以右脚掌或左脚掌内侧将毽子踢起,反复落下和踢起。高踢低踢均可,初学者一般以此方法入门。

(2)盘踢:盘踢方法与拎踢基本相同,只是左右脚连续交替以脚掌内侧将毽子踢起,踢毽的高度适中。

(3)拐踢:小腿向外侧拐,以脚掌外侧将毽子踢起。拐踢法一般将毽子踢得较低。

(4)脚尖踢:一脚向前一步,重心在后脚,毽子抛起后,以前脚的脚尖部将毽子踢起,脚尖踢法既可将毽踢得很低,也可踢得相当高。熟练者有时还可将毽子踢起后,脚掌向内或向外围绕毽子转一周后再接踢,称为"钓鱼"。向内或向外围绕毽子转一周分别称"里钓鱼"和"外钓鱼"。

(5)空踢:空踢方法与拎踢、拐踢和脚尖踢法相同,只是踢毽脚悬空不落地,反复将毽子踢起,踢毽高度一般较低。

(6)磕踢:以靠近膝盖的大腿部将毽子磕踢起,一般毽子踢得较低。

(7)停毽:毽子下落时,利用缓冲将毽子停住,在拎踢、拐踢、脚尖踢等踢毽方法中均可使用。

2. 花样踢法

（1）交叉踢：毽子抛起后，先抬起左脚，在右脚蹬跳起的同时左脚落地，右腿屈膝在左腿后面举起，以脚掌内侧将毽子踢起，反复落下和踢起。

（2）交叉跳踢：毽子抛起后，先抬起左脚，大腿屈膝使小腿自然下垂并与大腿成直角，右脚蹬跳起的同时左脚不落地，右腿屈膝在左腿后面举起，以脚掌内侧将毽子踢起。踢毽时尽可能将左腿盘高。

（3）跳盘踢：毽子抛起后，两脚同时起跳，左腿自然下垂，右腿屈膝在左腿前面或后面举起，以脚掌内侧将毽子踢起，然后两脚同时落地。

（4）交叉踢接：毽子抛起后，先以右腿屈膝将毽子磕踢起作为过渡，然后以右脚尖部将毽子接住；再以左腿屈膝将毽子磕踢起作为过渡，以左脚尖部将毽子接住，反复接踢。

（5）钻圈：双手拇指相对成一个圆圈，用盘踢的方法，使踢起的毽子从圆圈穿孔而过。可以由下朝上穿，也可由上往下穿。初学者一般可以用两臂围成大圆圈，用盘踢的方法穿大圆圈，然后过渡至穿小圆圈。

花样踢毽方法种类繁多，头顶、前额、肩、肘、背等身体部位均可以变出踢、停、顶、绕等花样动作。

3. 趣味踢法

（1）计数：在规定时间内，计算踢毽次数，次数多者为胜。一般用低式盘踢法，因为此法踢毽速度最快。

（2）轮踢：参加者站成一个圆圈，随意踢毽，一般用盘踢。一人先踢毽传至第二人，第二人踢毽传至第三人，以此类推。在规定的时间内，计算次数，次数多者为胜。

（3）接力：参加者数人站成相对的甲乙两队，相隔数米。甲队第一人踢毽传至对面乙队第一人；乙队第一人再踢毽传至甲队第二人；然后甲队第二人传至乙队第二人，以此类推。计算规定时间内次数，次数多者为胜。

（4）组合：将多种踢毽方法组合为一个单元进行比赛，如右盘踢—左拐踢—右盘踢—左盘踢—跳盘踢为一个单元等。计算规定时间的次数，次数多者为胜。

（三）比赛规则

1. 比赛按男女分组进行。

按规定自备毽子,禁止使用小沙包。

比赛进行中不准换人。

比赛开始以鸣枪(或鸣哨)为信号,结束时听哨声响停止记录。

发令员口令,裁判员注意——运动员预备——鸣枪、哨。

运动员有抢踢者,发令员有权鸣哨停止比赛。对犯规的运动员提出警告,然后重新组织比赛,运动员两次犯规,取消比赛资格。

比赛进行中运动员影响他人,应判犯规。对受影响的运动员经裁判长同意,可以重新参加比赛。

比赛进行中,禁止换毽。器材出故障,毽托崩散,羽毛折断或羽毛和毽托分离,经裁判长同意,可给予重新比赛机会。

运动员在比赛进行中,不得接受任何形式的场外指导。违者取消比赛资格。

2.比赛成绩相等,将失误次数少者名次列前。

第三节　民族传统体育育人价值与路径选择

核心素养给学生明确提出了"应具备的,能够适应终身发展和社会发展需要的必备品格和关键能力"。[①] 自从学生发展核心素养框架公布以来,学者们就开始对核心素养的内涵和外延进行了积极的探索,并提出一系列独到的见解。对于民族传统体育而言,核心素养的提出对民族传统体育的发展指明了前进的方向。如何在核心素养的视域下大力弘扬民族传统体育,无疑成为我们当下关注的焦点问题。

一、核心素养视域下民族传统体育发展的机遇与挑战

(一)民族传统体育发展的现状:面临困境,渴望突破

作为一个多民族的国家,我国的民族传统体育形式多样、资源丰富,并在悠长的历史进程中形成了具有本民族特色的体育文化。民族传统体育对

[①] 教育部关于全面深化课程改革落实立德树人根本任务的意见[N].中华人民共和国教育部,2017.

于历史的传承、情感的维系、文化的认同具有举足轻重的作用,特别是在原始社会和封建时期,民族传统体育甚至是人们生活方式的一部分。在农业文明时期,如武术、舞龙、蹴鞠、龙舟等传统体育项目在我国社会占据主流地位。但是随着工业文明的兴起,尤其是鸦片战争以后,"民族传统体育和民族传统文化一样,开始走进了一个极端痛苦的文化发展图景中"。[①] 在西方体育的冲击下,民族传统体育无力反击,一路溃败,逐渐式微。民族传统体育面临着极为严重的困境,有学者提出,20 世纪以来的民族传统体育的发展呈现出举步维艰的态势,其表现出的特征为短暂的热闹,阻挡不住存在空间的萎缩;表面的繁华,遮蔽不住生存状态的凄凉;形式的保留,掩饰不住文化根底的流失。

民族传统体育虽然处境艰难,但作为我国优秀传统文化的一部分,依然具有旺盛的生命活力。首先,民族传统体育已经逐渐走向国际化和现代化;其次,政府积极举办民族运动会,重视民族传统体育项目的传承和发展;最后,民族传统体育具有深厚的人文底蕴,是中国人民集体智慧的结晶。在此基础上,民族传统体育的发展应更加符合时代的潮流和社会的需要,抓住发展的时机进一步取得自身的突破,力求实现民族传统体育的复兴。

(二)民族传统体育发展的良机:转变观念,培育核心素养

我国民族传统体育发展步履维艰的局面究其原因是社会转型期政治、经济、文化三者之间生态失衡。一定时期的文化是一定时期政治和经济的反映,民族传统体育文化的没落恰恰说明了我国的传统文化在社会转型期受到了前所未有的冲击。进入 21 世纪以来,在全面取得经济长足发展和进步的同时,我国开始注重社会各方面的可持续发展,并且强调全面建成小康社会必须重视中华民族优秀的传统文化。这一理念的转变,使得民族传统体育迎来了发展的良机。

2016 年 9 月 13 日中国学生发展核心素养研究成果正式公布,项目负责人林崇德指出,"学生发展核心素养,主要是指学生应具备的、能够适应终身发展和社会发展需要的必备品格和关键能力",其中,学生发展核心素养的基本要求之一是"传承中华优秀传统文化,突显人才培养的民族底色",即"中国学生

---

① 王岗.关注民族传统体育:现状、问题与思考[J].首都体育学院学报,2008(2):1-4.

发展核心素养要根扎在中华优秀传统文化的土壤中,同时充分吸收革命文化与社会主义先进文化的丰厚营养,力求引导广大学生坚定文化自信,在全球化、信息化时代为每个学生烙上深深的中华文化底色"。① 核心素养要求学生成为德智体美劳全面发展的人,这就要求我国民族传统体育切实担负起弘扬优秀传统文化的职责,担负起塑造学生民族特色品质的使命。学生发展核心素养研究成果的公布为我国民族传统体育的发展树立了目标,即以醇厚的文化底蕴为载体深入贯彻立德树人的基本任务。学生发展核心素养的提出为我国民族传统体育的发展指明了道路,即是民族传统体育与学校教育相结合,围绕学生发展核心素养设置民族传统体育校本课程。学生发展核心素养为我国民族传统体育的复兴提供了千载难逢的良机,即通过落实核心素养,深化和升华民族传统体育的内涵和理念。

(三)民族传统体育发展的未来:直面挑战,革故鼎新

培育核心素养是民族传统体育未来发展的主旋律,然而真正实现民族传统体育的繁荣依然任重而道远。当欣喜于民族传统体育迎来发展新契机之时,我们理应看到通往民族传统体育复兴的道路荆棘丛生。正如著名历史学家马明达教授在其文章中所言及的"一百多年来,中国经历了艰难的现代化历程,中国民族体育也走过了一条曲折的道路……几十年过去了,或冷冷清清,或热热闹闹,本质上其实并无太多区别,无非是一大堆不古不今、不土不洋的庞杂而无序的东西,始终只能给主流体育当配角,并没有形成一个独立的民族体育领域和体系"。② 由此可见,民族传统体育自身存在诸多弊端,这些问题必将成为未来发展的严峻挑战。

面向未来,民族传统体育的发展必须破旧立新,以核心素养重塑民族传统体育的精神内核,恢复民族传统体育发展的系统性和独立性。民族传统体育的发展需要摆正位置,正视西方体育在世界范围内的主流地位,分析并借鉴其合理因素以适应时代发展。传统之所以成为传统必定是由于其脱离了时代的中心,从现实角度考虑,民族传统体育必须进行创新,紧扣时代脉搏,融民族性

---

① 林崇德.构建中国化的学生发展核心素养[J].北京师范大学学报(社会科学版),2017(1):66-73.

② 马明达.试论中国民族体育体系的重新建构[J].体育文化导刊,2007(6):21-26.

与现代性于一体。

二、核心素养视域下民族传统体育发展的价值取向

（一）"立德树人"是民族传统体育发展的基本价值立场

"建构学生发展核心素养体系，是贯彻党的十八大和十八届三中全会精神、落实立德树人根本任务的迫切需要。"[1]核心素养体系的构建是为了保障立德树人根本任务的完成，因此核心素养视域下的民族传统体育必须以立德树人为基本价值立场。立德树人包含两个方面：一方面是社会主义核心价值观对于学生发展的德行要求；另一方面是培养德、智、体、美、劳全面发展的生命个体。坚持立德树人的价值立场对我国民族传统体育的发展提出三个基本要求。首先，民族传统体育应充分激发自身丰富的人文底蕴，涵养学生的内在品质，引导学生追求真、善、美，远离假、恶、丑；其次，民族传统体育应坚持"德育为先，能力为重"的原则，培育学生先"成德"再"立人"；最后，民族传统体育应为学生的未来负责，想学生之所想，提高学生的精神文明和身体素质，以适应未来社会的挑战。

（二）传承优秀传统文化、强化民族性是民族传统体育发展的价值态度

民族传统体育是在漫长的历史中形成的人民集体智慧的结晶，也是我国传统文化中不可或缺的组成部分。传统文化尤其是优秀传统文化是培育核心素养的源泉。"中华优秀传统文化是中华民族的精神命脉，是涵养社会主义核心价值观的重要源泉，也是我们在世界文化激荡中站稳脚跟的坚实根基。"[2]因此，民族传统体育的发展必须秉持积极传承优秀传统文化的价值态度，并在此基础上强化民族传统体育对民族性的彰显。民族传统体育与现代体育最为明显的区别就是其具有鲜明的民族性，然而这一特征却在民族传统体育与现代体育的碰撞中被淡化了。民族传统体育的发展越来越西方化、竞技化、功利化，这不仅不利于民族传统体育自身的发展，也不利于民族优秀文化的传承。民族传统体育发展必须以其优秀的民族风格丰富学生的民族底色，增强学生对本民族的认同感。

---

[1] 林崇德.中国学生核心素养研究[J].心理与行为研究,2017(2):145-154.
[2] 习近平.中华优秀传统文化是中华民族的精神命脉[N].人民网,2014.

(三) 以人为本、促进生命全面发展是民族传统体育发展的价值理念

"教育的本质是生命教育。"①教育的本质是为了促进师生生命的全面发展。民族传统体育作为教育的一部分亦应以学生为本,民族传统体育发展的根本指向就是生命的健康成长。"人是具有内在潜能和丰富内涵的生命整体,它包含自然生命、精神生命和社会生命。学校体育以培养'全面发展的人'为核心,强调对青少年学生认知、技能、身体和情感的关照,但在应试教育和功利思想的窠臼下,学校体育的本体价值和学生的主体地位遭到漠视,俨然成了可以随意践踏的'造假重地'和'流水加工厂'。"②现实的学校体育,尤其是西方化的学校体育遮蔽了学生生命的统整性,压抑了学生生命的自由性,无视了学生生命的特殊性。民族传统体育的发展要对现实体育的异化进行反思,要做到"目中有人",应树立"以人为本""以生命为本"的价值理念。

三、核心素养视域下民族传统体育发展的建构路径

(一) 深化民族传统体育理论研究,提高民族传统体育的科学性和民族性

民族传统体育理论研究迄今已有三十年,无论是民族传统体育学理研究、民族传统体育教学研究,还是民族传统体育史研究,都取得系统而丰富的成果。尤其是近些年我国对民族传统体育的重视,民族传统体育理论研究呈现出"百花齐放、百家争鸣"的局面。随着21世纪我国学生发展核心素养框架的提出,民族传统体育理论研究迎来了新的发展阶段。为了培养具备人文底蕴和科学精神的现代型人才,高校学者和一线教师需要在核心素养的引领下深化对民族传统体育的理论研究。在培养学生核心素养的新时期,民族传统体育发展的方向是提高自身的科学性和民族性。科学性意味着民族传统体育要培养学生的理性思维,面对问题时让学生学会质疑,面对挑战时让学生学会探究。民族性意味着民族传统体育要让学生在接受民族传统体育教育的过程中了解民族习俗和文化,并把民族习俗和文化中蕴含的民族精神和民族风格塑造成学生生命的印记。

---

① 顾明远.教育的本质是生命教育[J].课程·教材·教法,2013(9):85.
② 李斌,程卫波.学校体育生命教育的现实消解及其价值主张[J].中国教育学刊,2017(2):67-72.

(二)削弱民族传统体育项目的竞技性,加强民族传统体育项目的文化性

我国大多数的民族传统体育项目并不具备较强的竞技性,如武术的根本目的是强身健体,而不是为了与对手一较高低,如龙舟竞渡的根本目的是传统习俗、缅怀先贤,而不是为了追求比赛的胜负。然而,在民族传统体育项目走向世界的过程中,民族传统体育项目不得不增强竞技性以适应西方世界的价值观体系。民族传统体育项目竞技性的增强毫无疑问是时代的趋势,但是一味地全盘西化而不考虑民族传统体育项目固有的文化性是绝对不可取的。事实上,民族传统体育项目并没有随着竞技性的增强而获得良好的发展,而是变成了西方体育的附庸、西方体育的配角,变成了不中不西的"四不像"。学生发展核心素养框架要求在民族传统体育项目中培养学生的人文积淀、人文情怀和审美情趣。也就是说,民族传统体育项目应该保持自身的独立性,不能在竞技体育的浪潮中随波逐流,要"不忘初心",着眼于学生文化底蕴的培养。

(三)扩大民族传统体育重要性的宣传,增强社会对民族传统体育的认可

改革开放以来,我国社会的各个领域都遭受了西方文化的冲击,人们的生活方式发生了翻天覆地的变化。流行歌曲取代了戏曲的地位,西方乐器取代了长笛、古筝、唢呐的地位,西方体育取代了民族体育的地位。诸多民族文化形式或日渐式微,或已经消逝。我们可以发现,许多民族文化都成了传统文化,传统之所以被称为传统,一般都是被人们所遗忘的,民族传统体育也不例外。主流媒体报道的大部分都是西方体育,民族传统体育一般很难出现在公众的视野之中,逐渐被遗忘也是在所难免。民族传统体育的发展必须要在人民群众当中扩大自身的影响力,让人们了解民族传统体育的价值和重要性,让人们逐渐认可和接受民族传统体育。唯有如此,民族传统体育方能扩大生存空间,方能在生存中求得发展。

(四)政府应颁布相关政策,鼓励中小学研发和实施民族传统体育校本课程

民族传统体育的发展要做到"顶天立地"。"顶天立地",一方面指民族传统体育的发展离不开政府政策、法规的支持和引导;另一方面指民族传统体育必须与中小学体育教学紧密结合。目前,中小学落实民族传统体育校本课程还存在诸多困难。解决困难,实施民族传统体育校本课程,离不开政府强有力的支持。因此,中小学研发和实施民族传统体育校本课程需要政府自上而下

地为中小学提供顶层设计。国家不同层面应以立法、规章、实施意见、课程标准等形式，出台一系列推进中小学民族传统体育校本课程的政策措施，保障民族传统体育校本课程成为基础体育教育中的常态。中小学在研发和实施民族传统体育校本课程的过程中一定要契合我国学生发展核心素养的基本要求，只有这样民族传统体育校本课程才能具备科学性，才能在中小学保持旺盛的生命力。

第五章
民族传统体育进校园课程一体化研究

第一节 民族传统体育在我国学校体育教育中的发展与经验启示

纵观近百年以来民族传统体育在我国学校教育中的发展,它既受到我国近代化、现代化进程的影响,也在西方文化的影响下得以重构,并在西方文化不断地冲击下日渐式微。而民族传统体育在中国近代化、现代化重构进程中,不断地作为中华民族崛起的独特"文化符号"被唤醒与构建。它在不同时期呈现出不同的运行轨迹,在这一进程中呈现出前进与停滞、高峰与低谷、稚嫩与成熟相互交替的发展态势。

在提倡民族文化的弘扬和传承的今天,国家鼓励和支持优秀的民族传统体育进入学校,使学校成为传承民族体育文化的载体之一。本章节以我国新中国成立前后不同时期颁布的课程标准(教学纲)、体育课程标准(体育教学大纲)为主线,回顾民族传统体育在近现代学校体育课程中的演变历程,总结出一些具有价值的历史经验,进而为我国民族传统体育在今后学校体育中的发展提供一定的借鉴。

一、注重民族传统体育教育的文化内涵,增强文化软实力

党的十七大确立了社会主义文化大发展大繁荣整体发展方向,明确提出:

"文化实力和竞争力是国家富强、民族振兴的重要标志。"①党的十八届三中全会提出:"建设社会主义文化强国,增强国家文化软实力,必须坚持社会主义先进文化前进的方向,坚持中国特色社会主义文化发展道路。"②由此可见,国家已将建设中国特色的社会主义文化作为未来文化事业发展的目标,通过各文化领域的共同发展,以促使这一目标的早日实现。

当前,青少年中华优秀传统文化教育还存在一些薄弱环节和突出问题:"对青少年中华优秀传统文化教育重要性的认识有待进一步提高,重知识讲授、轻精神内涵阐释的现象还比较普遍。"而邻近的一些国家,学校非常重视传统体育文化教育,开展了空手道、柔道、剑术等民族传统体育项目,让学生深入了解传统文化的内涵。民族传统体育是各个民族文化特质的外在表现的运动形式。基于它是一种身体文化,它的教育功能不仅具有现代体育的功能——强身健体,同时也是作为一种特殊的文化载体,具备了促进德、智、美及个性发展与完善的教育功能。③ 民族传统体育文化包括物质文化和精神文化,精神文化是其核心和灵魂,表现出重教化、讲等级、崇文尚柔,追求人与自然的和谐,重功力、轻嬉戏,以柔静为美,守内、尚礼等文化内涵。在学校开展民族传统体育项目,其文化内涵对于树立学生的民族自尊心、培育民族精神、提高国民素质具有促进的作用,有助于培养有中国气节的人。它在学校的发展关系到民族体育事业发展的全局,在中小学开展与实施民族传统体育教育是民族传统体育文化建设的基础工程。从古至今,武术在国人心中有不可动摇的地位,它的存在激励着一代又一代的华夏儿女奋力反抗他国的侵略。在"强国强种"思想的引领下,1915年第一届"全国教育会议联合会"将武术定为中小学必修内容,武术开始进入中小学校。到目前为止,武术在中小学校的发展有百年的历史,然而它的开展情况不尽如人意。其原因是多方面的,但是其中最重要的是武术过分模仿西方体育发展方式,注重技术的学习和掌握,忽视了武术

---

① 中共中央关于全面深化改革若干重大问题的决定[N].人民日报,2013-11-16(1).
② 习近平在中共中央政治局第十三次集体学习时强调:把培育和弘扬社会主义核心价值观作为凝魂聚气强基固本的基础工程[N].人民日报,2014-02-26(1).
③ 汤立许.体育非物质文化遗产的价值体系研究[J].中国体育科技,2018,54(3):29-36+86.

具有的文化内涵,致使民族传统体育文化在学校教育中缺失。① 如果一个国家的体育文化在本国的学校没有站稳脚跟,特别是缺少了民族体育文化的传统特色,何谈在世界的发展!

在提倡民族文化的弘扬和传承的今天,国家积极鼓励和支持学校开展各项优秀民族传统体育活动。我们应改进武术在传承民族文化方面的不足之处,注重挖掘各项民族传统体育的文化内涵,不仅要对学生进行技术上的传授,更要对学生进行精神上的洗礼,让他们的身心真正融合到民族体育文化中。学校发展民族传统体育项目,经过不断地改造、加工、完善,使之最终成为一项具有广泛传播价值的运动项目。因而,学校开展民族体育项目时,应注重民族传统体育教育的文化内涵,使其逐步成为走向世界的品牌体育项目,扩大我国在世界体坛的话语权,增强文化软实力。

二、以弘扬民族传统体育文化为教育主旨,增强民族自豪感

传承和弘扬民族文化是我国在这一世纪的文化发展主题。为发展民族传统文化,国家出台了各项政策给予支持和鼓励,学校积极响应这一号召。如2001年第八次体育课程改革中,国家鼓励各地将优秀的民族传统体育项目送入学校。2002年11月18日,党的报告指出:"必须把弘扬和培育民族精神作为文化建设极为重要的任务,纳入国民教育全过程。"2004年3月3日,中央宣传部、教育部印发的《中小学开展弘扬和培育民族精神教育实施纲要》指出:"弘扬和培育民族精神是中小学全部教育教学活动的共同任务,要把它有机地渗透和融合到各门课程的教学活动中。"由此可见,学校在传承和弘扬民族传统文化方面有不可替代的位置。②

对于学校体育来说,一方面体育教育应该注重弘扬民族传统体育文化,尽量将我国优秀的民族传统体育项目融入学校的体育教学中,以此改变西方体育独领风骚而我国民族传统体育落寞的局面;另一方面,体育教育应以弘扬民族传统文化为目标,培养民族传统体育文化的传承者和接班人,增强学生的民

---

① 王岗,邱丕相.重构中国武术教育体系的理论研究[J].上海体育学院学报,2008(3):61-66.

② 胡锦涛.一篇马克思主义的纲领性文献[M].北京:人民出版社,2002.

族自尊心和自豪感。

弘扬民族精神须以传承民族文化为依托。学校是育人的地方,同时也是传承文化的场所,因此学校有义务和责任承担起传承和弘扬民族文化的任务。同时,一个民族的教育与其文化生态系统是一个相辅相成的有机统一体,"教育与一定的文化生态系统是紧密契和的、一定的文化生态系统中有一定的教育;一定的教育又作用于一定的文化生态系统"[①]。也就是说,各个民族独特的体育文化生态系统孕育了其特有的体育教育形式,相反,体育教育又通过传统体育文化的传承与弘扬作用于体育文化生态系统。回顾我国近现代民族传统体育在学校近百年来的演变历程,我们可以看到,目前我国学校体育教育中,传统师道的衰退、体育课程中传统体育文化内容的贫乏、实施过程中民族传统体育文化教育的严重缺失,致使学生对传统体育知识的系统掌握缺乏连贯性,无法感受到民族文化的巨大魅力,失落感较强。但是,能让学生真正对民族体育感到自豪的是影视作品中的武术,如绝世高手的飞檐走壁,行侠仗义的英雄气概等,使学生的爱国情怀油然而生,在别样的层面上肯定了我国传统体育具备的价值。因而,学校开展传统体育活动,在传授技能的同时,更应以弘扬民族传统体育文化为教育主旨,增强学生的民族自豪感。

三、以学校传承为主,彰显文化育人的教育价值

自1904年《奏定学堂章程》颁布以来,百年来的体育教育史一直是对西方的体育教育模仿和追随的历史。从20世纪初模仿日本的兵式体操建立中国近代学校体育体系,到20~30年代追随美国,50年代完全学习苏联的体育教学模式,再到80年代又转向欧美国家学习,我国的学校体育一直处于模仿与借鉴中,自始至终没有体现民族自主性和民族体育文化占主体地位的体育文化模式。[②] 虽有武术在1915年被作为中小学体育教学内容的先例,但中华新武术军事化色彩较为浓厚,使得其在学校的开展不是十分顺利,那时注重的也只是武术的健身价值,而忽略了武术的文化价值。新中国成立以后,武术于

---

① 徐书业.人类学视野中的教育交往[J].江西社会科学,2002(8):210-212.
② 黄兴涛,曾建立.清末新式学堂的伦理教育与伦理教科书探论:兼论现代伦理学学科在中国的兴起[J].清史研究,2008(1):51-72.

1961年再度成为中小学的必修内容,被写进体育教学大纲中。但到目前,由于师资、经费、场地、器材等多方面的原因,其在学校开展得不是很好。大多数研究者认为我们注重了技术的学习,忽略了其具备的文化内涵。

中小学是学生思想形成的重要时期,它们承担着传承和弘扬民族文化的重任。重视民族传统体育文化教育,不仅丰富了中小学体育教育内涵,而且陶冶了中小学生道德情操。传统体育文化在学校的传承具有重要的历史和现实意义,而民族传统体育正是将这种潜在的文化价值融于有形的体育教育之中。这就要求我们弥补以前在学习民族传统体育上的不足之处,并在体现体育文化主体性方面,增强文化自觉意识。在传统体育文化自身方面,实现传承与创新的统筹兼顾,使之适应现代社会对体育的要求。在教学方面,通过各种途径实现传统体育文化育人的教育价值。民族传统体育具有的文化气息和文化内涵是存在根本。它在以儒家文化为核心的文化环境中孕育成长起来,其价值观无不渗透着儒家的核心思想,体现了丰富的人文精神和伦理道德理念。民族传统体育具备了强身健体、娱乐身心的基本体育功能,同时,它也见证了一个民族成长历史、文化发展、民俗民风和价值观的演变历程。因而,充分挖掘民族传统体育具有的文化教育功能,使其贯穿于中小学体育教育的始末,具有重大而深远的意义。

我国中小学体育教育应在继承中华优秀传统体育文化的基础上,明确当前中小学传承体育文化的目的、价值观和功能,坚持民族精神与时俱进的教育思想,彻底转变现代中小学中传统体育文化教育的体育教育思想和观念,从而构建出突显民族特色的学校体育教育理论体系,并创新当前中小学中民族体育文化教育的途径和手段,营造出良好的校园民族文化氛围,加强中小学生在学校学习传统体育文化的正确导向,将文化育人的理念推广到体育教学中,彰显民族传统体育文化育人的教育价值。[①] 总之,认识民族传统体育文化具有的教育价值并努力实现其在学校体育教育中的功效,有助于学生民族精神的振奋,民族自信心、自豪感和自尊心的增强,有利于学生身心的全面发展。

[①] 张应强,张乐农.大中小学中华优秀传统文化教育衔接初论[J].高等教育研究,2019,40(2):72-82.

四、以教育促进民族传统体育文化的创新与发展

创新是一个民族进步的灵魂,是一个国家兴旺发达的不竭动力。民族文化创新,就是要求在社会的发展中实现民族文化的现代化,在此基础上使其面向未来,走向世界,社会的发展需要有先进的文化来指引它前进的方向,任何固步自封的文化终将走向消逝。① 在鸦片战争之前,中国以上国自居,这在某种程度上体现出了高度的文化自信,当我们的大门被侵略者打开之后,随之而来的是文化自卑。历史的教训告诉我们,文化故步自封会导致落后,只有在交流、融合的基础上进行文化创新才是发展的正道。

教育是建立在人类文化活动基础上参与各种文化活动的,又必须接受文化性质和水平的制约,教育是为文化服务。因而教育扮演着双重角色,它既担当传承文化的重要媒介,又是培养学生整体素质的沃土。② 一个民族文化的特殊性直接决定其生存的合理性,它是一个民族形成、发展的历史多棱镜,是这个民族人民智慧的结晶。因此,我们应在尽可能的范围之内对民族传统文化采取科学合理的保护措施,在保留我们先辈创造的优秀文化的基础之上对其进行创新和发展。作为人才培养的体育教育过程,除了对体育文化的选择与传承外,还包括对传统体育文化的再造与创新,因为任何一种体育教育,都会或多或少地影响从事各种体育活动的人的体育价值观、体育知识结构、个性特征和行为方式,进而又以实际行为与语言的方式存在于社会生活中,改造和更新原有的体育文化系统和结构,从而对世界或国内体育文化起到一种强有力的促进作用。在此意义层面上,体育教育实际上是对一个现存体育文化的发展,并在发展的基础上创造出新的体育文化的过程。这既是体育教育的根本目的,同时也是它的最高目标。进行任何形式的体育教育改革,都是为了体育文化创新,如若不然,改革便失去了价值。

梳理我国民族传统体育(武术)在学校近百年的发展历史,我们有这样的发现:在第一次中西学校体育文化的交流与融合中,中华新武术进入学校,改

---

① 李建军,刘成,李蕾,等.以文化自信促进新疆传统文化现代化[J].新疆师范大学学报(哲学社会科学版),2018,39(3):65-76.

② 顾建军.技术的现代维度与教育价值[J].华东师范大学学报(教育科学版),2018,36(6):1-18+154.

变了固有的教学方法和动作名称,简化了动作方法,以期适合学校教育,这对于当时来说就是一种创新。由于各种原因这次改革不是很成功,到了民国晚期,中华新武术的足迹已经无法寻到。随着后来的体育课程改革的进行,民族传统体育的一些项目开始进入学校,但开展情况不是很好,特别是以套路为主的武术教学内容,失去了武术本质特性,掩埋了其实用价值。

回顾我国历史上汉唐的昌盛,近看当今韩国的迅速崛起,他们的共通点是立足于本国的传统文化,再去借鉴外来文化,最后达到民族文化的创新与发展。民族传统体育文化发展必须在与其他优秀文化交流的基础上进行创新,将新的文化因子吸纳进来,经过不断地融合,才能产生新的体育文化成果,民族传统体育文化的生命力才能得以延续。若缺少与世界上较为先进的体育文化的对话与交流,民族传统体育文化将会萎缩,甚至失去其生存的价值和空间。[①] 在民族体育文化创新的过程中,也不能失去我国民族文化自身的特色。缺少中国民族文化元素的体育文化也将走向消亡。新的课程改革倡导优秀民族体育文化进入校园。因而,我们必须吸取武术在学校发展的经验教训,正确认识我国民族传统体育的不足。在改革中应本着"古为今用""洋为中用""大胆创新"的原则,首先对民族传统体育开发进行理论上的提升与升华,进而通过技术的不断改进与加工,使其逐步走上科学化、规范化和普及化的发展之路,真正做到以教育促进民族传统体育的创新与发展。有学者指出当今学校融入传统文化的总体思路应是:"课程是本源,教师是关键,文化氛围是依托,教育理论建构之本土化及创新是发展方向。"[②]

五、以传承民族传统体育文化为学校教育任务之一

教育受到社会的政治、经济、文化的影响。因而,不同时期的教育需要承担不同的教育任务。学校教育承担的任务受到三个方面的影响:其一,国家颁

[①] 王沛智,王红武,赵敏,等.云南少数民族文化产业研究[J].大理学院学报,2007(S2):1-61.
[②] 靳玉乐,罗生全.课程论研究三十年:成就、问题与展望[J].课程·教材·教法,2009,29(1):3-15.

布的教育政策;其二,当前教育形势的变化;其三,学校本身的特点。① 因此,为了做好学校体育工作,我们必须正确领会体育教育政策的精神,准确把握体育教育形势的变化,结合学校自身特点及时明确未来体育工作的重点和方向。第八次体育课程改革是在弘扬和传承民族传统文化的背景下进行的,国家鼓励和支持民族传统体育进入学校,这充分体现出国家政策对学校体育教育的引导作用。

日本的柔道、空手道、剑道,韩国的跆拳道等不仅成为学校的必修内容,而且风靡于世界各国,这不但得益于对运动项目的精益求精,更重要的是民族传统文化地融合。对传统和文化的深入理解,不仅有助于处理好自己与他人、自己与社会的关系,而且对于进行自我对话,提升自身素养来说也极其重要。"0vennum(1994),Twombly 指出,长曲棍球(Lacrosse)是北美原住民文化中最负盛名的竞技运动活动。长曲棍球曾经在整片北美大陆上的各个族群部落中风靡一时,超越原住民每日的劳作生活成为一种具有魔幻色彩、宗教性的、民俗性的活动,同时长曲棍球也具备实用价值,譬如肩负着备战任务中的士兵训练活动。长曲棍球比赛的规则十分灵活,比赛场地没有边线,也没有标准的比赛场地,并且比赛人数可多可少(有时会出现几百人同时竞技的盛况)。长曲棍球比赛逐渐成了一种多元性的文化共享活动,手鼓的演奏者与女性歌唱者经常作为表演者与鼓噪者参与到比赛间歇与比赛进行中。由于长曲棍球比赛的激烈性,各个北美部落对儿童和青少年进行了严格的长曲棍球训练,并将这种严格的训练视为族群文化传承与教育的核心内容。② 由此可见,开展民族传统体育项目,不仅仅考虑到其具备的健身价值,更重要的是它传承的民族文化。因而,教育的任务不仅表现在育人方面,还表现在延续和发展人类优秀文化方面。

民族传统体育蕴含着我国优秀的民族文化,它促进人的全面发展,具有培养社会主义接班人的教育价值,是学校教育中不可缺失的内容之一,对加强民族文化认同感具有重要的作用。

---

① 沈洪成.教育下乡:一个乡镇的教育治理实践[J].社会学研究,2014,29(2):90-115+243-244.

② 钱满素,张瑞华.美国通史[M].上海社会科学院出版社,202004.

近现代以来的数次体育课程改革中,武术虽被列为学校体育的必修内容,但其在学校的发展远远达不到预期要求。而其他民族传统体育项目在学校也只是点缀,还没有成为学校的主要体育教学内容。因此,可以推断出,传统体育在思想上得不到人们的重视,在开发上得不到真正实施,这必将导致民族传统体育在现实社会中渐渐消逝,传统体育文化的存在就只能是历史性的。有学者指出:"体育教学项目也需要做到百花齐放。在开发体育教学项目的过程中要注重挖掘我国优秀的民间、民族传统体育运动,开发具有地方、地域文化特色的学校体育项目,既能达到锻炼目的,也能弘扬中国文化。"①特别是我国的武术,它在我国传统文化中孕育、发展与成熟,吸取古代哲学、美学等传统体育文化的精髓,集我国人民智慧和经验于一体,形成了具有中国特色的技术和文化运动项目。武术成为中小学必修内容是顺应社会发展的需要。我们应将民族传统体育的教学从身体教育上升到文化教育的层面,进而达到传承民族传统体育文化这一目的。从国家文化发展的战略高度来看,我国学校体育应以传承民族体育文化作为完成教育的任务之一,不仅是对我国民族体育文化具有教育价值的肯定,更是弘扬民族传统文化的必然要求。

六、挖掘民族传统体育的教育资源,丰富校园体育文化的多样性

2006年4月25日,教育部颁布《关于大力加强中小学校园文化建设的通知》,指出:"各地要把集中活动与经常性的校园文化活动紧密结合起来,促进民族精神教育贯穿在中小学教育的各个环节,渗透到中小学生学习、生活的各个方面。"2007年在广西召开了"传统文化与学校文化建设"学术会议,学者们从不同角度分析了传统文化内涵、当今学校文化建设与文化价值取向等诸多问题,最后专家根据各自关注的具体方面提出了在校园开展传统文化的策略和措施。将民族文化贯穿中小学教育的各个环节,就是将其渗透到学生的学习和生活的各个方面。

以育人为本的校园文化,必须经过教育者的精心设计,方能使整合了各种教育因素的隐性课程对学生的精神世界产生潜移默化的影响。2014年教育部颁发《完善中华优秀传统文化教育指导纲要》,指出:"鼓励各地各学校充分

---

① 夏青.特色体育及阳光体育研究[M].北京体育大学出版社,2012.

挖掘和利用本地中华优秀传统文化教育资源,开设专题的地方课程和校本课程。"

校园体育文化是社会体育文化在中小学校园的折射。它是中小学校园在长期的发展过程中形成的体育精神环境和体育文化形态,同时也是对学校特征、面貌和个性的反映。自1903年学校设置体操课以来,我国学校体育教学内容以西方体育为主,如普通体操、兵式体操、篮球、排球、足球、队列队形、跳远、跳高、掷远等。而今我们也很难摆脱对西方体育的热爱,特别是大学校园,仍以引进国外新型体育项目为主,如网球、跆拳道、瑜伽等。武术是我国的国粹,曾在爱国人士的争取下进入了校园,但其开展也因各界的争议在中小学举步维艰。我国的校园体育文化自始至终都是以国外体育文化为主,民族体育文化较为落寞。

我国民族传统体育近千种,除了具有健身、娱乐、趣味等功能外,它的教育功能也不可小觑。民族传统体育具有本民族特殊的文化内涵,其与实践教学相结合,逐步渗透到社会生活的各个方面,最后成为一种复合型的文化形态,使其原始的教育功能得到体现。民族传统体育植根于人们的生活,它融合了各民族的文化,体现了各民族的精神和民族道德,并通过体育活动的形式将各民族的一些文化、精神、道德等代代相传,提升了人们的道德品质和爱国情怀,形成了良好的社会道德风范,最终塑造了民族精神和民族性格。① 因而,要不遗余力地挖掘民族体育教育功能,本着以学生的学习需要为中心,将优秀的民族文化因子渗透到校园的文化中,不但让校园文化呈现出多样性,更让民族体育文化价值得到普遍认同。

七、落实"三位一体"发展模式,营造良好的发展环境

真正的文化是能将教育、劳动和生活一体化的文化。民族传统体育文化具备了一般文化的属性,同时还体现出自己独有的文化内涵和文化特性。民族传统体育文化的传承若仅仅依靠一种途径进行,不但会显得势单力薄而且会让强势的外国体育文化占尽风头。因而,我们应建立由家庭、学校和社会

---

① 买佳.民族传统体育在我国学校体育教育中的发展与经验启示[D].武汉:华中师范大学,2014.

"三位一体"的民族传统体育发展模式,将民族传统体育文化渗透到人们的学习与生活中,即将正式教育和非正式、校内和校外的教育有机结合起来,为学校开展民族传统体育创造良好的外部环境。

学校是实施民族传统体育最重要的地方,因而,首先要抓好学校体育教育。学校开展体育活动的途径很多,除了正常的体育课以外,还包括早操、课间操、课外体育活动、课余体育训练等,若仅仅考虑以体育课程形式开展民族传统体育教学,会使其失去校内存在的文化环境。

首先,课外体育活动成为体育教育的组成部分,通常会被考虑为课堂体育的延伸和扩展,它是对每天一小时锻炼时间的最好保证。民族传统体育对场地器材要求不高,由于其便于开展的特性,决定了它是课外活动最适宜选择的项目。其次,也可考虑将民族传统体育项目经过加工、改造以后成为课间操的锻炼内容,从而扩大其在学校的影响力。最后,民族传统体育训练队的组织与建设,应走向专业化的发展道路,培养优秀的传承者和接班人。当然我们还要考虑开展活动的各项投入、地方教育领导的政策支持和资金投入、校领导和教师的积极配合、场地器材等设施的配备,这些都是民族传统体育在学校是否能开展或开展得好坏的硬件条件。

民间和社会开展民族传统体育活动为学校创造了良好的社会氛围。民间和社会开展民族传统体育要通过多渠道、多侧面及全方位的发展道路,它需多元组合、立体呈现、全面发展。民族传统体育源于人们的社会生活,因而,让简单易行的民族体育项目在民间和社会中发展是对其本源的回归。为了将群众体育活动更广泛地开展起来,实施大众的社会体育,国务院1995年颁布《全民健身计划纲要》(以下称《纲要》),《纲要》对于运动的组织和管理提出:"突出趣味性和科学性。

《纲要》计划经过不同时期和阶段的实施,最终将我国的全民健身提高到一个全新的水平,建立具有中国特色的全民健身体系的基本框架。有研究者对社会中群众参与体育活动项目进行调查,513名参与者以参与传统体育项目为主,70.1%的参加剑术、气功、练功十八法、拳术等,29.9%的人练习其他项目。由此可见,在全民健身浪潮的推动下,民族传统体育本身具有的健身、多样、娱乐、灵活、趣味等特性迎合了群众对身体锻炼的需要,使其成为人们在闲暇时间锻炼身体的首选项目,同时也为传统体育在校园的开展营造了良好的社会氛围。

家庭开展与参与传统体育活动对社会和学校起到枢纽作用。在古代,家庭教育成为士族的一种较普遍的群体行为,是我国传统文化的一种独特文化现象。家庭在传承民族传统文化的重要性表现在:一,从社会学的分析来看,家庭是构成人类社会的最基本单位,"没有家庭一定程度的社会组织,原始群、游牧群、军团是不可能的"[①]。可见,家庭的社会功能体现为繁衍生命及种族人口,同时也要担负起促使个体实现社会化这一社会再生产功能的责任。二,从教育学的方面来看,家庭教育初步塑造了个体灵魂和行为,并使个体逐步形成原始的自我教育意识、行为规范及能力,能够使群体教育顺利开展,当个体进入学校或社会就会变成可造之才,因此家庭教育是连接学校教育和社会教育的纽带。家庭体育教育责任关心孩子的身心健康成长,使孩子成为体格健壮、心理健康的家庭一员。当然对于家庭来说,选择运动项目的自由度很大,受到的限制非常小,可依据每一家庭成员的个人兴趣选择。传统体育以其自身的优势也可成为家庭选择的运动项目,如踢毽子、打陀螺、跳房子、跳广场民族操等,既培养孩子对于运动的兴趣,又配合社会和学校开展民族体育。2014年颁布《完善中华优秀传统文化教育指导纲要》提出:"把学校教育与家庭教育紧密结合起来,积极组织开展学生和家长共同参与的传统文化体验、主题教育实践活动、志愿者服务和公益性活动,践行中华优秀传统美德,弘扬中华优秀传统文化。"[②]

民族传统体育在学校的发展如刚栽种的小树苗,需要阳光、水分等外部条件的配合才能长成参天大树。学校是发展民族传统体育的摇篮,需要社会、家庭这两大外部环境的协调配合,才能让民族传统体育走出摇篮,走向世界。因而,学校发展民族传统体育不能靠一己之力,需要与社会教育、家庭教育相互配合,互为补充,这三者之间协调发展,才能促使其在学校顺利开展。正如教育部社科司司长张东刚所指出的:"坚持中华优秀传统文化教育与培育和弘扬社会主义核心价值观相结合、与时代精神教育相结合、与革命传统教育相结

[①] 容中逵.家庭教育:你在传统文化传承中都做了些什么?:论当前我国家庭教育中的传统文化传承问题[J].教育理论与实践,2008(16):54-57.

[②] 教育部.关于印发《完善中华优秀传统文化教育指导纲要》的通知[教科社[2014]3号],2014.

合、与学习借鉴国外优秀文化成果相结合,注重发挥学校教育、家庭教育与社会教育的不同优势。"

八、民族传统体育丰富校本课程内容,满足学生多样化需求

在1999年召开的第三次全国教育工作会议中提出实行"国家课程、地方课程与学校课程"的三级课程管理模式,允许地方和学校在完成国家课程的前提下,利用地方存在的课程资源开发地方和学校课程,增强课程的适应性和灵活性。2001年第八次体育课程改革的理念中提到"以学生发展为中心,重视学生主体地位;关注个体差异与不同需求,确保每一位学生受益",将"教师为中心"转变为"学生为中心"。因而,地方和学校开发的课程要以学生发展为中心,满足学生多样化的需求。

Peter Sclunidt(2006)指出,当前许多教育课程的聚焦点已经从增加少数族群学生受教育的机会开始转向于满足促进"校园多样性"的一种更为泛化与抽象的目标,而"校园多样性"的前提条件之一是教育课程中族群文化多样性的体现。Dunn(2009),Hodge与Wiggins(2010)指出,多样性所带来的诸多积极的结果(包括个体的、组织的与社会的),譬如模式化的减少、问题解决能力的加强、思辨能力的提升以及对于多样化群体在文化认知与感知上的增强,近年来逐渐成为美国教育学界所持续关注的热点议题,特别是对高校校园多样性的阐述与探究更是取得了一系列的成果,成了美国文化研究的前沿性课题。在此种背景下,体育教育中的多样性与融合议题开始走进美国体育教育学者的视野。正如高校校园多样性与融合一样,体育教育中的多样性与融合能够产生个体、组织与社会的诸多积极效果,能够更好地促进体育教学的开展,这种理念已逐渐成为一种占据主流的认识。

自新中国成立以来,体育课程经历了八次改革,从小学到高中存在着"具体教学中内容低级重复"的问题已经是不争的事实,忽略了学生对本民族体育文化的需求,让体育教学不能呈现勃勃生机。德国的一些大学将"杂技"融入学校的体育活动中,将其作为学校传统体育项目。在其中一所大学的体育手册中这样写道:"只要对杂技感兴趣,想学一两项杂技项目的人都热烈欢迎,从最简单的技巧练习到复杂的杂技项目。所有参与者都能找到适合自己的活动。"德国大学引进杂技考虑了其健身与娱乐功能,而最根本的目的在于满足学生多样化的需求,丰富学校体育教学内容。我国近千种民族传统体育,具有健身价值、娱乐价值、观赏价值、竞技价值等,因而具有在学校开展的空间。

关于民族传统体育进入学校后,学生喜欢或参与的态度如何,可以从以下研究者的调查略见一二。有研究者对新疆地区的学生参与民族传统体育活动的态度进行调查,喜欢民族传统体育的占59.6%,而对目前体育课程不感兴趣的却占72.1%。① 有研究者对湘西地区学生对待民族传统体育项目的态度进行调查,学生喜欢的占67.06%。② 有研究者对江苏省农村学校学生对待民族传统体育项目的态度进行调查,63.6%的喜欢民俗体育,同时70.9%的学生表示愿意参与到民俗体育运动中来。③ 有研究者对西藏拉萨市的一些中学进行调查,78.1%的学生想学民族传统体育,同时调查也发现参与过民族传统体育项目的学生占85.2%。④ 除此以外,还有其他的研究者也做了这方面的研究工作,其结果相差无二。

第八次课程改革对发展民族传统体育提供了政策性支持,三级课程理念为民族传统体育进入学校教育提供了契机,学校为发展民族传统体育提供了平台。民族传统体育本身具备的优势让它成为体育校本课程开发得最好、最直接的课程资源,既是对体育校本课程内容的丰富,同时也满足学生多样化的需求。

九、增强学校体育文化的教育特色,培养学生健全的人格

1999年中央发文:"实施素质教育,必须把德育、智育、体育、美育等有机地统一在教育活动的各个环节中。学校教育不仅要抓好智育,更要重视德育,还要加强体育、美育、劳动技术教育和社会实践,使诸方面教育相互渗透、协调发展,促进学生的全面发展和健康成长。"

---

① 马江骏.新疆民族传统体育项目在学校体育教学中的应用研究[D].乌鲁木齐:新疆师范大学,2006.
② 向奎.现代化进程中我国民族传统体育在学校体育中的发展趋势与对策——以湘西州为例[D].长沙:湖南师范大学,2012.
③ 陈红新.江苏省农村初中体育与健康课引进民俗体育的可行性研究[D].苏州:苏州大学,2009.
④ 雷巍,尼玛欧珠.西藏民族传统体育与体育校本课程开发的研究[J].西藏科技,2009,(9):33-36.

从应试教育向素质教育的转变是未来教育的发展趋势,五育并举将学生培养成具有健全人格的社会主义的建设者和接班人。康德曾说过:"人的德性只有在性格的准备下才能形成,任何政治的、文化的思想,只有融到人的性格之中才能成为个体的内在品质。"[1]将民族文化融入校园文化中,既是一个国家学校的文化教育特色的体现,又是对学生完全人格的塑造。

民族传统体育文化既是民族传统文化的有机组成部分,又独立成一完整的文化体系,同时还是中国文化的真实写照。作为弘扬和传承民族精神的代表——民族传统体育文化,顺理成章地成为社会关注的焦点,特别是武术文化,在长期历史发展过程中形成了自己独特的风格,突显民族精神文化特色和人文教育价值,在培养学生健全人格方面发挥了不小的作用。如我国的武术,在传统的师徒传习中始终把武德列为习武者必备的条件,这叫"未曾习武先学礼,未曾习武先习德"。足以见,我们的先辈将道德品质看得多么的重要。这可能是因为武术本身具有的技击性决定了它可以防身,同时也可以攻击别人,品行不端者习得后将对社会和他人造成极大的危害。激烈的攻防技术和人的修为结合起来,是中国武术传统道德观念的体现。其他的民族传统体育项目同样是在儒家文化熏陶下形成的,重礼仪、讲道德的倾向体现在每一个项目中。

随着社会的发展,人们对教育的要求"以培育人作为智慧活动的主体,而不仅仅是以传授学科知识为目的"。通过对知识的掌握达到智慧的增长的理念,必将成为当今和未来社会发展和教育改革的主旋律。民族传统体育融入了各民族的智慧,是民族智慧的结晶,从多元智能的角度来看,学校开展民族传统体育不但开启学生身体运动智能,而且向学生传授了民族智慧。

民族传统体育不仅仅是一种力量与气势的美,更表现出身心合一的神态美,它使表演者通过身体语言为观赏者传达一种运动美。这种运动美同时也呈现出它的民族性,如宁夏回族的民族运动项目穆林扇,现在已成为当地学校体育教学内容,它是集扇文化、民俗、体育、舞蹈为一体,其动作技术含量较高,整个套路的动作具有很强的观赏价值。穆林扇表现出柔中带刚、快慢相间、意

---

[1] 李秋梅.传统文化与当代青少年健全人格的培育[J].青海民族学院学报(社会科学版),2007,(4):114-116.

气相连、和谐的韵律,给人们带来美的感受,陶冶人们的情操,适合女子锻炼身体的要求。①

民族传统体育造就了各族人民强健的体魄,同时也塑造了人们坚强的意志品质。尽管有多种途径可以磨炼一个人的意志,但体育活动在培养坚强的意志品质方面具有不可低估的价值。如武术的学习,首先,习武者必须从基本功开始,在学习的过程中要不断克服疼痛关,讲究"冬练三九,夏练三伏",冬天的三九天是一年最冷的时候,三伏天又是一年最热的时候,而且必须是常年坚持,没有一定的意志是不能坚持下来的;其次,习武者套路的学习,因套路动作固定没有变化,学习者必须要克服枯燥关,这也是对一个人意志的考验;最后,习武者在实战的过程中,遇到比自己强的对手时,不但要随机应变,而且更要体现出勇敢无畏、顽强不屈的战斗意志。因此,学习武术可以培养学生刻苦、勤奋、顽强、拼搏的意志品质。又如我们的太极、舞龙、舞狮、角力、抢花炮、珍珠球等,每一个项目都不是一朝一夕可以练习成功的,没有日积月累的功夫是不能很好地完成的,它不但是对人们体能的考验,更是一个人意志力的体现。因此,在学生体质普遍呈下降趋势的今天,让民族传统体育进入学校弥补了学校体育教学内容的单调重复,有效地激发了学生积极参与体育活动的热情,进一步提高了学生的体能而且培养了学生的意志品质。

由以上分析可以看出,民族传统体育具有提升学生道德品质、传递本民族智慧、提高体能和意志品质、增强审美意识等价值。在倡导素质教育的时代背景下,将民族传统体育融入学校,不但能增强学校体育文化教育特色,更利于培养学生健全的人格。

十、加强民族传统体育教材建设,形成科学化、系统化的内容体系

民族传统体育教材是供学校进行传统项目教学的重要资料,也是体育学科传承民族体育文化和满足学生对民族体育知识需要的媒介,在体育教学中具有至关重要的作用。早在民国时期,一些人士编写了《八段锦体操》、《踢毽术》、《八段锦》、《叠罗汉》、《中华新武术》(上编)等民族传统体育教材,为其

---

① 买佳.民族传统体育在我国学校体育教育中的发展与经验启示[D].武汉:华中师范大学,2014.

在学校的开展起到了积极的作用。新中国成立以后,中小学民族传统体育项目以武术为主,武术没有专门的教材,它是作为一项内容出现在体育教材里,仅仅只有简短的说明和教学要求。目前武术已经形成较为完善的理论和实践体系,同时武术已成为我国向世界推广的文化品牌。①

第八次课程改革中,开发与利用民族传统体育资源成为体育教学改革的热点问题,民族传统体育融入学校教育是未来体育课程改革发展趋势。从民族传统体育起源来看,它是散落于民间的体育活动,但其掺杂了一些封建迷信的东西,若不经过科学的加工与整理,它很难与现代学校教育融合到一起。因而,民族传统体育教材建设显得尤为重要。加强民族传统体育教材建设,使其在学校形成系统化的教学体系,有助于传统体育文化的推广与传播。现有的民族传统体育类教材以武术居多,对其他项目的介绍很少,能够在中小学使用的寥寥无几。若依靠中小学体育老师来完成教材编写,这显然是不现实的,因为,中小学体育教师较注重技术的教学,理论研究较为欠缺。因而,各地方教育主管部门要起到带头作用,与高校体育理论专家、教育学专家、民族学专家、民间艺人、中学体育教师等联合起来编写教材,制定出合理的教学目标、内容、教学计划、评价体系等,使教学趋向完善。教材的内容选择及创编既要体现民族性和时代性、健身性与娱乐性,又要体现项目的科学性和实用性。教学内容应是让大部分学生经过努力后能掌握的,并通过技术和技能的学习,进而达到对民族传统体育知识的全面了解,促进学生的文化认同。同时教材内容的选择要与学校的实际情况、师资力量、地方经济、文化等相协调。总之,传统体育教材的编辑对其在学校开展具有至关重要的作用,通过教育使民族传统体育趋于合理化,逐渐形成科学化、系统化的内容体系,从而推动中小学民族传统体育的发展。

十一、以高质量的师资,促进民族传统体育教育的开展

目前我国各类体育院校和师范类的体育学院的民族传统体育专业还是以培养武术师资为主。2001年第八次体育课程改革倡导少数民族传统体育进入学校,开启了学校全面发展民族传统体育事业的新局面。中小学校里都是

---

① 蒋宏宇.我国近现代中小学体育教科书历史变迁研究[D].北京:北京体育大学,2014.

以武术教师和其他专业的体育教师为主,而掌握这些项目技能的是民间艺人、非物质文化遗产传承人和技艺大师,使学校在开展一些项目上陷入了师资缺乏的困境。因而,地方和学校对于培养民族传统体育师资显得尤为重要。2014年教育部颁布的《完善中华优秀传统文化教育指导纲要》提出:"全面提升中华优秀传统文化教育的师资队伍水平"。① 因而,培养高质量的民族传统体育教育师资,是目前急需解决的问题。如韩国跆拳道的教学对教师的水平要求很高,特别是高校的跆拳道教师,一般由跆拳道世界冠军或奥运冠军或者在这一领域有很深造诣的专业人士来担任,还包括这方面的研究型人才和博士。因而,韩国的高校能够培养出跆拳道项目的高质量教师。然而我国学校缺乏高质量的民族传统体育教育师资,这种现象普遍存在于我国的学校体育教育中,除了武术教师,其他民族传统体育项目的师资也尤为匮乏。对于师资的培养我们也应借鉴韩国的经验,培养高水平的师资力量。为了响应国家弘扬民族文化的号召,各地区应采取积极的措施,首先,要建立民族传统文化培训机构,挖掘民间优秀的民族传统体育资源,将能够在学校开展的项目进行完善,聘请民间艺人作为技术指导,聘请高校教师对技术进行完善与修订,使之成为学生喜欢的运动项目;其次,由地方教育部门负责组织各校教师学习传统体育项目,使师资水平提升一定的高度,以便进行项目的普及与推广;最后,地方领导可以通过奖励措施,促进其在学校的开展,同时评选出技术掌握较好和教学开展较好的老师。

第二节 关于民族传统体育进校园的思考

一、民族传统体育进校园的价值思考

(一)民族传统体育中德育价值思考——立德树人

德智体美劳全面发展五育并举是我国学校教育现阶段的重要教育方向,德育教育是学校教育的中心任务,把"立德树人"提升到教育的新层面。在我

---

① 中华人民共和国教育部.完善中华优秀传统文化教育指导纲要[EB/OL].[2014-10-16].http://www.gov.cn/xinwen/2014-04/01/content_2651154.htm.

国多民族传统体育文化项目中,优秀民族传统文化与体育文化相结合,形成了民族道德的内在特征。它们是民族体育文化道德认知,民族体育文化道德情感,民族体育文化道德行为。民族传统体育在学校教育中,通过独特的体育内容、行为规则、活动形式、组织方法开展传递正面的道德教育,要求学生在体育活动中严于律己,不仅要尊重对手,还要信任队友,尊重他人的个性,重视集体的利益,拥有集体意识和主体人格,民族传统体育文化能够提高学生的个体思想认识,培养学生寻找思想品德的途径。例如,民族传统武术项目中的礼仪文化,指的是武术的"武德",即武术本身从古至今所流传的中华传统美德,道德礼仪所具有的武者谦虚、尊师重道等礼仪。①

(二)民族传统体育中智育价值思考——知出乎争

智育指的是智能教育,学校智育的主要教学任务和教学内容包括传授学生优秀文化科学知识,培养学生学会以及掌握技能,包括职业技能,培养学生个体智力,在固有的文化知识和运动技能的基础上发展学生的智能,从而实现以体明智。智育学习无论是对个人还是社会团体都具有无可或缺的作用,智育是科技发展和提高生产力的智慧指南,是促进我国社会主义道路加速前进的催化剂,民族传统体育项目在学校体育教育过程中发挥出本身所具有的民族智慧,基于学校教育功能和民族传统体育文化的基础之上相互促进而成,并非一蹴而就,智慧的源泉在于实践,实践过程具有集体、个体、娱乐、健身的特点,促进了学生身心的全面协调发展。

(三)民族传统体育中体育价值思考——人生之"体"

民族传统体育项目的逐步形成过程主要来源于各民族间的生产活动和生活方式的结晶,人们在劳动生产之余以娱乐身心为目的地进行身体活动,民族传统体育项目的产生具有重大的推动意义,不仅起到增强各民族人民的体质健康水平、提高人民生活水平的作用,同时促进民族间体育文化的交流,巩固民族间的友谊基础。民族传统体育进校园中人生之"体"的主要任务体现在促进学生身体健身娱乐,学生拥有健康的体质是完成学业的前提条件,民族传统体育发挥自身固有的体育健身功能,对人体不同部位的运动神经系统进行

---

① 朱忠锋.少数民族传统体育文化传承发展的问题与对策[J].广西师范大学学报(哲学社会科学版),2013,49(3):154-160.

适度、有效的刺激,增强神经系统的兴奋性和敏感性,从而提高身体适应复杂社会环境的能力。较为剧烈的传统武术项目群由于运动过程中肌肉的收缩与舒张交替进行,需要消耗大量的氧气,人体呼吸机能系统为了适应该运动项目所需要的氧耗而进行适度的改变,从而改善人体呼吸系统,同时,民族传统体育项目还能强化人体骨骼的结构,改变肌肉横切面积,促进人体运动能力的提高。①

（四）民族传统体育中美育价值思考——美育人生

在传统的学校体育教学中,体育项目一直被受教育者定义为强身健体的唯一功能,从而导致人文价值和审美认知被边缘化,民族传统体育中美育就是实现体育教育过程中逐渐提升学生的审美观,对提升学生综合素质教育具有重要的意义,主要表现在心灵美、艺术美、形态美、仪表美,通过传播民族优秀体育文化元素,对受教育者进行合理的教学从而达到提高其人文价值和审美认知的能力,使其同时拥有健美的身形、艺术的情操、纯洁的心灵,培养学生懂得欣赏美,感受美,创造美。例如,在民族传统类项目太极项目群中太极拳项目的特点表现为培养学生的审视美、鉴定美,太极拳的身体形态动作语言是学校教育美育教学的一种表现形式,通过肢体动作诠释出太极拳内在的魅力,通过学习民族传统体育,培养学生对形态美的鉴赏能力,提高学生对体育认知、主动学习的兴趣。

二、民族传统体育进校园的实践现状

2002年,教育部下发的《纲要》指出:弘扬民族传统体育,体现时代性、发展性、民族性和中国特色。② 特别在北京2008年举办第29届奥运会前后,我国政府与各领域做了大量民族文化工作,尤其是民族传统体育文化进校园倡导措施,给民族传统体育文化打下了深厚的基础。据了解,目前众多高等学校都热衷开设公共民族传统体育选修课,甚至开设民族传统体育专业。但是根据现阶段的开展现状,多数学校开设民族传统体育项目进学校教育主要集中

---

① 黄聪.中国古代北方少数民族体育文化研究(上)[J].体育科学,2008(8):3-15+28.
② 中华人民共和国教育部.完善中华优秀传统文化教育指导纲要[EB/OL].[2014-10-16].http://www.gov.cn/xinwen/2014-04/01/content_2651154.htm.

在武术、太极、散打、跆拳道等项目上，涉及少数民族传统体育的项目较少，如：舞龙舞狮、跳竹竿、毽球、珍珠球、三人板鞋、抛绣球、打陀螺等项目。一些体育界的民族传统体育学专家认为，由于少数民族传统体育项目具有较强趣味性、健身性、娱乐性等特点，而且简单易学，参与的运动量适中，深受广大师生喜爱。如果学校层面加以重视和利用，不仅能保护与传承民族传统体育文化，而且更能达到提高学生身体素质的目标，真正意识到民族传统体育文化进入校园的重要性。在实践调研中还发现，部分学生在课前或课外活动期间对少数民族传统体育文化认识程度不够，因此，民族传统体育文化进校园，是一种在动态中保护与传承民族传统体育文化的行为。

三、民族传统体育进校园的途径选择

必须承认，民族传统体育文化与地方学校校园文化在文化空间上存在较大差异。因此，并非所有民族传统体育项目都能成功进入校园，民族传统体育项目进校园成功与否，关键在于理性选择、科学合理运用等问题。

（一）学校应重视民族传统体育文化保护与传承的平台

开展民族传统体育文化进校园工作的关键是学校层面要充分认识到民族传统体育文化进校园是现代社会进程中实现民族传统体育文化有效保护、传承、发展的最佳途径和方法。因此，在学校政策上，要加大推广普及的力度，如：开设民族传统体育课程、民族传统体育运动会、民族体育社团活动等，使民族传统体育文化在学校得到继承，还可以增强学生在民族传统体育运动中的快乐感，提高对民族传统体育文化保护与传承的认识。

（二）项目选取应因地制宜，突出地方特色

在选编民族传统体育教材项目上要结合该地区的实际出发，以本区域、本土民族传统体育项目为重点，选取出较具有地方针对性和代表性的教材，以突出地方特色。以广西为例，抛绣球、板鞋竞技、打陀螺等本土民族项目，这些项目规则简单，技术易掌握，普及性强，深受学生的喜欢，使大学生在学习中感受到民族传统体育文化的熏陶，从而使地方民族传统体育文化得以科学合理地充分挖掘和开发利用。

（三）加强对民族传统体育人力资源的培养

师资队伍的质量和数量制约着民族传统体育运动的开展程度和开展成

效。针对民族传统体育文化教育师资队伍薄弱的问题,应当必须要有组织、有计划地安排师资培训、培养工作,为民族传统体育课程开发与开展打下坚实的基础,从而提高教师的民族传统体育理论知识,保障充实民族传统体育人力资源在民族传统体育文化进校园工作中顺利开展。

(四)规范民族传统体育项目器材

在民族传统体育教学或者课外活动中,应注意教学安全,尽量避免出现伤害事故。统一按照国家体委规范的民族传统体育的场地器材标准,满足民族传统体育文化在教学过程中的需求与安全性。

第三节 民族传统体育进校园与课程开发

当前是一个教育创新时代,学校体育课程建设工作发展要与时俱进,跟上时代前进的脚步。学校要创新自身的体育课程开发设计理念,完善体育课程开发管理体系,加强对专业体育教师的课程开发培训教育工作,不断提高体育教师的综合业务能力和素质,促使每位体育教师都能够充分认识到民族传统体育课程开发的重要性。民族传统体育课程的设置不仅能够充分激发学生的体育学习兴趣和热情,还能够有效强化学生对传统优秀文化的传承学习,推动全校学生身心健康的发展。①

一、民族传统体育进校园的内涵

(一)民族传统体育进入体育教学

民族传统体育进入体育教学,各地区学校要结合当地社会民俗文化,合理选择能够代表当地特色文化的民族传统体育项目,然后根据体育项目内容进行优化改造,设计出符合学校体育教学开展的课程内容,充分保障民族传统体育课程开发的安全性、趣味性以及时代性。就比如,云南文山学院的民族传统体育项目吹枪教学,通过科学改造将传统枪针改成面丸,这样能够提高学生参

---

① 余慧娟,赖配根,李帆,等.2018中国基础教育年度报告[J].人民教育,2019(2):10-39.

与该项民族传统体育运动的安全性,避免学生在运动学习过程中发生安全事故。① 学校在体育教学改革工作中,可以将民族传统体育项目一整套技术动作分解为适合课时教学的体育分段内容,同时还需注意各个课时教学在内容上的连贯性,能够确保提高民族传统体育课程教学的质量和效率。

(二)民族传统体育进入校园活动

民族传统体育进入校园活动,是一个将多元化民族传统体育项目转化为学生在校期间运动娱乐和放松身心学习的过程。其可以有效划分为两种不同形式:一种是非正式组织的校园活动,主要由在校学生自主组织参与的各种民族传统体育活动,比如常见的踢毽子、丢沙包、跳竹竿等;而另一种则是有组织的校园活动,由学校体育管理人员进行组织,引导学生开展的民族传统体育活动项目,比如将民族传统健身操作为校园课间活动内容,这样有利于调动起学生参与体育锻炼的积极性和主动性,满足不同学生的课间操锻炼需求②。

二、民族传统体育课程开发

(一)民族传统体育课程开发原则

在民族传统体育课程开发过程中,相关工作人员要想确保民族传统体育课程内容的科学有效性,满足现代学校不同学生的各项体育学习需求,充分发挥出课程的实际价值,就必须严格遵循民族传统体育课程的基本开发原则。

1.适宜性原则

在开发设计民族传统体育课程内容时,工作人员要始终坚持以生为本的课程开发原则,确保课程内容符合学生的体育学习发展特点,能够重点突出培养学生体育学习的综合能力和素养。由于学生正处于青春期,此时他们的心智都不太成熟,在民族传统体育课程开发工作中更要考虑到学生的心理特点因素,合理优化设计民族传统课程内容,保证其能够具有适宜性。

2.文化性原则

民族传统体育涵盖了民族传统优秀文化,在开发民族传统体育课程过程中,工作人员必须将民族原生态文化进行有效保留。民族传统体育文化是由

---

① 张朋,郑小凤,万宇,等.民族传统体育项目进校园路径分析[J].体育文化导刊,2017(4):60-64.

多种民族文化形态相互融合产生的,它不能够被任何单独一种文化形态所替代,是中华民族上下五千年历史发展而形成的民族个性与民族精神。民族传统体育文化的传承、发展、形成与国家民族精神、文化思想存在着密不可分的联系,对于民族传统体育课程的开发利用,相关工作人员要正确认识到遵循文化性原则的重要性,要始终保持民族传统体育的根基,引导广大学生学习民族传统体育文化精神,树立其先进的人生价值观和社会发展观。

3.教育性原则

民族传统体育文化具有一定的文化教育价值,教育工作人员在民族传统体育课程开发中,要深入挖掘民族传统体育文化的综合教育功能,将民族优秀传统文化内容融入体育课程中,促使学生能够掌握了解到不同民族文化精神、伦理道德以及先进生产生活技能等,完善学生体育学习发展,接受不同方面的文化教育,实现学生民族精神与健康体质的共同发展。①

(二)民族传统体育课程开发实践

1.引进优化民族传统体育项目

现代学校在民族传统体育课程开发实践工作中,可以通过引进优秀民族传统体育项目,有效完善学校民族传统体育教学课程,最大限度满足学生对民族传统体育项目的不同需求。民族传统体育课程的内容主要分为三个部分,分别是基础理论、运动技能以及实践教学。学校可以将它们的课程时间比例设置在20%,40%,40%。由于中华民族具有上下五千年的悠久历史,在民族传统体育项目上科学性的项目很多,学校可以通过对在校全体学生的调查统计,结合学生的民族传统体育项目学习需求,合理地引进并应用民族传统体育项目,开发能够实现学生体育学习个性化发展的体育课程。就比如,为了满足学生学习特色传统体育文化的需求,学校可以引进具有民族特色的体育项目(抖空竹、踩高跷),为了满足学生习武、强身健体的学习需求,学校可以引进传统体育武术项目(太极拳、八段锦等)并展开体育教学,实现学校体育课程实践开发的综合性。

2.重点开展民族传统体育课程师资建设

现代学校在对民族传统体育课程开发过程中,要不断强化民族传统体育

---

① 冯发金,王岗.困境与出路:新时代民族传统体育与学校教育的共生研究[J].北京体育大学学报,2018,41(12):130-136.

课程师资队伍建设工作,确保每位体育教师不仅能充分掌握运用各种民族传统体育知识和技能,还能够全面了解现代化体育科学与知识,科学地将民族传统体育文化融入体育课程内容中,创新设计出符合现代学生学习的体育课程,促进学生体育学习的全面发展。学校要结合自身民族传统体育课程建设发展情况和办学条件,适当加大对专业师资队伍建设的投资力度,定期组织体育教师参与专业化的培训教育工作,培养出更多的高能力、高素质民族传统体育教师,完善学校民族传统体育课程开发师资队伍。① 此外,学校高层领导要加强对体育教师的科学指导工作,积极引导广大体育教师深入研究分析民族传统体育课程教学,提高自我民族传统体育课程开发水平,推动学校民族传统体育课程建设稳定持续地发展。

3.完善民族传统体育课程开发体系

现代学校在民族传统体育课程开发工作中,要科学完善民族传统体育课程开发体系,明确本校民族传统体育课程的开发目标,通过结合本校学生体育学习需求特点,有针对性地引进民族传统体育内容,将其有效纳入学校民族传统体育课程开发体系中。学校要加强对民族传统体育课程实践教学的综合评价考核工作,通过构建健全的评价考核体系,推动学校民族传统体育课程教学方式的完善发展,全面提升体育课程教学质量和效率。对学生的民族传统体育项目学习评价工作,不能仅仅局限于学生的最终考试成绩,而是要从学生掌握的技能与知识、学习态度、身体体质以及合作精神等多方面内容进行综合评价工作,这样能够帮助教师全面掌握学生的学习情况,合理优化民族传统体育课程内容,提高课程评价的可操作性。

综上所述,学校要想保障自身体育教学建设稳定持续地发展,培养学生体育学习良好的综合能力和素质,就必须强化对民族传统体育课程的开发工作,科学完善民族传统体育课程开发体系,组建专业化师资队伍,结合学生需求合理引进利用民族传统体育项目,推动学校体育课程优化改革工作的顺利开展。

---

① 李刚,梁俊雄,刘丽,等.基于粤西民俗体育的大学体育校本课程开发研究[J].体育科技文献通报,2014,22(12):8-12+48.

第四节　民族传统体育进校园课程一体化的实施

一、体育课程"课内外一体化"的定义

目前,国内研究中对体育课程"课内外一体化"的教学模式还没有统一的定义。张勇在《普通高校体育课程课内外一体化的研究》一文中认为,课内外一体化教学模式不仅包括课内,而且还包括课外与校外,将课内外连成一体的课程结构。[①]

刘志敏等在研究中认为,体育课程"课内外一体化"的教学模式是坚持"健康第一"和"终身体育"的指导思想,以体育选项课和选修课为核心,结合课余体育活动、竞赛、训练等课外体育活动形式,通过合理的体育教育和科学的体育锻炼过程,达到增强体质、增进健康和提高体育素养,养成良好的体育锻炼习惯的一种体育教学过程。[②] 通过这些学者的研究不难看出,所谓的"课内外一体化"教学模式的重点在于课内部分和课外部分的有机结合,通过两者的有机结合来达到促进学习者身体素质不断提高的目的。

二、民族传统体育课程"课内外一体化"模式实施的意义

(一)促进学生实践能力的加强

体育课程的设置目的在于促进学生的身体健康,在教学过程中传授体育锻炼的正确方法,使学生掌握一些体育项目的基本技能,为培养学生终身体育的意识打下坚实基础。

对于多数学生而言,课堂学习是传播体育知识、掌握体育项目有关技能的主要阵地。传统的体育课程的授课内容及考核办法也都是在课堂上完成的。这样的教学模式虽然能达到一定的体育教育的目的,但却忽视了对学生实践能力的锻炼与培养。而课外与学生相关联的体育实践活动在高校的课程内容

---

① 张勇.普通高校体育课程课内外一体化的研究[J].安徽体育科技,2009,30(6):85-86+90.
② 刘志敏,丁振峰.普通高校体育课程内容新体系的构建:课内外一体化体育俱乐部探索[J].体育与科学,2008(3):82-86.

及考核评价方法里面却鲜有关注。民族传统体育课程"课内外一体化"模式构建思路的提出,将促进学生对课外体育实践过程的加强。

(二)优化学生课程评价体系

现代体育课的教学过程中更多地强调以学生为主体,以促进学生的身体素质全面发展为目的教学过程。新华学院民族传统体育课程"课内外一体化"模式的构建,将更多地关注学生体育实践能力的加强,通过把课外体育实践过程融入整个体育教学过程,将更加优化学生的课程评价体系,为学生主动增加课外实践活动创造有利的条件。[①]

传统单一的课程评价体系,虽然可以对体育教学过程的效果加以反馈,但它却不能很好地关注学生的自主实践性;民族传统体育课程"课内外一体化"的教学模式将很好地解决这一不足,它将在促进体育教学过程更加科学合理化的漫长途径中扮演重要的角色。

(三)促进高校民族传统体育课程改革的发展

任何新的教学模式的产生和确立都会对之前的教学观念、模式产生一定的影响,民族传统体育课程"课内外一体化"模式的构建成型亦是如此,它将引领高校民族传统体育课程的改革朝着更加科学合理化的道路上前行。

一个研究领域或者行业要想能够长期地立于不败之地,最主要的是要有创新的思想和不断追求完美的恒心。新的体育教学模式的构建,也将在一定程度上促进原有的体育教学过程的发展和进步,因此民族传统体育课程"课内外一体化"模式的构建在促进高校民族传统体育课程改革的发展过程中起到推动作用。

三、民族传统体育课程"课内外一体化"模式的特点

(一)科学合理性

民族传统体育课程"课内外一体化"的构建特点具有一定的科学合理性。之所以这么说,主要是源于其最主要的核心是把学生学习过程的理论和实践相结合,真正地达到让学生把在课堂学习所得的技能和经验用到实践过程中。

---

① 李阳,于克巍.中山大学新华学院民族传统体育课程"课内外一体化"模式的构建思路[J].运动,2016(6):47-48.

只有重视学生的实践过程,才能促使他们在今后的学习过程中更加积极主动地参加与民族传统体育相关的健身活动。① 对于民族传统体育课程"课内外一体化"模式的构建最主要的是要抓住其实践性,不能在实践探索的过程中松懈,否则学生又会回到只会"填鸭式"地学而不懂得去利用的糟糕状况。

(二)过渡性

之所以说民族传统体育课程"课内外一体化"模式的构建特点具有一定的过渡性,最明显地体现在对其课内体育教学活动的保留上。一个新的教学模式和思路的开始确立,必定是建立在对以往教学实践的经验总结和积累的过程中;而在对"课内外一体化"模式的构建过程中,保留了原有成熟稳定的课内教学模式,正是这一部分的保留,才为新教学模式的构建奠定了安全可靠的基础。

(三)实践性

民族传统体育课程"课内外一体化"模式的构建特点具有较强的实践性。其实践性体现在"外"字上,通过鼓励学生参与课外与民族传统体育相关的实践活动,来提高学生的实践能力并达到体育课程所要求的健康体魄、健康心理、培养终身体育意识的目的。

四、民族传统体育课程"课内外一体化"模式的构建思路

实践是获得可靠学习经验的试验场,人类文明的进步只是对生活经验的不断升华与总结。面对当今日益加快的科技创新节奏,每天都会有新的发明创造诞生。而当今学校的体育教学模式至今未有大的变化,可以换句话说,落后的体育教学模式已经不能很好地适应大学生对体育课程的需求。当然也并不是全盘否定原有体育教学模式对培养大学生健康体质、促进大学生终身体育意识所做出的贡献。其最主要的出发点在于寻求好的体育教学模式,能够在新时期更加高效地完成学校体育课程所要达到的目标。

民族传统体育课程"课内外一体化"模式的构建思路重点体现在对学生课外实践活动的支持,促进学生运动兴趣的养成,为培养他们终身体育的意识

---

① 北京市教育委员会,北京高等教育学会教材工作研究会.构建高等教育教材建设体系,提高高等教育教学与人才培养质量[M].北京:中国人民大学出版社,2015:11.

打下坚实的基础。①

"读死书,死读书",其主要反映的就是学生的学习效果没有达到学以致用、终身受益的程度。要想扭转学生单纯地只在学习课程中才有的"填鸭式"的学习效果,则必须强化他们课下实践的能力,当然这一点得到强化的同时,也要兼顾课堂的学习过程。一个良好的课堂学习体验和效果,将有利于学生在课下实践的过程中更好地开展与之相连的活动、训练、竞赛等。

对于民族传统体育课程课内的构建主要包含课内学生对所开设民族传统体育项目的学习效果、学生在整个学习过程中的表现、考勤等;对于民族传统体育课程课外的构建主要有课外实践过程中参加与民族体育相关的活动、训练、竞赛情况等。对民族传统体育课程"课内外一体化"的构建内容可以直观地体现在表5-1中。

表5-1 民族传统体育课程"课内外一体化"的构建内容

民族传统体育课程课内构建的内容	民族传统体育课程课外构建的内容
课内学生对所开设民族传统体育项目的学习效果表现、学生在整个学习过程中的表现、考勤等	课外实践过程中参加与民族传统体育相关的活动、训练、竞赛情况等

从民族传统体育课程"课内外一体化"模式的构建思路可以看出,要想使这一教学改革取得理想的效果,最主要要抓住"内"和"外"。所谓的"内",一定要把之前体育课程积累的优秀经验牢牢地抓稳不放松,选取优秀的课程资源作为课内构建的内容;"外"的部分,即如何抓住实践性这一核心,让学生积极参与、可以参与,最终达到内与外的高度统一。② 有了这一教学模式的初步构建与提出,笔者相信如果在今后的教学实践活动中加以落实,配以科学合理的技术支撑;体育课程将会更好地促进学生的健康成长,为培养他们终生体育意识做出实质性的贡献。

---

① 季浏.我国《普通高中体育与健康课程标准(2017年版)》解读[J].体育科学,2018,38(2):3-20.
② 李阳,于克巍.中山大学新华学院民族传统体育课程"课内外一体化"模式的构建思路[J].运动,2016(6):47-48.

第六章
民族传统体育文化与人类命运共同体

第一节 人类命运共同体理念的文化意蕴

第十八次全国代表大会提出"人类命运共同体"意识,①这一理念得到理论上的深入发展和外交上的普遍实践。

在中共十九大报告中,习近平总书记开宗明义:中国共产党是为中国人民谋幸福的政党,也是为人类进步事业而奋斗的政党。② 人类命运共同体理念作为新时代中国外交的基本方略,是马克思主义关于社会共同体和人类解放思想的当代表现,它的提出和倡导是新时代大国外交的要求,马克思主义中国化的要求,也是增强文化自信,传承和发扬中华优秀传统文化,提升中国文化影响力的要求。

一、人类命运共同体的内涵、理论维度和提出背景

人类命运共同体理念回答了当今世界要构建一个什么样的新型国际关系、如何构建新型国际关系,我们要建立一个什么样的全球治理体系,怎样构建新时代的全球治理体系,使国际秩序和国际体系朝着更加公正合理的方向

---

① 习近平.顺应时代前进潮流 促进世界和平发展——在莫斯科国际关系学院的演讲[N].人民日报,2013-3-24(2).

② 习近平.决胜全面建成小康社会夺取新时代中国特色社会主义伟大胜利——在中国共产党第十九次全国代表大会上的报告[M].北京:人民出版社,2017.

发展的重大问题。它是在全面审视世界历史和发展态势的基础上提出的,有着丰富的内涵和实现维度,必须联系其提出背景方能深刻理解。

(一)人类命运共同体的内涵

人类命运共同体理念的本质是唯物主义的历史观和世界观,它坚持世界发展的主体是各国人民,世界的治理必须由各国人民共同参与,全球性的问题和挑战需要各国共同解决和合作应对;世界各国是相互联系的一个系统中的组成要素,这些要素以不同的形式联系在一起,相互作用,相互制约;这些构成系统的国家又是有不同特点的要素,在国际交往中要尊重世界的多样性,提倡发展模式多样化,但同时,有一些基本的性质、要求是相通的,如要求发展、要求平等、要求互惠。

在具体内容方面,旨在塑造政治上相互尊重,共同协商,而不是把自己的意志强加于人的霸权主义、强权政治的平等政治生态;经济上应相互促进,共同发展,而不应树立壁垒;文化上应相互借鉴,共同繁荣,而不应搞文化霸权;安全上应相互信任,共同维护,塑造普遍安全,通过对话和合作解决争端,而不应诉诸武力甚至以邻为壑;生态上营建安全绿色、清洁美丽的生存环境。涉及方方面面,是我们党新时代对于国际交往的"五位一体"总体布局。

习近平总书记在党的十九大上将人类命运共同体的内涵定义为:"建设持久和平、普遍安全、共同繁荣、开放包容、清洁美丽的世界",而要实现这一目标,必须树立命运共同体意识,就是在追求本国利益时兼顾他国的合理关切,在谋求本国发展过程中促进各国共同发展,建立更加平等均衡的新型全球发展伙伴关系,同舟共济、权责共担,增进人类共同利益,在最大限度上实现"利益交汇点",这是营造人类命运共同体的外交实践的指导思想。[①] 人类命运共同体是一种在尊重社会制度、意识形态、发展道路差异性的基础上,为关切人类前途命运而提出的全球治理观,它为推动世界和平发展指明了一条理性、科学、可持续的道路。

(二)人类命运共同体的三重维度

人类命运共同体是一个系统整体,有深刻的内涵,只有明确它立足的主

---

① 习近平.决胜全面建成小康社会夺取新时代中国特色社会主义伟大胜利:在中国共产党第十九次全国代表大会上的报告[M].北京:人民出版社,2017.

体、追求的价值和实践特色三个理论维度,才能全面理解其可能性和现实性,才有使其成立的基本依据。

1. 主体维度

世界发展的主体是人。"命运共同体"的实践主体由近及远,由小到大,从国内"中华民族共同体"到"大陆与台湾休戚与共的命运共同体"到"亚洲命运共同体"等地区命运共同体再扩大到全球的"人类命运共同体",社会发展合作的范围不断扩大,主体的范围也在扩大。但是不论是中华民族、亚洲人民还是全人类,进行共同体建设的都是人,是各国的人民,是爱好和平、推动发展、利益交织的人,不是少数霸权主义者、挑衅世界人民的恐怖主义者、意图侵犯他国合法利益的强权者。① 世界的治理必须由各国人民共同参与,全球性的问题和挑战需要各国共同解决和合作应对。人类命运共同体能够在全世界得到支持,是因为其出发点和落脚点都是构建世界人民共享的和平安全互利的世界秩序。而人类命运共同体愿景要能够得到最大限度地实现,最终要看能否得到全世界人民的支持与贡献,能否兑现对世界人民的承诺。在这个过程中主体的重要性由外围向中心逐渐增加,最终起决定作用的还是处于人类命运共同体同心圆的圆心的中华民族。人类命运共同体是服务世界的,但也要满足中华民族的生存、发展权利,在国与国的交往中,"不要期望中国会吞下损害自己国家核心利益的苦果"。②

2. 价值维度

超出政治意识形态的全人类共有的价值观念。全世界人民拥有一些基本的"全人类共同价值",是人类命运共同体建构的思想基础也是价值追求。这个"全人类共同价值"包括"和平、发展、公平、正义、民主、自由",这是社会主义核心价值观的重要部分,这也是习近平总书记讲的,"大道之行天下为公"中所包含的价值追求,是我们中华民族一以贯之的终极追求。公平、正义、和平等价值不仅仅适用于某国、某民族,是可以超越民族、国家、社会制度、意识形态的共同追求。包括中国儒家所倡导的核心价值理念"仁",它在国际上被

---

① 谢文娟."人类命运共同体"的历史基础和现实境遇[J].河南师范大学学报(哲学社会科学版),2016,43(5):39-46.

② 习近平.论坚持推动构建人类命运共同体[M].北京:中央文献出版社,2018:5.

解释为"己所不欲、勿施于人"的同理心,并且成为联合国处理国际关系的世界伦理金律,被镌刻在联合国总部大厅。可以说,"仁"是中华文明的基本价值理念,同时也具有全人类共同价值的意义。这个"全人类共同价值"在本质上区别于西方所宣扬的"普世价值",它不是单边主义和强制价值观输出,不把自己不愿意地强加给别人,也不把自己认为好的、喜欢的、信仰的强加给别人,是在认同基本原则的前提下求同存异,尊重各国独立性、共同参与的前提下互商互谅达成一致。

3.实践维度

以习近平同志为核心的新一代党中央的务实作风是突出的,提出的新型国际秩序的理念是宏大的,但也是具有实现条件的。宏大的社会愿景在一个个实现,一个阶段一个阶段完成,一个钉子一个钉子去铆。良好的国际关系不是一天就发展起来的,更不是什么人赐予的,而是国际交往双方风雨同舟、患难与共,一步一个脚印走出来的。人类命运共同体是行动队,而不是清谈馆。五年时间里,习近平总书记的脚步跨越五大洲,57个国家,57万多公里路,将中国智慧传播到世界的每一个角落。在每一次重大场合习近平同志都一再重申中国的原则,愿意与世界人民一道为构建新型国际关系努力,将中国对于世界建设的新思路广为传播,为中国营造了全球伙伴关系网络,并一步步构建出实现这一愿景的系列战略部署。① 人类命运共同体在现实实践中根据不同的阶段、不同的国家、不同的领域采取不同的方式:"中国—东盟命运共同体""亚洲命运共同体""一带一路"倡议等,在所有部署中都针对不同对象采取现实可行的能与对象国家政策对接的政策。从而在最大限度上得到对象国家的支持,从而具有现实性和可行性。

(三)构建人类命运共同体的时代背景

1.中国共产党的领导进入新时代

在中国共产党的领导下,中国从被动挨打到将中国建成世界第二大经济体,改变过去被动接受西方安排命运,主动积极营造世界格局。正如习近平总书记指出的,中国特色社会主义进入新时代,是我国日益走近世界舞台中央、

---

① 邱乘光.习近平治国理政思想的科学体系及基本内涵[J].新疆师范大学学报(哲学社会科学版),2017,38(1):7-30+2.

不断为人类做出更大贡献的时代。新时代的中国,不仅仅是在经济、政治、文化、社会、生态建设等方面取得了举世瞩目的成就,而且很多时候已经是全球平衡势力的重要成员。在这样的背景下,中国共产党的政党治理理念、国家治理理念、全球治理理念已经成为国际公认的具有借鉴意义的方案。① 中国共产党在治理好自己国家事情的情况下,现在已经到了转入另一个阶段,在国际事务中有所作为,主动营造态势,为其他一些有着相似经历和难题的国家提供借鉴的阶段。共产党本身不是一个有国界的党,而是以全人类的解放为事业的党,要主动承担起世界第一大党,世界第一大无产阶级政党的使命和任务,给世界上那些既希望加快发展又希望保持自身独立性的国家提供全新选择,为解决人类问题贡献中国智慧和中国方案。

2.全球处于一个利益关联的链条中

经济全球化发展到今天,各国之间不仅仅在经济上利益交融,还存在诸如环境污染、气候变化等生态系统的失衡问题,艾滋病、禽流感等高传染病毒的肆虐问题,粮食安全问题,毒品泛滥问题,贫富分化问题,以及在非传统安全领域的核扩散、跨国犯罪、国际恐怖主义和网络安全等问题,更成为各国需要共同面对、不容规避的新命题。随着全球化、信息化、智能化时代的加深,世界各国之间越来越成为你中有我、我中有你、命运与共的利益共同体,各国之间存在着不同层次的利益关联,牵一发而动全身,人类面临的任何一个共同挑战都将全人类紧紧联系在一条船上,没有哪一个国家或者哪种意识形态可以单独应对,这为和平与合作提供了条件。②

3.世界秩序深刻变革

"世界正处在大发展大变革大调整时期,和平与发展仍然是时代的主题",世界多极化趋势加强,新兴市场国家和一些发展中大国在推进世界经济复苏与国际政治民主化方面将承担更多的业务和责任。但是地区热点与矛盾从未消除,世界大国之间仍然存在利益冲突,全球安全态势不容乐观。现在的国与国之间的关系仍然是不平等的,西方国家占据着体系的塔尖,主导国际话

---

① 刘明福,王忠远.习近平民族复兴大战略:学习习近平系列讲话的体会[J].决策与信息,2014(Z1):8-157+2.
② 钱仕英,齐鹏飞.人类命运共同体理念的中国传统文化意蕴和时代价值[J].云南社会主义学院学报,2018,20(1):95-100.

语权。发展中国家、新兴市场国家只有通过合作才能赢得一席之地,才能在国际交往中获得发言权,在国家新秩序构建中获得参与权。中国强调建立更加平等均衡的新型全球发展伙伴关系,是响应国际秩序变革新要求的科学决策。

二、人类命运共同体的中国传统文化基因

中国共产党在领导革命、建设、改革实践中全面审视历史和现实,试图从引进的思想理论与中国传统文化中找到契合点,人类命运共同体就是这一历史反思的结果,它是马克思主义共同体思想的时代产物,更有着深厚的中国传统文化根源,是几千年中华优秀传统文化孕育的结果,这也是为什么习近平同志说我们理应有道路自信、理论自信、制度自信与文化自信。[①]

（一）天下大同的理想追求

中国文化自古崇尚"和"与"合"。从秦汉天下一统到康有为写《大同书》抒发千年来中国人"天下大同"的理想,中国人对于世界一家,人类同根的设想从来就没有断过。中国人不但将在中国领土内的人看作兄弟同胞,还将人类看作生存在一个地球上的同类。古代文人的理想就是"修身齐家治国平天下",最终实现"天下为公"的"大同世界"。习近平总书记在第70届联合国大会上积极倡导:"大道之行也,天下为公。"这不仅是对先贤"天下情怀"的一脉承继,是中国共产党文化担当与时俱进的体现,更为中国人提供了打造21世纪"人类命运共同体"的文化支撑。

正是在中国"和、合"文化的滋养下,中国在1953年提出和平共处五项原则得到世界公认,至今仍是各国之间外交的基本准则。1954年首届亚非会议上,中国发出"求同存异"的声音,推动以"团结、友谊、合作"为核心的万隆精神形成,至今还是我们外交的核心精神。这些精神在新时代应对区域性战乱频仍、一些国家霸权主义强权政治、一些西方国家千方百计阻挠不同意识形态国家发展、逆全球化思潮兴起的局势下,中国共产党始终保持战略定力,不为一时一事所动摇,坚定走改革开放道路,不但要开放,还要全方位、深层次、宽领域开放,构建人类命运共同体,体现了中国将自身发展同世界共同发展相统

---

① 项久雨.新发展理念与文化自信[J].中国社会科学,2018(6):4-25+204.

一的全球视野。①

(二)辩证的矛盾观

中国哲学的一个核心命题是矛盾观,承认矛盾的普遍存在,只要有差异就会存在矛盾,而且正是因为差异、矛盾,事物才会发展。首先,承认矛盾的普遍性:凡是一类事物都有相同或相近的性质;只要是人所向往的,别人也会向往;凡是人所畏惧厌恶的,别人也不会喜欢。明代大儒张载说"民,吾同胞。物,吾与也"要求同理心,不但在本民族如此,本国内如此,扩大到整个人类社会,整个生物界,整个宇宙皆是如此。因此才有"己所不欲,勿施于人"的基本为人处世的准则。同时,同类事物中也有差异性、特殊性,在看到共性的同时更要看到差异性,尊重差异,才能和谐共生,吸收差异,才能发展共进。②

承认矛盾存在的合理性,承认矛盾双方的相辅相成。交流融通是世界多极性、多样性的逻辑前提。在周朝我们就有和实生物,同则不继的观点,孔子则明确提出"和而不同"的哲学命题,并成为中国千年文化观的核心价值。而中国文化繁荣发展的时代总是开放兼容并包的时代。历史学家钱穆说:"所谓'文',即物相杂。人文即人群相处种种复杂的形象。唯其人群由不同种类相杂而成,才有相知相通,这就是'化',也就是说,没有差异,无所谓文化。"

这是中国人对于"差异"与"文化"的关系最精辟的见解。此外,在中国古人"自始即不以民族界线、国家疆域为人文演进之终极理想,其终极理想特色所在,即为一'道'字"。中华文化在近代以前保持了在东亚文化圈核心的位置,一直是受仰视和追随的,但从未有过对其他文明的侵略、压迫、殖民的历史,有的只是将优秀文化传播、推广的历史,将外来文化融合、吸纳的历史。总体而言,我们的趋势和主流是"亲""和""容"。钱穆先生也说中国文化的伟大和优势之处就是其"调和能力",而且这正是中华文化从来没有断流的根源之所在。

人类命运共同体更好地把国内发展与对外开放统一起来,把中国发展与世界发展联系起来,把中国人民利益同各国人民共同利益结合起来,正确处理

---

① 钱仕英,齐鹏飞.人类命运共同体理念的中国传统文化意蕴和时代价值[J].云南社会主义学院学报,2018,20(1):95-100.

② 张曙光.论秩序与社会历史秩序:关于国家转型和文明重建的思考[J].人民论坛·学术前沿,2015(7):4-49+75.

各国发展的普遍性与特殊性,正确处理民族共同体与人类命运共同体之间的矛盾,从而能够将人类命运共同体构建成包容共生的国际公共产品。

(三)正确的义利观

中国在几千年的政治实践中形成了重义轻利、先义后利的政治伦理。"国不以利为利,以义为利"。在处理国与国之间的关系时,既要关注自身发展利益,又不以牺牲他国利益为目的,兼顾所有国家利益关切,达到共赢、多赢才是外交的最高期待。

打造人类命运共同体,意味着国家不论大小、强弱、贫富,一律平等,共享发展成果和安全保障,共担利益风险,这既是维护联合国宪章宗旨和国际关系准则,更是中国承载千年的伦理价值。"要做到义利兼顾,讲信义、重情义、扬正义、树道义",我们注重利,更要注重义,只有义利平衡才能义利共赢。国与国之间的相处既不可见利忘义,更不能不讲道义原则,只讲"本国利益优先"甚至"本国利益唯一"。① 我们与周边国家守望相助,与广大发展中国家坦诚相待,中国在多个领域对亚非拉美国家进行大力的支援与救助,在美日印等国家发生重大灾难时摒弃前嫌、搁置分歧,积极施与人道主义援助。将其他国家、民族视为同胞,建立平等相待、互商互谅的伙伴关系,确保各国在国际活动中机会平等、规则平等、权利平等,为构建人类命运共同体做出实际贡献方面,中国的努力是世人所共见的。

(四)开放包容的文明观

文明因交流而多彩,文化因互鉴而丰富,事物因差异而发展。我们对于世界的发展不是求一致,而是求"和而不同"。多样性、异质性是人类文明发展的基本特征。文明交流互鉴,是推动人类文明进步和世界和平发展的重要动力。中国传统文化的长期熏陶与教养,塑造了中国人的思维方式和话语体系,它的包容性、融合性、开放性,也造就了中华民族强不凌弱、敦厚平和、开放包容的民族性格。习近平总书记强调:"和平发展思想是中华文化的内在基因,讲信修睦、协和万邦是中国周边外交的基本内涵。"人类命运共同体超越国界、民族、种族、意识形态,是一种自信包容的大国气度和文化自信。民族、文明之间没有优劣,没有高下之分,只有特色之别,促进文明交流是建设命运共同体

---

① 吴志成,吴宇.人类命运共同体思想论析[J].世界经济与政治,2018(3):4-33+155-156.

的重要纽带,也是重要目的。

"一花独放不是春,百花齐放春满园"。中国人民与各国人民休戚与共,尤其在世界全球化、信息化不断推进的时代,没有一个国家可以成为孤岛,人为断开联系。国与国之间只有保持资金流、物质流、人才流和信息流畅通,保持系统的开放性,才能够实现系统的血液更新,只有保持兼收并蓄,才能异彩纷呈。

三、人类命运共同体理念的时代价值

人类命运共同体理念是中国共产党在新的历史起点上提出的构建国际社会关系的伟大构想,是开展中国特色大国外交的重要理论指导,将为构建新型国际关系贡献中国方案,同时也是中国文化软实力建设的重要举措。

(一)中国特色大国外交的理论铺垫

人类命运共同体理念作为新时代中国特色大国外交的基本准则,将引领开启尊重各主权国独立地位、共建共商共享社会主义特色外交新时代。人类命运共同体理念是种不设假想敌、不针对第三方、不挑战原有机制的选择,是解决世界诸多难题的许多方案中的一种,是现有国际机制的有益补充和完善。

习近平总书记在中国共产党与世界政党高层对话会开幕式上指出,"中国共产党所做的一切,就是为中国人民谋幸福、为中华民族伟大复兴,为人类谋和平发展",这是中国共产党的历史使命。为完成这一使命,中国摒弃丛林法则,反对霸权主义、强权政治,在国际上始终遵循和平共处五项原则,坚持和平、发展、合作、共赢的理念,为世界和平与发展做出巨大贡献,逐步提升国际影响力,开辟了发展中国家走向现代化的新路径,为其他"希望加快发展又希望保持自身独立的国家和民族提供了新的选择,看到了新的希望"。[①]

(二)中国文化传播的重要载体

人类命运共同体理念承载着深厚的中华优秀传统文化。在进行外交实践的过程中,作为一种中国倡导的国际交往原则和美好愿景,它既是中国特色的政治理念,也是中国的文化理念,是中国文化软实力的标志。人类命运共同体

[①] 王义桅,古明明.热话题与冷思考:关于"人类命运共同体与新时代中国外交"的对话[J].当代世界与社会主义,2018(3):4-14.

概念不是突然提出的,而是我们国家在新时期进行一系列带有明显中国风格、中国特色、中国气派的外交活动中总结提炼出来的一个具有开创性的指导思想和目标。比如作为人类命运共同体理念重要成果的"一带一路"倡议,就是沿线国家对中国古文明辉煌成就的珍视,对于象征"探索""开拓""亲善""文明"人类历史遗产的继承和发扬。"一带一路"倡议形成的系列工程传播的不仅仅是经济繁荣,更是对灿烂的中国传统文化,开放、包容、生机勃勃的现代文明的传播,是让世界更了解中国、中华文化的窗口。让世界知道中国这头睡醒的狮子是"和平""文明""可亲"的狮子。人类命运共同体理念是传播中国传统文化的重要纽带和有效载体,是增强中国文化软实力的重要途径。中华民族伟大复兴中国梦的实现,首先必须是中华文化复兴的实现,中国特色社会主义道路自信、理论自信、制度自信首先也必须是文化自信的树立,这是一切自信的基础和内涵。承载着深厚文化涵养的中国方案走向世界,得到世界人民的认可和践行,是中华文化传播的最有效途径。

(三)为构建新型国际关系指明方向、提供方案

人类命运共同体重要思想,为当代国际关系发展提供了新理念,开辟了新愿景,形成了崭新的中国国际秩序观和系统的国际战略思想体系。中国提倡"人类共同的价值",实质是实现自由人联合体的初级阶段,是"所有人自由而全面的发展"思想的中国化表达,是实现共产主义的必经之路和必要条件。①在处理人与人之间的关系时,尊重人的自主权利,推广到国家则是在实现自身利益的同时不侵犯他国的合理关切,实现国与国之间利益的可持续发展,将利益关系方的利益公约数最大化,不是旧体制下"倚强凌弱""单边主义""以邻为壑",将国家关系对立化,视为"你死我活""你输我赢""有你没我""鱼和熊掌不可兼得"的绝对对立关系,而是相互依存、相互强化、共同进步、相互添彩、融合的关系。人类命运共同体也倡导"自由""自主",但是绝不是作为"普世价值"强行推广植入他国,而是尊重各国作为主权国家,尊重其"政府和人民共同选择和决定自己道路命运"的权利。中国为解决世界性难题提供智慧、方案、平台,唯独不提供标准和模板。中国政府相信国内各族人民有解决本国问题的能力和权利,也相信其他国家的人民能够独立解决自己国家的问题。因

---

① 石云霞.习近平人类命运共同体思想研究[J].学校党建与思想教育,2016(9):4-10.

此,我们的原则是既不允许其他国家干涉中国内政,也不会成为其他国家和人民走向自由民主发展道路的阻碍力量。

站在新的历史起点上,中国正在致力成为构建和平发展、合作共赢的新型国际关系的建设力量和领导力量,为解决世界性难题发出中国声音、提出中国方案、贡献中国智慧。人类命运共同体理念将成为引领21世纪国际关系的一面新旗帜。积极倡导和构建人类命运共同体,是实现中华民族伟大复兴的重要举措,实现中华文化复兴的必然选择,也是实现世界治理的重要途径,值得每一个期望世界变得更好的人为之做出贡献。[①]

第二节　民族传统体育文化全球化的哲学思考

全球化与国际化都是反映生产要素跨国流动的过程,均是指整个世界运行的一种客观状态,两者既有联系又有区别,学术界对于"全球化"与"国际化"的混用现象较为普遍,虽然两者在概念上较为接近,但所指向的范畴和现象却是截然不同的。全球化是指政治、经济或文化的国际化发展延伸到全球范围,是全球范围的国际化,是国际化发展到新的高度的表现。文化全球化作为一种客观存在的世界性浪潮,不仅推动了全球范围内不同文化的交流与互动,也带来了不同文化在接触过程中的碰撞与冲突。然而由于文化势差的存在,不同民族文化的影响力存在明显差异性,文化全球化在给不同民族文化带来发展契机与机遇的同时,也带来了威胁和挑战。因此,全球化进程中的任何民族文化都是冲突与对话同在,挑战与机遇并存。西方价值观主导下的以奥林匹克为代表的竞技体育文化裹挟着全球化浪潮,对我国民族传统体育文化产生挤压,激起了我国对民族传统体育文化发展的警醒。[②]

本节在对民族传统体育文化全球化进行阐释的基础上,从历时性与共时性的双重纬度分析其动因,并对民族传统体育文化全球化进程中所面临的"一元化"与"多元化"、"民族性"与"世界性"、"传统"与"现代"关系进行辩证探

[①] 罗建波.中国特色大国外交:新理念、新战略与新特色[J].西亚非洲,2017(4):28-49.
[②] 王广生.经济国际化、经济全球化、经济一体化的区别与联系[J].北京理工大学学报(社会科学版),2003(4):47-50.

究,进而厘清民族传统体育文化全球化的合理脉络与正确取向。

一、民族传统体育文化全球化释义

新华字典对"化"的解释为:性质或形态的改变,用在名词或形容词后,以构成动词表示转变成某种性质或状态,即使成为,使变成。可见"化"所指向的是变化(改变)的范畴,而"全球"所指向的是地域(范围)的范畴。那么"全球化"也即是"使……变成全球的"。它既是一种现象或趋势,也可以是一个过程。

英国学者约翰·汤姆林森认为"全球化处于现代文化的中心地位"。可见,文化全球化是现代化浪潮波及文化领域的必然结果,而对民族传统体育文化全球化的阐释不能脱离现代化的视域。现代化是指物质、制度和社会结构的变迁过程,侧重于社会物质发展变化的阐释;而现代性作为现代化的后果,是指在向现代化社会变迁过程中形成的崭新生活态度、价值理念和生活方式,更倾向于社会文化转换的表达"全球化作为现代性的根本后果之一",不仅包括侧重于社会物质变化的现代化扩张进程,也涵盖倾向于社会文化转换的现代性膨胀过程。[①]

因此,研究认为全球化是新科学技术革命影响下生产力发展的必然产物,民族传统体育文化全球化也即是其现代性的全球化,它根植于现代性的蔓延和扩张,有赖于信息技术和传播技术的现代化发展;然而,最好的发展是成为日常所需,那么只有具备满足全球不同文化受众在现代化社会生活中对体育文化各异需求的品质,民族传统体育文化才能够在全球化进程中站稳脚跟。也即是说,中华民族传统体育文化全球化不仅是一个现代化的传播和推广问题,更重要的是一个使其自身成为具备"旧常所需"特性的现代性改造过程。

二、民族传统体育文化全球化的动因

民族传统体育文化全球化缘起于历时性与共时性的双重纬度,历时性纬度侧重于自身发展的主动性诉求,而共时性纬度强调的是源于外部环境的被

---

① 尹继林.中华民族传统体育文化全球化的哲学思考[J].北京体育大学学报,2017,40(7):139-145.

动性压力。

(一) 历时性角度

经济基础决定上层建筑,改革开放后的中国特色社会主义文化代表着中国现代化进程的文化进路,而基于中华优秀传统文化基础之上并适于社会主义市场经济的现代性特征,势必鞭策促进依附于农耕经济形态下的民族传统体育文化进行现代性转换;然而中国由半殖民地半封建社会直接向社会主义社会过渡的现实,决定了中华民族传统体育文化紧迫性、跨越式的转换诉求必然与文化长期、渐进式发展的铁律相背驰;由此,历时性纬度下中华民族传统体育文化全球化的动因是其遵循文化发展规律以融入文化全球化的内源诉求,却囿于传统与现代边际的徘徊。①

(二) 共时性角度

当前的文化全球化并非均势进程,全球体育文化格局的失衡状态更多地体现为西方竞技体育文化为主导的全球化,而对全球体育文化竞争格局中民族传统体育文化的现实劣势地位,以及文化全球化进程中西方竞技体育文化对中华民族传统体育文化的挤压与威胁,以非开放包容的姿态与主动积极的心态融入全球化进程,不能保持中华民族传统体育文化的独立性并促进民族文化的发展。② 这一语境下的民族传统体育文化全球化源于其摆脱文化弱势地位而力争文化主体地位和提高文化竞争力的外源压力。

可见,民族传统体育文化既有遵循文化发展规律融入文化全球化的自觉性,又有来自全球文化竞争格局中竞技体育文化挤压的受迫性,前者是中华民族传统体育文化全球化的内源动因,而后者则是中华民族传统体育文化全球化的外源动因;然而,即使没有受迫于西方竞技体育文化挤压的外源动因,中华民族传统体育文化也终究会按照文化发展的轨迹历经现代性转换而融入全球化进程。③ 也即是说,中华民族传统体育文化全球化是由其历时性的内源动因所决定和主导的。

---

① 路向峰.文化全球化背景下中国文化道路的实践选择[J].社会科学家,2015(8):25-29.
② 曾崇文.浅析当今功利性行为的二重性[J].攀枝花大学学报,1995,12(4):48-50.
③ 尹继林.中华民族传统体育文化全球化的哲学思考[J].北京体育大学学报,2017,40(7):139-145.

三、民族传统体育文化全球化的辩证关系

在民族传统体育文化全球化进程中,遇到的最直接和最现实的问题就是"一元化"与"多元化"、"民族性"与"世界性"、"传统"与"现代"的矛盾关系。

(一)一元化与多元化

体育文化是对群体生产生活实践经历的积累和民族心理的反映,是基于群体共同生产生活实践所构建的意义系统,全球化带来的时空分离强化了全球作为一个整体的社会关系,促使不同体育文化均趋向于成为人类共同生产生活方式的一种表达形式。然而体育文化全球化在很大程度上表现为以西方竞技体育文化为主导的全球化,不仅是西方社会主动推广其文化价值观的结果,更是全球化进程中现代性演进的历史必然。体育文化间确有受众多寡之别,但无高低优劣之分。国家的民族传统体育文化既被动受迫于西方现代体育文化的同化,又具有主动吸收借鉴西方现代体育文化素质的一致相似性。亨廷顿指出:"文化的共存需要寻求大多数文明的共同点,而不是促进假设中的某个文明的普遍特征。在多文明的世界里,建设性的道路是弃绝普世主义,接受多样性和寻求共同性。"因此,体育文化的全球化所指向的结果无疑是全球体育文化间对话的强化和共性的发展。

研究认为,体育文化间共性的扩大是不同文化在对立和冲突过程中所产生的共鸣和达成的共识,是深化交流互融和沟通互动的基础,而绝非"一元化"的论据,所谓的"一元化"只不过是强势文化主体通过将自身体育文化冠以普世价值的堂而皇之的"文化霸权"。

任何体育文化既具有对于其他民族解决现实问题的启迪价值,又具有满足多样性体育文化消费需求的现实意义,因此,文化全球化下的全球体育文化发展趋势,无疑是建立在体育属性和功能价值相通性基础上的相互依存和相互补充的"命运共同体",它所指向的是一个既包含普遍又包括特殊的"一体多元"的有机文化系统。①

(二)民族性与世界性

文化民族性也即个性,是指世界各民族传统体育文化的差异性、特殊性或

---

① 陈林会.我国竞技体育发展的社会心态路径探微[J].体育与科学,2019,40(2):19-36.

异质性;世界性也即共性,是指世界各民族传统体育文化的相同性、一般性或同质性。辩证唯物主义文化观认为:任何文化都是一般性和特殊性的统一。体育文化的一般性是指体育文化之间共同的和普遍的元素,它是以体育文化时代性为表征而建立在生产生活实践基础上的共同性和历史发展规律基础上的统一性;体育文化的特殊性是指体育文化之间不同的和独特的元素,它是以体育文化民族性为表征而建立在历史传统和人文环境基础上的差异性。

在民族传统体育文化的全球化过程中,不同文化的交流、互动和融合势必形成共性强化的"趋同"和个性强化的"逐异"两种趋势。"趋同"与"逐异"是既对立又统一的辩证关系,没有"同","异"就无法沟通;没有"异","同"便毫无意义。"同"不仅可以减少文化冲突和对立,也为文化共存共生提供可能"同"的强化,更体现了文化融合的现实论据;而"异"则是中华民族传统体育文化全球化的不竭动力,没有"异"也就不用谈文化全球化了,"异"的强化是不同文化主体在"同"的强化下对自身文化发展意识增强的结果,它使得文化全球化诉求更为迫切,也即是文化全球化过程中的"异"不但不会消除,反而会进一步增强。

因此,研究认为,体育文化全球化是民族性进程与世界性进程既对立又统一的相互交织和渗透的动态过程,它所导致的"趋同"是浅薄的,而"逐异"却是深刻的,"逐异"才是体育文化全球化最真实的特征和最合理的冲动。费孝通先生亦曾言:"全球化潮流发端于西方世界,非西方世界应当通过发扬自身的文化个性来对全球化潮流予以回应。"也即是说,体育文化全球化指向的是既体现全人类文化的普遍性又包含各民族文化特殊性的全球化文化,而保持民族性与世界性的张力才是民族传统体育文化全球化进程中的关键问题。

(三)传统性与现代性

民族传统体育文化的生存危机、传承受阻和内涵异化等现象集中体现了我国现代社会生产生活中规范作用的"迷失"。[1] 从共时性的"中西"横向视角来看,其原因是文化全球化背景下西方现代体育文化主体地位的确立,对中华民族传统体育文化发展造成的严重冲击与挤压;从历时性的"古今"纵向视角

---

[1] 阳家鹏,向春玉.全球化背景下民族传统体育发展的困境及策略[J].河北体育学院学报,2012,26(5):83-85.

来看，其原因则是根植于封建社会小农经济并依附于传统生产生活、宗教祭祀和军事武艺的传统体育文化内容、形式与功能，与现代社会人们对体育文化需求的错位。

"经千年颠沛而魂魄不散，历万种灾厄而总能重生"不可谓不是民族传统体育文化的真实写照，而其根源则在于"穷则变、变则通、通则久"的"思变"精神本质。民族传统体育文化不仅拥有"自强不息、刚健有为；注重和谐、讲求整体；开放包容、兼收并蓄；躬行实践、经世致用"的现代价值，更拥有西方现代体育文化在现代社会所渴求的"仁爱、诚信、礼和、忠义"等道德理性。因此，全球化背景下的中华民族传统体育文化，理应呈现出不同社会形态下不同生产力水平所带来的差异性，这不仅是特定经济社会发展的必然要求，更是文化自身发展的内在诉求。

因此研究认为，文化全球化赋予了中华民族传统体育文化新的发展逻辑与价值取向，我们应该以"自信"代替"自卑"、以"积极"代替"消极"、以"主动"代替"被动"，客观辩证地将传统与现代进行转换，既要摒弃"故步自封"的民族保守主义倡导的对古代传统体育文化的简单回归，又要杜绝"全盘西化"的民族虚无主义主导的对西方现代体育文化的单纯皈依。

也即是说，民族传统体育文化的全球化，既是建立在现代化生产生活实践基础上的"古为今用、以古鉴今"，也是弘扬优秀传统文化与发展现实文化有机统一的"去粗取精、去伪存真"，更是创造性转化与创新性发展紧密结合的"以我为主、为我所用"。

四、民族传统体育文化全球化的启示

在全球日益整合的时代，不同体育文化的相互碰撞与冲突、彼此交流与融合共同构成了全球体育文化的绚烂风景。各体育文化不断整合成全球文化集合体，任何体育文化孤立和游离于全球文化整体之外去生存和发展都是难以想象的，每一种体育文化成果都是全球体育。

（一）民族传统体育文化全球化的立足之本

先进文化既是社会进步的标志，也是推动社会进步的精神动力。西方竞技体育文化之所以能在文化全球化格局中占据优势地位，主要是源于其自身文化发展水平的先进性，即其是先行确立并获得大力发展的现代文化。因此，中华民族传统体育文化全球化势必以其自身的先进性建设为基石。①

1. 面向现代化

历史唯物主义认为：社会存在决定社会意识。徘徊于传统与现代之间、游走于保守与开放边际的民族传统体育文化，其在全球化进程中所展现的弱势，无疑反映了其作为社会意识落后于社会主义现代化社会的现实。然而社会意识具有不断向前发展的历史趋势，其根源深深根植于经济事实之中。因此，民族传统体育文化迫切需要用与社会主义现代化社会相适应的时代精神进行审视，这一现实诉求决定了在先进性建设中，民族传统体育文化必须实现"立足当代、继承传统"的古今纵向整合，完成现代性转换。

2. 面向世界全球化

对体育文化开放性与包容性的要求所承载的文化冲突与融合，使得中华民族传统体育文化比以往任何时期都离不开全球体育文化体系的运行。基于社会主义经济基础的民族传统体育文化若要赢得与基于资本主义经济基础的竞技体育文化相比较的先进性，就必须大胆地吸收和借鉴人类社会创造的一切优秀体育文化要素。② 因此，这一视域下的民族传统体育文化先进性建设，又是共时纬度下面向世界的"立足本国、博采众长"的中外横向融合。

3. 面向未来

文化的先进性强调的是对文化发展状态的纵向审视，即人类文化是否符合社会发展的未来方向。西方竞技体育文化的现代性隐忧及其在后现代化进程中向东方民族传统体育文化的寻亲，启示我们不仅要通过民族传统体育文化的先进性改造，确立其作为上层建筑适于中国特色社会主义市场经济基础的应然形态，更要跳出文化全球化和现代性转换的当代视角将其置于更为长远的未来进行审视。换言之，社会主义思想作为对资本主义的超越，民族传统体育文化理应具有引领甚至开辟体育文化全球化新状态和新境界的前瞻性。

（二）民族传统体育文化全球化的发展之要

"两创"即创造性转化和创新性发展，是我们对待中华民族优秀传统文化

---

① 周伟良.论当代中华武术的文化迷失与重构：以全球化趋势下的国家文化安全为视角[J].首都体育学院学报,2007(1):4-17.

② 党的十五大报告学习辅导材料[J].实践,1997(Z1):36-96.

所应持有的一贯态度和立场,也是正确对待中华民族传统体育文化全球化所应坚守的基本原则。

"转化"是在既有基础上做出顺应时代的变革与完善,"创造性"则是在前所未有条件下的新创、新建网;因此"创造性转化"即是指按照时代的特征和要求,对中华民族传统体育文化中陈旧落后且仍有时代借鉴价值的内容、理念、形式进行现代性转换,以符合社会主义现代化社会的时代内涵和实践需要。"创造性转化"主要是立足于民族传统体育文化本身而做出的努力,目标是"转化",要求是"创造性",旨归是"服务"。因此就民族传统体育文化全球化的"创造性转化"原则而言,其要义有:1)立足现实、面向未来。以"转化"为目标,以继承传统为主线,以现代性融合为路径,将中华民族传统体育文化置于社会主义现代社会甚至更为长远的视角进行辩证反思和理性转换。2)惠民利民、服务大众。以"服务"为旨归,与现代生活接轨、与民众需要吻合,塑造大众化、生活化的民族传统体育文化。3)古为今用、推陈出新。以"创造性"为要求,紧扣新的实践和时代需求,坚持有鉴别的对待、有扬弃地继承,并赋予其新的时代内涵和现代表达形式,推进中华民族传统体育文化的现代重构。①

"发展"是在既有基础上的拓展与进步,"创新性"是在旧有基础上的更新与创造;因此"创新性发展"即是指着眼于时代的进展和进步,为解决现实问题而对民族传统体育文化进行的提升和超越。

"创新性发展"是以民族传统体育文化为依托进行的创新努力,"传统"是底色,"发展"是追求,旨归是"解决现实问题";因此就民族传统体育文化全球化的"创新性发展"原则而言,其要义有:1)革故鼎新、与时俱进。以"传统"为底色,从中华民族传统体育文化思想本源出发,不断补充、拓展和完善内涵,使民族传统体育文化基因与当代文化相适应、与现代社会相协调。2)立足实践、服务现实。以"解决现实问题"为旨归,为着力解决时代体育文化发展问题、传承问题与弘扬问题,反推民族传统体育文化创新发展。3)博采众长、吸收外来。以"发展"为追求,秉持兼收并蓄的包容精神,借鉴外来优秀文明成果,通过吸收再造,致力于民族传统体育文化的丰富发展和提升超越。

---

① 吴增礼,王梦琪.中华优秀传统文化创造性转化与创新性发展的维度和限度[J].湖南大学学报(社会科学版),2020,34(1):1-7.

(三)民族传统体育文化全球化的方向选择

"生态体育文化"全球化当前,"可持续发展"已经成为解决全球性问题的关键一环,生态理念的波涛不断冲击着当今人类的生产方式、生活方式和思维方式。文化作为生产生活实践的真实反映,同样承载着"生态革命"的洗礼,酝酿着一种全新的体育文化发展思维。

生态文明是人类对传统文明形态特别是工业文明进行深刻反思的成果,是以人与自然、人与人、人与社会和谐共生、良性循环、全面发展、持续繁荣为基本宗旨的文化伦理形态。虽然中华文明是工业文明的迟到者,但民族传统体育文化天人合一、伦理至上、顺应自然、注重和谐等理念与生态文明伦理价值具有高度的内在一致性,而以个人主义、自由主义为核心思想主导的西方竞技体育文化,却表现出严重的伦理缺失、道德沦丧、身心伤害和教育缺失等弊端。[①] 可见,生态体育文化全球化既是生态文明发展的实然要求,又是对当今世界各异体育文化价值观审视的应然要求。

研究认为,工业文明时代的文化全球化,其性质体现为现代工业文化的全球扩张,虽然西方竞技体育是发展现代体育文化的先行者,但由于西方工业文明的自我优越感、竞技体育文化的思维惯性以及西方现代体育文化的利益驱使,决定了其势必是发展生态体育文化的迟到者。[②] 生态文明不仅是一种发展理念,更具有社会主义的本质属性,生态文明作为对工业文明的超越,社会主义思想作为对资本主义的超越,中国特色社会主义文化发展道路具有揭开生态文化全球化序幕的历史责任。当然,生态体育文化发展不能也不应该否定工业文明的发展成就,中华民族传统体育文化不仅要现代化,也要生态化,而"生态现代化"无疑是民族传统体育文化的旨归,基于中华民族传统体育文化所固有的生态文化伦理属性,具有为体育文化全球化提供生态哲学与生态思想的基础,终将成为生态体育文化全球化的引领者与主导力量。

(四)民族传统体育文化全球化的理念指引

"命运共同体"与"文化命运共同体"并非要建立一种统一的全球文化整

---

① 方时姣.论社会主义生态文明三个基本概念及其相互关系[J].马克思主义研究,2014(7):35-44.
② 韩政,王岗.近代以来中国武术从"草根文化"到"符号文化"的历史变迁[J].山东体育学院学报,2014,30(6):50-55.

体，而是要推进一种由多元文化凝结而成的发展共识，该理念不仅是对文化霸权的有力抵制，也是对文化冲突的有效调和，更是对文化发展方向的前瞻预判，其阐明的是不同文化之间"命运与共"的相互关系，体现了中华民族"天下情怀"的优秀品格。

1. 求同存异、平等相待的体育文化"命运共同体"

"和实生物，同则不继"体现了矛盾的对立统一规律推动事物创新发展的哲学思想，它充分说明，没有文化差异及其带来的冲突，全球体育文化便犹如一潭死水，文化互鉴与创新发展也就无从谈起；因此东西体育文化的差异与冲突不仅是体育文化多样性的表征，更是通过寻求文化共性开展"生成性"对话的基础；然而，矛盾所表现的冲突或和谐是相对的、有条件的，"不同文明体之间的极端冲突可以带来文明的消亡，亦可激化文明的进步甚或促成新的文明体的形成"，那么只有在矛盾双方处于平衡、合作、协调的情况下，才能保持体育文化冲突的有限性和理性化。

文化是文化间性和文化通性的内在统一，文化之间以民族差异性的形式各具特色地存在于文化世界中，而作为"类"的人的生命活动共性决定了文化具有共通性。不同体育文化均具有从属于世界体育文化整体的永恒价值，并无高低优劣之分，只有在尊重差异与文化平等的前提下，"于对话之时显个性，于冲突之时寻共性"，才能建立文化全球化进程中"命运与共"的文化关系，有效调和中西体育文化冲突；因此，"求同存异、平等相待"无疑是体育文化"命运共同体"的基本要求和特征，是民族传统体育文化全球化的思想基础。

2. 合作共赢、互利互惠的体育文化"命运共同体"

体育文化的"命运共同体"理念并非仅仅对尊重体育文化差异具有规定性，更具有强调体育文化共同的主旨，而共同性既包括共同遵守的价值准则（"共义"），又包括共同追求的价值利益（"共利"）。义者，"事之所宜也"，是某种特定的伦理规范、道德原则；利者，"人之用曰利"，多指物质利益。

"命运共同体"理念是对我国传统文化中"义利"关系的继承，民族传统体育文化从以"伦理"和"和谐"为特色的话语体系中推演出的是"道义"价值取向；西方竞技体育文化则在以"冲突"和"竞争"为特色的思维模式下推演出"利益"价值取向。然而对"义"与"利"的抉择，"重义轻利"一直是民族传统体育文化发展过程中的强者之音，具体表现为其在发展中不是唯利是图，而是义利并重,乃至义字当头。这也正是中华民族传统文化中仁义精神的真实反映。[①]

"命运共同体"理念对民族传统体育文化全球化的内在规定性是既要秉持获得"共利"的目的,又要有"共义"作为道德性的约束力,"共义"的要求即为合作,"共利"即为共赢,而"命运与共"的内在逻辑也正意味着不同体育文化关系应是合作而非竞争,是共赢而非独占;因此"双赢、多赢、共赢"才是体育文化"命运共同体"的价值取向,它要求各体育文化要"坚守原则"而非"唯利是图",要"负责担当"而非"责任推卸",只有在寻求各异体育文化"最大公约数"的基础上,秉持"权责共担"和"弘义融利"的准则,才能形成各异体育文化在全球化进程中共同发展的合力,正所谓"合则强,孤则弱"。

3.和衷共济、互商互谅的体育文化"命运共同体"

由于每种体育文化均有其产生的民族性根源,是不同国家或民族在解决各自自然与社会问题过程中的实践经验,而对"文化全球化"这一面镜子所映射出的各体育文化弊病,势必需要融入全球化语境中通过所有体育文化的共同帮衬方能"正其衣冠"。可见"命运共同体"理念不仅是以追求共同价值利益为取向,还以解决各种体育文化的现实问题为目标。

由于体育利益的高度分化与整合,体育领域一直存在着利益失衡、行为失范、伦理失纲,甚至社会失序。20世纪后期,西方思想回应资本主义和现代性危机的重要变革趋势表现为对东方文化价值重估与借鉴的东方转向圈;而民族传统体育文化在现代社会实践中表现出的生存危机、传承受阻和内涵异化等问题,同样需要吸收借鉴西方竞技体育文化的现代化发展经验和教训。[②]由此来看,不同体育文化之间不仅具有满足多样性体育文化消费需求的价值,更有解决彼此现实问题的启迪意义,而对各体育文化不断融入"命运与共"的全球体育文化集合体的现实,任何体育文化游离于体育文化"命运共同体"之外皆难以"独善其身"。

作为对中华民族优秀传统文化中处世和治理智慧的发展,文化全球化的

---

① 桓占伟.新时期以来先秦义思想研究述评[J].史学月刊,2012(11):102-113.
② 徐正旭,李宏斌.生态体育:实现体育强国梦的内在逻辑及实现路径[J].沈阳体育学院学报,2014,33(6):33-38.

深化与全球性体育文化问题的日趋严重为体育文化"命运共同体"理念提供了广阔的施展空间;然而,以西方竞技体育文化掌控国际话语权为特征的体育文化的不平衡性,是体育文化"命运共同体"理念实施的主要障碍。只有强势与弱势体育文化行为主体相互尊重,互商互谅达成价值共识,才能和衷共济应对共同问题。这一语境下"命运共同体"理念的指涉就是,通过各体育文化之间的交流互鉴和协调合作应对相互依存程度不断加深的文化全球化背景下所突显的全球性体育文化问题。

文化既是人类实践活动的产物,又是人类实践活动的支撑物。由于全球化实质上是一种全球范围交往基础上所形成的共同生活,全球化的实践活动必然驱动民族传统体育文化朝着全球化的方向发展。①

民族传统体育文化全球化既有受迫于西方现代体育文化挤压的被动性压力,更具有遵循文化发展规律以融入全球化发展的主动性诉求。我们不仅要通过历史反思和先进性建设推进民族传统体育文化全球化,还要通过全球化这一面镜子反观自身发展问题。

在文化全球化背景下,所有体育文化都要接受"世界历史"的选择,"物竞天择、适者生存"的自然法则同样适用于文化全球化对体育文化的考验。虽然在当前或未来相当长时期内,西方竞技体育文化在全球化格局中将继续居于主导地位,但是社会主义思想作为对资本主义的超越,民族传统体育文化理应具有引领体育文化全球化的历史责任和历史担当。因此,民族传统体育文化全球化发展必须以"先进性建设"为基石、以"创造性转化和创新性发展"为原则、以"生态体育文化"发展为方向、以"命运共同体"理念为指引,既要抵制无视历史文化传统的虚无主义,又要摒弃唯传统至尊的复古主义,更要杜绝主体行为的形式主义。

第三节　全球化背景下民族传统体育文化的可持续发展

全球化,最基本的特征是人类社会的各个领域,包括政治、经济、文化等,正在逐渐冲破传统民族国家的界限,成为在全球范围内全方位展开的客观现

---

① 彭冰冰.论"人类命运共同体"的实质、内涵与意义[J].贵州社会科学,2017(4):11-16.

象和历史趋势。它以电子计算机等高新科学技术发展为先导,把人类带进了知识经济时代。自20世纪80年代西方学界开始提出全球化概念以来,至90年代,全球化问题的研究已成为人们关注的一个热点。经济是文化发展的条件,文化是经济的反映,在经济全球化趋势明显加快之时,世界各种文化也呈现出多元交融的全球化趋势。

文化,说到底是一种价值评价体系。按照认识论的原理,人们对一客观事物的认知并不是一种纯客观的镜面反映。它首先是将客观事物的影像放入已经先于影像存在的文化积淀中进行比较,然后再作出价值判断,最后依据自身的需要关系作出选择。相同或相似的基本生产、生活方式,由于不同民族的历史文化积淀的差异,会出现不同的价值认同、作出不同侧重点的价值选择。对世界文化统一性的不同认识和不同选择,在实际存在中显现出不同的理解与阐释,并产生与之相应地具有不同民族特色的多元化主体。全球化的文化将会是一个以时代文化为主流,以多种民族文化相融合,具有多元色彩的,功能互补的文化有机体,而不是单一的文化模式。文化评论家豪尔(S. Hall)把全球化定义为"地球上相对分离的诸地域在单一的想象上的'空间'中,相互进行交流的过程"。① 所谓全球化是以不断进行的相互交流为基础,以人们的想象力创造出的"被单一化的想象空间"的文化过程为前提。这一"想象的空间"是由全球范围内的不同社会文化中的不同的群体,根据所处的历史与社会背景而建构出来的一个多元的世界。

在全球化的今天,世界各种文化呈现了多元化交融的全球化趋势,体育作为人类文化的一种特殊形式已从19世纪开始就随着资本主义经济和文化的扩张传遍全球。全球化是人类历史发展的必然阶段,也是人类利益实现的新形式。

一、民族传统体育文化与全球化的关系

一个多世纪以来,西方现代体育的传入使东方各国本土民族文化受到外来文化的冲击,中华民族传统体育面对强势文化,受到严峻的考验,步履维艰,

---

① Hall. s, "NewCulturesforOld", D. MasseyandP. Jess, eds., APlaceintheworld, oxfordUniversityPress, 1955, p190.

长期处于被压抑的态势。中国改革开放以后,经济迅猛发展,国际地位不断提高,文化影响日益扩大。中华民族伟大复兴,包含了民族传统体育的发展振兴。

(一)民族传统体育文化全球化发展的必要性

特定民族的社会生存空间,表现着不同种族人们的生活方式、价值观念和文化心理结构,表现着不同种族的社会形态特征。纵观世界近代民族振兴的过程,都把本民族的优良传统注入新的创业之中。在中国传统文化中,这些纷繁复杂、千姿百态的民族传统体育要在全球范围内进行发展,需要表现出极大的宽容、互补与对世界体育文化做贡献的强烈愿望。民族传统体育文化是集多民族之共同创造,形成的一种可闻、可见、可触摸的传统实体,以及与这一实体相适应的体育思想意识和哲学背景。[①] 民族传统体育文化的目标既有修身、养性,又有勇猛刚毅、竞争取胜,运动主张是内外俱练、神形兼顾、动静结合、刚柔并济、强身健体等平衡统一的原则,也有相互借鉴与不断奋斗进取的崇高理想相契合的一面。奥林匹克运动是当今世界的主体体育文化,对奥林匹克的接受就是对世界文化的接受。中国自身体育文化强大,又有良好的兼容性,对奥林匹克是欢迎的。任何一个勇于发展自身的民族,都要在对传统文化的批判继承中,建立起一种新的民族文化精神,学习和接纳先进的外来文化,并将自己的优秀文化传播出去。[②]

任何民族的文明都是世界文明的重要组成部分。中国是世界上最早产生体育活动的国家之一,早在三千年前就有了与"体育"相关的文字记载,并在这源远流长的文化传统中发展了民族传统体育的价值观念、功能结构和方法手段,成为中国民族文化中引人注目的瑰宝。中国灿烂辉煌的文化是世界文明的一颗璀璨明珠。因此,在体育运动方面,我们不仅拥有灿烂的民族传统,而且也应该在世界体育运动中显示我们当代的创造性。

(二)全球化为民族传统体育的发展注入活力和动力

新中国成立后,特别是改革开放以来,国家在发展现代体育的同时,也十

[①] 马戎.当前中国民族问题研究的选题与思路[J].中央民族大学学报(哲学社会科学版),2007(3):12-38.

[②] 韦晓康,胡健.中华民族传统体育与现代奥林匹克运动的关系[J].体育学刊,2003(3):56-59.

分重视对民族传统体育的保护、继承和弘扬,并取得了一定的成绩。1982年以来,形成了以每四年为一届的全国和省市民族传统体育运动会为周期性高潮的民族传统体育活动体系,还有许多地区将体现民族特色的传统体育竞赛和文体表演活动作为民族地区全民健身和精神文明建设的重要内容和手段,甚至将民族传统体育文化娱乐与旅游经济结合起来开发,作为民族地区经济发展的重要组成部分。

与蓬勃发展的现代体育运动相比,民族传统体育失去了在农业文明社会中的主体地位,陷入了艰难的困境。在这样的背景下,民族传统体育要在新时代得到发展,给民族传统体育注入活力和动力已成为必然。新世纪随着中华民族传统体育规模不断扩大、水平不断提高和结构日益完善,仅依靠满足政府需要来获得发展动力,就不可避免地会出现发展动力不足的问题。因此,新时期的中华民族传统体育除了要继续满足政府需要来获得可持续发展,还要通过满足市场需求来获得发展动力,激励和支持民族传统体育的发展,允许各类体育资源自由而又有效地流动。同时,民族传统体育管理体制,尤其是运行机制也必须按照全球化的理念来加以改革和完善。应当组织、发展、管理、规范各种形式的民族体育组织,走社会化、产业化的道路,形成国家与社会共同举办民族传统体育事业的格局,积极开发民族传统体育经济资源,培育民族体育市场,发展民族体育产业,形成适应社会主义市场经济体制和体育事业自身发展规律的筹资机制和多渠道投入机制,增强民族传统体育事业自我发展的活力。

(三)全球化改善和优化民族传统体育的结构

邓小平同志指出:"社会主义本身是共产主义的初级阶段,而我们中国也处在社会主义的初级阶段,就是不发达的阶段。一切都要从这个实际出发,根据这个实际来制订规划。"作为处在社会主义初级阶段的发展中国家,我国民族传统体育事业的结构还处于初级阶段,还需要政府包办、国家所有,还没有真正进入市场。这种纯粹国有的单一所有制结构在实践中产生了民族传统体育的供给能力不能满足与人民群众日益增长的多元化的体育需求的矛盾,制约了现代体育多元功能的发挥,也丢失了一部分有需求支撑的发展机会。要改变这一现状,就要紧紧扣住社会主义初级阶段这一基本国情,调整民族传统体育的所有制结构,为非国有资本的进入打开通道,让出空间。而这样的政策调整也必须以积极推进我国民族传统体育的全球化进程为前提,因为全球化的资本跨国流动是有规律的,它总是按照资本自身的意志流向投资环境好,体制和规则透明,市场需求巨大,投资回报率高的国家、地区、行业和项目。我国有着五千年历史悠久的传统文化,是目前吸引外资最多的国家之一,这是30多年持续改革开放的结果,也是我们选择主动介入经济全球化进程的结果。在这样有利的环境下,我国民族传统体育只有扎扎实实做好体制创新和制度创新的工作,才能借势而上,解决可持续发展的结构性矛盾。①

(四)全球化促进民族传统体育体制和机制的发展

我国体育体制和运行机制是在资源短缺的计划经济体制下形成的,改革开放之后,尽管体育体制和运行机制作了一些调整,但整体上仍然是行政集权的、高度封闭的部门管理模式。政府管得过多的弊端依然存在,国家办与社会办相结合,以社会办为主的格局还没有形成,民族传统体育更是如此,这从已举办的全国民族传统体育运动会全是由政府包办可以看出。我国民族传统体育面临着扩大规模和提高水平层次的任务,如果现在我们不推动民族传统体育管理体制和运行机制的改革与创新,就难以完成新时期体育发展的重任。体育全球化尽管是西方体育强国主导的,为谋求强国利益的最大化而努力推动体育资源跨国流动以及体育产品和服务贸易自由化的进程,但这一进程要求各国按照社会化、产业化和法治化的方向,建立开放的管理体制和灵活的运行机制,也有积极的体制建设意义。中国是一个拥有丰富传统体育文化资源的大国,我们要利用民族传统体育的功能,顺应中国体育的发展,必须按照全球化的理念来改革体制,理顺体制。只有这样我们才能最大限度地调动和引入资源,才能在更广的空间优化配置各类体育资源,才能为民族传统体育的发展获得应有的发展空间和发展机会。所以,通过推进中华民族传统体育的全球化进程来改革和完善现行体制,既是现实的、可行的,也是有益的、有效的。②

---

① 周作明.中国古代史教学管理的研究与实践[J].广西民族学院学报(哲学社会科学版),1998(S1):7-58+60-65.
② 张海军,郭小涛."一带一路"视域下体育文化交流的机遇和挑战[J].体育科学研究,2019,23(3):1-4+17.

(五) 全球化提高民族传统体育的竞争力

一种文化形态的发展速度及发展水平取决于它与其他文化的碰撞、交流与融合。能够获得的文化资源越丰富,其发展就越迅速,越健康。奥林匹克运动就是一个很好的例子,它最初的成功就在于打破了欧洲大陆的体操派和英国的竞技运动派之间的门户之见。[①] 奥林匹克是社会文化发展变迁的历史产物,是人类文明进步的创举。人的社会性活动促进了奥林匹克运动的产生和发展,奥林匹克运动反过来又促进社会和文化的健康发展,奥林匹克运动不是孤立的,它与世界各民族的传统体育有着深厚的渊源关系,它往往是某一区域的传统体育活动广为流传后,经过不断地加工、提高、完善,被各国人民所接受而成为国际竞技项目的,而这一现代体育又往往是建立在民族传统体育的基础上。现在当这一运动进入全球化阶段,奥林匹克运动要进一步发展成为一个真正意义全球性的社会文化运动,就必须获得大量新的资源。竞技是当代体育的核心,民族传统体育发展水平的高低取决于其在体坛竞争力的强弱,现代体育所体现的以奋发与竞争为核心的精神价值及其组织制度都是民族传统体育所缺乏的。民族传统体育一方面要扩大规模,改善体制与机制;另一方面我们能否充分利用全球化背景下各民族传统体育进入全民健身的基础上,将其中具有鲜明竞技特征的项目进行改造与推广,借鉴现代竞技体育的组织制度和以奋发与竞争为核心的精神舞台,成为世界人民的共同财富。然而,按照现行的运行模式,要完成这样的任务有很大的难度。而要解决这一问题,一是要打破民族传统体育由国家办的封闭格局,大力发展民族传统体育,使之社会化、商业化,鼓励有条件的企业协助国家办民族传统体育,鼓励以缓解资源总量不足的矛盾。二是要拓展资源配置的空间,利用多种手段,在全球范围优化配置资源,以缓解国内资源质量不高的矛盾。显然,要走这两条路,就必须加速推动中华民族传统体育全球化进程。因为只有推动这一进程,才能在较短的时间内为民族传统体育吸纳足量的、多元化的增量投入,才能吸引更多我们所缺乏的企业、学校、高端人才投身我国民族传统体育事业,以提高民族传统体育在中国体坛,甚至是世界体坛的竞争力。

---

① 高守清."人文奥运"视角下的民族传统体育文化发展走向[J].体育与科学,2009,30(5):43-45.

(六)全球化促进民族传统体育,成为东西方文化交流的纽带

西方体育文化比较注重外在的东西,开放性强,更注重局部的东西、微观的东西。追求"更快、更高、更强"的体育对抗和竞争,提倡超越对手,超越自然障碍,其活动是在相互较量、相互比较的过程中完成的。竞技场上的结果、名次、成绩直接影响到做人的价值及尊严,其价值取向是单向的。[1] 西方体育强调运动的强度和肌肉的健美,注重人体运动的外在形式和人体外表的体格健壮。对于东方体育文化来讲,它更注重内在、整体、宏观和共性。例如,中华武术注重的是人的内在气质、品格、精神修养,而把人的身体视作寓精神、气质之舍,以表现人的内在的品格。经济的胜负本身不是第一位的,无论胜负都是对人生的一种体验,一种磨砺,都可以对人格的完善起一种促进作用。中华传统体育崇文尚武,以静养生,动作徐缓、动静结合,强调"形随神游""澄心如镜""静悟天机",通过身体锻炼以外达内、由表及里、以形而下的有形身体活动来促成形而上的无形精神的升华,实现理想人格的塑造。只有东西方体育的高度融合,现代奥林匹克运动才会更具魅力;只有各种文化相互尊重,才能友好相处,才有世界和平。这是不同文化和文明所共同追求的目标。随着经济全球化的到来,各种文化之间的交流和融合更加迅速。

由于全球化趋势不断发展,各民族的特色文化不应再以静态的"实证"为追求,而是应该强调动态的"文化战略"。文化国际主义立场更有利于我国在国际体育组织提供的场所,与世界各国文化进行对话交流和互相作用,实现体育文化"拿来"和"给予"的互动式交流。中华文化的高度融合性,使其对于异种文化没有排他性,总是从适用出发,吸取其有益成分,不断优化自身。在全球化的风潮中,中华文化感受到的机会远大于挑战,因为经过几千年的融合优化过程,世界上已经不存在任何文化可能对中华文化构成文化层面的威胁,而其他文化的优秀成果却正是我们乐于吸取的。[2]

作为民族文化的一种凝练而生动的表现形式,民族体育将成为东西方文化交流的重要媒介,东方体育文化元素将会对承载西方文化基因的奥林匹克

---

[1] 黄莉,孙义良.从中西文化的深层结构审视中国体育文化[J].体育科学,2008(2):3-15.
[2] 张剑利,李豪杰,袁旦.中华文化对北京2008年奥运会的促进与局限[J].体育文化导刊,2003(8):19-21.

运动进行有益的补充及交融,在世界文化交流中扮演更重要的角色。

二、民族传统体育文化与世界体育文化的关系

(一)全球体育文化多样化昭示民族传统体育的融入

多样性是世界政治、经济、社会、文化发展的一种客观事实,没有多样性就不称其为世界。因为它可以促成各国之间、各种文化之间的相互补充,可以互相取长补短,共享人类文明的成果。20世纪世界的全球化发展在很大程度上助长了一元化和霸权主义,同时暴露了一元化和霸权主义主宰下世界全球化格局的种种弊端。西方文化独裁下的奥林匹克体育文化的全球化,今天已经"开始因本身的国际营销、政治参与、政治干预以及世界范围内的科学与人文、正义与邪恶的较量,变得非常脆弱"。多样性是世界的本来面目,唯有多样性的全球化发展才是世界经济、文化、政治、社会各个方面趋于合理的最佳途径。国际奥委会强调指出,奥林匹克运动主张普遍性但不是标准划一的现代化或文化上的单一化,更不是欧洲化或西方化,而是多元的和多文化影响下的多样性。奥林匹克运动的这一发展趋向,正昭示着世界体育全球化发展的多样化趋势。

我国的民族传统体育寓竞争、娱乐、群众、地域及观赏、趣味为一体,涵盖了"性命双修,身心并育"的生命整体化理论,崇尚"顺应自然,天人合一"的和谐发展观,"无论胜负,都是对人生的一种体验、一种磨砺,是对人格完善的一种促进,这是一种极具人本精神的文化传统"。它不仅符合当今世界体育全球化发展的新理念、新趋势,有利于我国乃至世界体育文化的生态化发展,而且体现了承认和尊重各个民族在生活方式、文化传统等方面求同存异的原则,有利于各民族之间的团结、互补和共同繁荣。从这个角度来说,我国民族传统体育的发展显得尤为重要。[①]

(二)民族传统体育文化与世界体育文化的和谐发展

当20世纪末中国"世界竞技体育强国"的目标基本实现的时候,我们不应忘记为此付出的沉重代价——中华民族传统体育文化的衰退、流失和变异。

[①] 桑全喜.全球化背景下我国民族传统体育的时代抉择[J].体育科技文献通报,2007(10):55-56+61.

新世纪为民族传统体育的发展带来了机遇,同时也带来了挑战。在全球化步伐日益加快的今天,体育文化的全球化已成为一种必然,然而每个国度或民族都有着自身体育文化的特殊性,也可以说大多数国家总是处在民族体育文化的特殊性和奥林匹克强权体育文化的普遍性的张力之间。要想在这种具有普遍性的体育文化之中实现发展,自身还必须具有一定的特殊性,"每个国家、每个民族都面临着这样一个问题:既要参加世界文化的交融,又要保持自己的独立性,甚至要排斥异己文化的骚扰"。

中国的体育文化建设应当处理好具有特殊性的民族传统体育文化与具有普遍性的奥林匹克体育文化之间的平衡。在奥林匹克运动成为世界体育主流并在世界范围内得到普及的背景下,民族传统体育应当融入这一主流。[①] 但这种"融入"不是一种消极被动的"趋同",更不是自我的丧失,而应该是一种双向的文化互动,即以现代奥林匹克精神灌注于民族传统体育之中,又在奥林匹克运动为主流的世界体育文化中注入民族体育文化的积极因素,为进一步提升和丰富奥林匹克运动的人文内涵做出中华民族应有的贡献。然而,中国竞技体育强国成功背后的沉重代价清楚地告诉我们,我们以前没有做到特殊性与普遍性之间的平衡,并且是以牺牲特殊性为代价而发展了普遍性的,虽然我们步入了世界竞技体育大国的行列,但却遗失了众多的优秀民族传统体育文化。在中国致力建设和谐社会的今天,我们应当继承和弘扬民族传统体育,重视民族传统体育文化事业的建设。在继承和弘扬民族传统体育优秀文化遗产的同时,我们应当"保持开放的态势",吸收和借鉴其他体育文化的优良基因,充分利用世界体育文化资源,力争建设民族传统体育文化与西方奥林匹克体育文化和谐发展与共存的,同时又具有中国特色的社会主义体育文化。

(三)民族传统体育是东西方文明交流的渠道

民族传统体育是历史沿袭下来的中华民族传统体育活动的其中一部分。就国际流行的现代体育而言,中国的民族传统体育应该是具有中华民族传统特色的体育活动的总称。那么,作为中华各民族历史文化的有机组成部分的

---

① 王岗.中华民族传统体育发展的社会文化选择[J].北京体育大学学报,2006(7):872-876.

民族传统体育,是指我国各民族以民族、地方特色为核心的各种体育活动。存在着明显的地域性和浓郁的民族传统文化色彩,与国际流行的现代体育是有差别的。

从整体上看,民族传统体育同样具有强调人的社会义务与责任、增强团结与稳定、注重伦理道德、强调个人的修身养性以追求健康长寿等文化特色,是东西方文明互动交流的特殊渠道。

作为一种文化的积淀和文明的结晶,体育融于一定的民族、地域之中,在社会发展过程中有其独特的表现形式。中华民族以其具有从未间断和博大精深的文明而闻名于世,在世界文明发展史中具有极高的地位。中华民族在当代世界不同文明的发展中发挥着不可取代的积极作用。

中华民族所创造的多元体育文化,在历史上表现出较好的并存、沟通和相互促进的发展趋势。当前中国传统体育文化表现出以下发展趋势。

第一,中国传统体育的独特价值被世界各国充分肯定,包括其健身、娱乐及文化价值。

第二,在中国传统体育主体保持非竞技化的同时,一部分项目将发展成为国际竞技项目而与现代西方体育接轨。

第三,与世界各国的横向体育交流更趋频繁。中国传统体育的文化特质决定中国传统体育文化能够在新的历史条件下借鉴、吸收西方体育文化的优秀内容,并使其成为中国传统体育文化的有机组成部分,使中国传统体育在内容上更充实,表现形式上更多样。

世界体育文化在"东学西渐"和"西学东渐"的双向迁移中,在经历了历史文化的碰撞之后走向融合,这是东西方体育文化发展的必然趋势,也是任何事物发展变化的一般规律。世界各民族丰富多彩的传统体育,不仅是民族文化的组成部分,也是世界文化的组成部分。文化的特质表明文化具有鲜明的时代性和民族性。时代性展现的是体育文化的时代内容,民族性展现的内容则相对稳定且多姿多彩。①

---

① 崔晓宇,陶宏军,曹宣广.中国传统体育文化及其与现代西方体育文化的融合[J].四川体育科学,2005(2):4-7.

三、全球化是民族传统体育文化发展的文化动因

中华民族传统文化十分丰富,但中华民族并不故步自封,同任何事物一样,也有不完善之处,中华民族总是善于汲取世界优秀文化成分来丰富和发展自己的文化,并已形成一种传统。早期人类难以交往的原因是自然条件的隔绝和生产力水平低下造成的。那时候,处于不同区域的民族传统体育是在相对封闭的条件下独立产生、成长的。但是,随着生产力的发展,交通、通信等条件的改善,人们交往范围的不断扩大,封闭的民族传统体育开始走出本地域、本民族,向各地不同民族传播与融合。近代以来,由于经济交往而带来的思想、文化、商品、货币、人才、技术、信息、体育等在全球范围内的流动,导致全球化已成为一个趋势。特别是在体育领域,以现代奥运会和国际单项运动联合会组织的比赛为核心,体育竞赛全球化已形成一个比经济等领域更为国际化的态势,各民族的体育在互动和融合中取得新的发展。因此,全球化将会改变民族传统体育原有的生存环境,并为民族传统体育的传播和发展带来新的空间和发展机遇,中华民族在互动和融合中发展本民族的传统体育已成为历史的必然。

正如经济全球化是西方发达的资本主义国家为起始的一样,体育全球化也是以西方体育向世界的传播为起始的。如在第一届奥运会时,希腊就将自己民族古老的田径运动项目如马拉松、标枪、铁饼以及举重、角力等项目推向世界。但是当全球化的发展到了当代,它已不仅仅是一种单向的流动,而是各民族体育之间的相互影响。如在西方体育成为世界各国体育主体的同时,起源于非洲的迪斯科及起源于拉丁美洲的各种舞蹈也已风靡全球;经过改造后的日本民族流传的体育项目柔道、韩国民族的跆拳道已走向世界;中国武术、龙舟在经过近半个世纪的改造与推广,如今已传遍五大洲,特别是太极拳、太极剑已成为许多国家健身锻炼和医疗体育的一种手段。[①] 可见,全球化并不是某一种体育的大同化,而是全球范围内各民族体育的流动对不同区域、不同民族产生的影响,是一个各民族体育互动的过程。一个民族一旦接受了其他民族的体育,其传统体育即会发生与该体育由冲突至交融、整合的变迁。所

---

① 饶远,金黄斌,张玉文.民族体育走向世界的文化学思考[J].今日民族,2008(8):21-25.

以,全球化因此成为各民族传统体育发展变迁的文化动因。

(一)全球化对民族传统体育文化的推动作用

全球化正在冲击和改变着世界各民族自身的生产、生活方式,它是以现代技术和现代生产方式为物质基础或支撑,并由此衍生出一定的制度文化和精神文化。因此,每个民族要想在现代社会寻求发展,就不可以拒绝现代生产方式和保证其基本运作的制度文化和精神文化。中国融入全球化的速度进一步加快,但是技术或生产方式等物质技术层面的同一性或相似性并不意味着制度文化和精神文化的单一性。物质技术是一个社会文化的基础,但不是社会文化的全部。[①] 一定的生产方式会存在着不同的具体组织运作制度,当今资本主义世界的具体组织体系多样性就是一个证明。中国的现代体育在很大的程度上被欧美化了,变成一场西方式的大扫荡、大吞噬,正如亨廷顿在《文明的冲突与世界秩序的重建》中所指出的那样:"西方与所有已经存在过的文明显然是不同的,因为它已经对公元1500年以来存在着的所有文明都产生了势不可当的影响。它开创了在世界范围内展开的现代化和工业化的进程,其结果是,所有其他文明都一直试图在财富和现代化方面赶上西方。"这种赶超纵容了西方的价值观念、文化形态在全球的迅速扩张。

全球化暗含的欧美中心主义,以强调人类的共同发展为借口,把文化强加于他人。扩张总是带有对落后民族的拯救,以"救世主"和真、善、美的化身出现。体育也是工业革命的直接产物。就体育的发展而言,世纪现代体育形成初始,西方就开始了体育的国际化,实际也就是今天的"全球化"的进程,经济全球化将任何一个民族卷入了世界文化发展的潮流,在全球化过程中实现由民族性向世界性转化。但它不可能使一个民族完全失去其民族性和民族特色,而是使其封闭性受到破坏而形成具有世界意义的民族性。作为中华民族文化重要组成部分的中华民族传统体育,在经济和体育全球化趋势的背景下,只有保持自身的民族特质,又融入现代体育的共性,才不会被边缘化,才能实现自身的发展。

(二)全球化对民族传统体育文化的选择

民族文化是人类的共同财富,体育的民族文化形态反映了体育在特定历

---

① 石鸿儒.全球化背景下中国传统体育文化的发展[J].体育文化导刊,2004(4):27-28.

史条件下的演进状况和特点,在空间上呈现出不同的民族所选择的具体存在方式与独特的发展道路。不论是在具体的历史过程还是在某一个特定的发展阶段,体育民族文化都存在不同的发展差异。体育民族文化在存在方式上具有多样性的特征,即体育民族文化形态在时间与空间的纬度中,都是以一定的民族方式具体地存在着,有着具体性的特征。表现形式的多样性与存在方式的具体性,是体育民族文化形态的两个基本特征。而以历史文化形态为表现形式的时代特征与以体育民族文化形态为表现形式的民族特征,是当代体育的两个基本特征。①

任何时代的体育,总要反映出一定时期的发展水平,表现出一定时期的时代特征。任何时代的体育,总是以一定的民族文化形态具体地存在于不同的民族地区之中,呈现出别具特色的发展道路和存在方式,表现出民族特征。在全球化时代,必然会产生各种文化特质间的相互作用和影响,但民族体育文化必定要融入世界体育文化的发展潮流。

在世界范围内,由于发展程度的差异,同一地区或不同地区会存在不同发展水平的体育文化和不同民族特征的体育文化共生的态势。体育文化的全球化趋势是在多元民族体育文化发展统一的基础上形成的,民族的体育文化为体育文化的全球化提供了源源不断的文化资源,体育文化全球化又为民族体育文化的展示提供了适宜的舞台。民族性使一个民族体育文化区别于其他民族体育文化,而时代性又使不同群体、民族体育文化具有共同的时代特征,同其他的民族和群体的体育文化联系起来、融合统一。因此,体育文化的全球化和民族化应同时发展,尤其是应注重民族体育文化的发展,使体育文化的内涵更加丰富。

随着社会的转型,全球化趋势的加强,民族传统体育生存的环境发生了改变,它自身也应当进行变革,使传统与现代相结合,努力创新,大胆变革,充分挖掘整理民族传统体育中具有健身、娱乐、教育性的内容,并加以弘扬。中华民族传统体育的普及关系到民族体育的兴衰和发展。有计划地加强传统体育教育,把它贯穿于大、中、小学的教材中,使民族传统体育教材化,切实有效地

---

① 王剑.奥林匹克文化全球化与中国民族传统体育文化的发展[J].山西师大体育学院学报,2007(2):68-70.

开展教育,使民族传统体育与现代体育互为补充,让青年一代从小就能理解我们民族存在缤纷多彩的文化,这对树立民族自信心与自豪感、增强民族凝聚力、加强民族团结都有积极的作用。

(三)全球化促进民族传统体育文化发展变迁

体育是一种文化,文化发展与文化交流具有自身的特殊性,即任何一种文化都是民族性与人类共同性、地域性与时代性的有机统一。在文化交流和文化整合过程中,文化首先是民族的、区域的,然后才是世界的、人类的。一般说来,文化的民族特性越强,那么它的世界性也就越强,越具有文化的价值和生命力,越能走向世界。①

在全球化过程中,民族传统文化不仅不会丧失,反而会在与其他民族文化的交流与融合中得到锻炼和强化。体育传统是一个民族的历史积淀,全球化趋势不可能消除各民族传统体育的差异,反而会在一定程度上强化和锻炼传统体育的民族性。一个民族的传统体育是该民族生命与民族精神的象征。相对于经济、政治的变化而言,民族体育文化具有较大的稳定性。因此,民族传统体育的发展存在着继承和连续的一面。

具有社会历史性和时代局限性的民族体育文化,在与异质文化的交流、碰撞过程中,传统体育文化的单一性、局限性会日益凸显出来,我们必须开拓自己的文化视野,把先进的民族传统体育文化和先进的世界体育文化结合起来。既要保持自己的民族文化传统,发掘传统文化的现代价值和世界意义,同时也要发扬与时俱进的时代风格,学习、借鉴外来文化。既立足于传统,又面向现代,既立足于中国,又面向世界,继承并弘扬中华民族传统体育文化的优秀特质,主动学习、借鉴他国人民创造的有益体育文化成果。

---

① 刘曙光.全球化与文化自觉[J].山西大学学报(哲学社会科学版),2002(5):41-45.

参考文献

[1]张娜.Deseco项目关于核心素养的研究及启示[J].教育科学研究,2013(10):39-45.

[2]柳夕浪.从"素质"到"核心素养"——关于"培养什么样的人"的进一步追问[J].教育科学研究,2014(3):5-11.

[3]常珊珊,李家清.课程改革深化背景下的核心素养体系构建[J].课程·教材·教法,2015,35(9):29-35.

[4]李艺,钟柏昌.谈"核心素养"[J].教育研究,2015,36(09):17-23+63.

[5]蔡清田.台湾十二年国民基本教育课程改革的核心素养[J].上海教育科研,2015(4):5-9.

[6]辛涛,姜宇,刘霞.我国义务教育阶段学生核心素养模型的构建[J].北京师范大学学报(社会科学版),2013(1):5-11.

[7]林崇德.构建中国化的学生发展核心素养[J].北京师范大学学报(社会科学版),2017(1):66-73.

[8]罗祖兵.深度教学:"核心素养"时代教学变革的方向[J].课程·教材·教法,2017,37(4):20-26.

[9]王本陆,骆寒波.教学评价:课程与教学改革的促进者[J].课程·教材·教法,2006(1):20-25.

[10]辛涛,姜宇.基于核心素养的基础教育评价改革[J].中国教育学刊,2017(4):12-15.

[11]胡定荣.学生发展核心素养的发展观及其教学变革[J].课程·教

材·教法,2017,37(10):56-62.

[12] 卢高峰,王岗.民族传统体育的发展:现状 问题 机遇 对策[J].北京体育大学学报,2015,38(4):52-57.

[13] 刘丹,黄红亚.核心素养视域下的课堂教学[J].教育观察,2018,7(22):22-23+29.

[14] 刘雅媚,郭强.文化强国视域下学校教育传承民族传统体育的价值探析[J].中州大学学报,2018,35(6):96-99.

[15] 范石汉.民族传统体育文化时代性变迁与民族性传承的互动[J].中南民族大学学报(人文社会科学版),2008(5):62-64.

[16] 涂丹.民间儿童游戏的文化变迁——基于重庆市云阳县跳皮筋的个案研究[D].重庆:西南大学,2017.

[17] 张建新,白晋湘,田祖国.现代化进程中民族传统体育的困境与对策[J].广州体育学院学报,2005(4):109-111.

[18] 梁磊.试论民族传统体育进高校校园的重要性[J].当代体育科技,2019,9(1):217-218.

[19] 吴曼翎,肖锋.高尔夫重返奥运会对我国传统体育的启示研究[J].当代体育科技,2019,9(1):216+218.

[20] 刘锐,南卡头,罗清扬,等.藏羌民族传统体育与农村小学生体育学习兴趣关系的研究——以汶川县农村小学为例[J].科教文汇(上旬刊),2014(19):160-162.

[21] 王保龙,孙振波,李淑元.民族传统体育文化的德育价值探析[J].当代体育科技,2016,6(4):131-132.

[22] 施吉瑞.体育文化的德育价值研究[D].扬州:扬州大学,2013.

[23] 黄龙.文化学视域下民族传统体育健康理念探析[J].武术研究,2019,4(5):93-95.

[24] 牛亚莉.论体育的文化现象[J].甘肃高师学报,2005(4):124-126.

[25] 刘来兵.什么是教育史:中国教育史学实践的历史考察与反思[D].武汉:华中师范大学,2011.

[26] 张怀军.中华民族传统体育与人的全面和谐发展[J].吉林体育学院学报,2008(2):111-112.

[27]杨莹莹.中国民族传统体育在构建和谐文化中的作用[J].少林与太极(中州体育),2009(2):24-26.

[28]张伦厚.论民族传统体育在普通高校的传承与和谐校园的构建[J].运动,2010(3):97-98.

[29]陈颖川,刘建军,吉建秋.传统体育文化的现代抉择与人文精神的复归[J].天津体育学院学报,2005(2):85-87.

[30]马云慧.中国传统武术的人文精神[J].搏击(武术科学),2006(7):6-8.

[31]吴建春.论我国传统体育中的人文精神[J].南京体育学院学报(社会科学版),2004(6):25-26+71.

[32]张怀军.中华民族传统体育与人的全面和谐发展[J].吉林体育学院学报,2008(2):111-112.

[33]葛楠,赵宇.构建人类命运共同体的中华德性文化血脉[J].学理论,2019(7):14-15.

[34]郑快.少数民族传统体育与教育活动互动发展研究[D].重庆:西南大学,2015.

[35]黎平辉.资源开发与文化传承——西部民族地区农村学前教育内生型发展模式探究[J].民族教育研究,2014,25(1):100-104.

[36]中华人民共和国教育法[M].北京:中国法制出版社,2021.

[37]戴维·波谱诺.社会学[M].刘云德,王戈译.沈阳:辽宁人民出版社,1987:273.

[38]郑杭生.社会学概论新修[M].北京:中国人民大学出版社,1994:314-316.

[39]中国体育博物馆,国家体委文史委员会编.中华民族传统体育志[M].南宁:广西民族出版社,1990.

[40]戴文忠.云南少数民族传统体育的起源与发展[J].体育文史,1996(4):28-30.

[41]周伟良.中华民族传统体育概论高级教程[M].北京:高等教育出版社,2003:15-16.

[42]董立兵.提升我国民族传统体育文化竞争力的SWOT分析与策略研

究[J].浙江体育科学,2013,35(6):47-50.

[43]陈汉有,张文普,张立威.看洛阳出土文物 论古代投掷运动[J].体育文史,2001(4):55-56.

[44]高玉兰,刘芳,郎亦工.从文化结构看中国体育改革[J].沈阳体育学院学报,1991(1):9-13.

[45]于涛.关于中西体育分殊与融合的历史唯物主义思考[J].体育文史,1997(5):8-11.

[46]沙滟.民族传统体育生存及发展价值取向研究[D].重庆:西南大学,2007.

[47]谢建平.超越与吸纳——对武术文化与中国传统文化关系脉络的重新认识[J].体育文化导刊,2004(2):45-46.

[48]唐波,郭亚飞,申丽琼.体育教育专业武术专业课程评价指标体系创新研究[J].红河学院学报,2011,9(2):80-83.

[49]路祎祎.史论民间武术价值功能的嬗变[D].北京:北京体育大学,2013.

[50]云仲明.传统体育文化引入初中历史教科书的必要性和可行性[J].内蒙古师范大学学报(教育科学版),2009,22(12):102-105.

[51]李继国,杨玉梅.体育多功能属性与社会进步关系研究[J].武汉科技学院学报,2002(2):95-98.

[52]周勇,何晓锋,赵霞.论宋代武举崇文抑武的异化特征[J].陕西师范大学继续教育学报,2007(3):117-119.

[53]陈炎.儒、释、道的体育精神[J].华中师范大学学报(人文社会科学版).2014,53(1):69-74.

[54]秦立凯,黎小龙,赵先卿.文化传承视域下高校民族传统体育教学模式的反思与建构[J].北京体育大学学报,2013,36(3):113-117.

[55]温和琼,陈灿宇,谢德山.高校民族传统体育教学模式的反思与建构——基于文化传承视域[J].曲靖师范学院学报,2019,38(6):93-96.

[56]姚秉志.浅析民族传统体育在学校体育中的推广与发展[J].当代体育科技,2018,8(19):125-126.

[57]黎明.如何培养学生"自主发展"核心素养的问题与思考[N].贵州民

族报,2019-08-29(A03).

[58]李小丽.基于学生发展核心素养的高中政治课堂策略研究[J].课程教育研究,2018,(16):56.

[59]刘海.基于学生发展核心素养的高中政治课堂转向[J].教育科学论坛,2016(20):78-80.

[60]王金莲.传承民族传统文化与大学生思想政治教育[J].黑龙江科技信息,2012(33):236.

[61]张海龙.民族传统体育与校本课程资源开发的融合[J].教育与职业,2014(11):190-191.

[62]聂武生.对新疆民族传统体育校本课程开发的研究[J].喀什师范学院学报,2009,30(6):77-80.

[63]陈志敏.浅谈贵州省少数民族传统体育资源与高校体育校本课程开发研究意义[J].当代体育科技,2013,3(4):105-106.

[64]雷雅莉,李晓明.高校民族体育特色校园文化的建设研究[J].当代体育科技,2015,5(29):144-145.

[65]李晓明.浙江畲族民俗体育文化研究[J].体育文化导刊,2013(12):102-104+108.

[66]温和琼,陈灿宇,谢德山.高校民族传统体育教学模式的反思与建构——基于文化传承视域[J].曲靖师范学院学报,2019,38(6):93-96.

[67]郭季红.民族传统体育项目对中学生身心健康的影响研究[J].少林与太极(中州体育),2012(6):43-45.

[68]胡剑,刘翠萍.由中国传统人性文化审视中国武术走向之研究[J].四川体育科学,2009(2):18-20.

[69]李远华,陈诗强.论武术教学与中学生终身体育意识的培养[J].搏击·武术科学,2009,6(5):56-58.

[70]王岗.关注民族传统体育:现状、问题与思考[J].首都体育学院学报,2008(2):1-4.

[71]林崇德.构建中国化的学生发展核心素养[J].北京师范大学学报(社会科学版),2017(1):66-73.

[72]马明达.试论中国民族体育体系的重构[J].体育文化导刊,2007(6):

21-27.

［73］林崇德.中国学生核心素养研究［J］.心理与行为研究,2017,15(2):145-154.

［74］习近平.中华优秀传统文化是中华民族的精神命脉［N］.人民网,2014.

［75］顾明远.教育的本质是生命教育［J］.课程·教材·教法,2013,33(9):85.

［76］李斌,程卫波.学校体育生命教育的现实消解及其价值主张［J］.中国教育学刊,2017(2):67-72.

［77］中共中央关于全面深化改革若干重大问题的决定［N］.人民日报,2013-11-16(1).

［78］习近平在中共中央政治局第十三次集体学习时强调:把培育和弘扬社会主义核心价值观作为凝魂聚气强基固本的基础工程［N］.人民日报,2014-02-26(1).

［79］汤立许.体育非物质文化遗产的价值体系研究［J］.中国体育科技,2018,54(3):29-36+86.

［80］王岗,邱丕相.重构中国武术教育体系的理论研究［J］.上海体育学院学报,2008(3):61-66.

［81］胡锦涛.一篇马克思主义的纲领性文献［M］.十六大报告辅导读本,北京:人民出版社,2002.

［82］徐书业.人类学视野中的教育交往［J］.江西社会科学,2002(8):210-212.

［83］黄兴涛,曾建立.清末新式学堂的伦理教育与伦理教科书探论——兼论现代伦理学学科在中国的兴起［J］.清史研究,2008(1):51-72.

［84］张应强,张乐农.大中小学中华优秀传统文化教育衔接初论［J］.高等教育研究,2019,40(2):72-82.

［85］李建军,刘成,李蕾,等.以文化自信促进新疆传统文化现代化［J］.新疆师范大学学报(哲学社会科学版),2018,39(3):65-76.

［86］顾建军.技术的现代维度与教育价值［J］.华东师范大学学报(教育科学版),2018,36(6):1-18+154.

[87]王沛智,王红武,赵敏,等.云南少数民族文化产业研究[J].大理学院学报,2007(S2):1-61.

[88]靳玉乐,罗生全.课程论研究三十年:成就、问题与展望[J].课程·教材·教法,2009,29(1):3-15.

[89]沈洪成.教育下乡:一个乡镇的教育治理实践[J].社会学研究,2014,29(2):90-115+243-244.

[90]钱满素,张瑞华.美国通史[M].上海:上海社会科学院出版社,2020.04.

[91]夏青.特色体育及阳光体育研究[M].北京:北京体育大学出版社,2012.

[92]买佳.民族传统体育在我国学校体育教育中的发展与经验启示[D].武汉:华中师范大学,2014.

[93]容中逵.家庭教育:你在传统文化传承中都做了些什么?——论当前我国家庭教育中的传统文化传承问题[J].教育理论与实践,2008(16):54-57.

[94]马江骏.新疆民族传统体育项目在学校体育教学中的应用研究[D].乌鲁木齐:新疆师范大学,2006.

[95]向奎.现代化进程中我国民族传统体育在学校体育中的发展趋势与对策—以湘西州为例[D].长沙:湖南师范大学,2012.

[96]陈红新.江苏省农村初中体育与健康课引进民俗体育的可行性研究[D].苏州:苏州大学,2009:26.

[97]雷巍,尼玛欧珠.西藏民族传统体育与体育校本课程开发的研究[J].西藏科技,2009(9):33-36+50.

[98]李秋梅.传统文化与当代青少年健全人格的培育[J].青海民族学院学报,2007,(4):114-116.

[99]买佳.民族传统体育在我国学校体育教育中的发展与经验启示[D].武汉:华中师范大学,2014.

[100]蒋宏宇.我国近现代中小学体育教科书历史变迁研究[D].北京:北京体育大学,2014.

[101]中华人民共和国教育部.完善中华优秀传统文化教育指导纲

要[EB/OL].[2014-10-16].http://www.gov.cn/xinwen/2014-04/01/content_2651154.htm.

[102]朱忠锋.少数民族传统体育文化传承发展的问题与对策[J].广西师范大学学报(哲学社会科学版),2013,49(3):154-160.

[103]黄聪.中国古代北方少数民族体育文化研究(上)[J].体育科学,2008(8):3-15+28.

[104]中华人民共和国教育部.完善中华优秀传统文化教育指导纲要[EB/OL].[2014-10-16].http://www.gov.cn/xinwen/2014-04/01/content_2651154.htm.

[105]余慧娟,赖配根,李帆,等.2018中国基础教育年度报告[J].人民教育,2019(2):10-39.

[106]张朋,郑小凤,万宇,等.民族传统体育项目进校园路径分析[J].体育文化导刊,2017(4):60-64.

[107]冯发金,王岗.困境与出路:新时代民族传统体育与学校教育的共生研究[J].北京体育大学学报,2018,41(12):130-136.

[108]李刚,梁俊雄,刘丽,等.基于粤西民俗体育的大学体育校本课程开发研究[J].体育科技文献通报,2014,22(12):8-12+48.

[109]张勇.普通高校体育课程课内外一体化的研究[J].安徽体育科技,2009,30(6):85-86+90.

[110]刘志敏,丁振峰.普通高校体育课程内容新体系的构建——课内外一体化体育俱乐部探索[J].体育与科学,2008(3):82-86.

[111]李阳,于克巍.中山大学新华学院民族传统体育课程"课内外一体化"模式的构建思路[J].运动,2016(6):47-48.

[112]北京市教育委员会,北京高等教育学会教材工作研究会.构建高等教育教材建设体系,提高高等教育教学与人才培养质量[M].北京:中国人民大学出版社,2015.

[113]季浏.我国《普通高中体育与健康课程标准(2017年版)》解读[J].体育科学,2018,38(2):3-20.

[114]李阳,于克巍.中山大学新华学院民族传统体育课程"课内外一体

化"模式的构建思路[J].运动,2016(6):47-48.

[115]习近平.顺应时代前进潮流 促进世界和平发展——在莫斯科国际关系学院的演讲[N].人民日报,2013-3-24(2).

[116]习近平.决胜全面建成小康社会夺取新时代中国特色社会主义伟大胜利——在中国共产党第十九次全国代表大会上的报告[M].北京:人民出版社,2017.

[117]习近平.决胜全面建成小康社会夺取新时代中国特色社会主义伟大胜利——在中国共产党第十九次全国代表大会上的报告[M].北京:人民出版社,2017.

[118]谢文娟."人类命运共同体"的历史基础和现实境遇[J].河南师范大学学报(哲学社会科学版),2016,43(5):39-46.

[119]习近平.论坚持推动构建人类命运共同体[M].北京:中央文献出版社,2018:5.

[120]邸乘光.习近平治国理政思想的科学体系及基本内涵[J].新疆师范大学学报(哲学社会科学版),2017,38(1):7-30+2.

[121]刘明福,王忠远.习近平民族复兴大战略——学习习近平系列讲话的体会[J].决策与信息,2014(Z1):8-157+2.

[122]钱仕英,齐鹏飞.人类命运共同体理念的中国传统文化意蕴和时代价值[J].云南社会主义学院学报,2018,20(1):95-100.

[123]项久雨.新发展理念与文化自信[J].中国社会科学,2018(6):4-25+204.

[124]钱仕英,齐鹏飞.人类命运共同体理念的中国传统文化意蕴和时代价值[J].云南社会主义学院学报,2018,20(1):95-100.

[125]张曙光.论秩序与社会历史秩序——关于国家转型和文明重建的思考[J].人民论坛·学术前沿,2015(7):4-49+75.

[126]吴志成,吴宇.人类命运共同体思想论析[J].世界经济与政治,2018(3):4-33+155-156.

[127]王义桅,古明明.热话题与冷思考——关于"人类命运共同体与新时代中国外交"的对话[J].当代世界与社会主义,2018(3):4-14.

[128]石云霞.习近平人类命运共同体思想研究[J].学校党建与思想教育,2016(9):4-10.

[129]罗建波.中国特色大国外交:新理念、新战略与新特色[J].西亚非洲,2017(4):28-49.

[130]王广生.经济国际化、经济全球化、经济一体化的区别与联系[J].北京理工大学学报(社会科学版),2003(4):47-50.

[131]尹继林.中华民族传统体育文化全球化的哲学思考[J].北京体育大学学报,2017,40(7):139-145.

[132]路向峰.文化全球化背景下中国文化道路的实践选择——兼论中国特色社会主义文化发展道路的民族性特质[J].社会科学家,2015(8):25-29.

[133]曾崇文.浅析当今功利性行为的二重性[J].攀枝花大学学报,1995,12(4):48-50.

[134]尹继林.中华民族传统体育文化全球化的哲学思考[J].北京体育大学学报,2017,40(7):139-145.

[135]陈林会.我国竞技体育发展的社会心态路径探微[J].体育与科学,2019,40(2):19-36.

[136]阳家鹏,向春玉.全球化背景下民族传统体育发展的困境及策略[J].河北体育学院学报,2012,26(5):83-85.

[137]周伟良.论当代中华武术的文化迷失与重构——以全球化趋势下的国家文化安全为视角[J].首都体育学院学报,2007(1):4-17.

[138]党的十五大报告学习辅导材料[J].实践,1997(Z1):36-96.

[139]吴增礼,王梦琪.中华优秀传统文化创造性转化与创新性发展的维度和限度[J].湖南大学学报(社会科学版),2020,34(1):1-7.

[140]方时姣.论社会主义生态文明三个基本概念及其相互关系[J].马克思主义研究,2014(7):35-44.

[141]韩政,王岗.近代以来中国武术从"草根文化"到"符号文化"的历史变迁[J].山东体育学院学报,2014,30(6):50-55.

[142]桓占伟.新时期以来先秦义思想研究述评[J].史学月刊,2012(11):102-113.

[143]徐正旭,李宏斌.生态体育:实现体育强国梦的内在逻辑及实现路径[J].沈阳体育学院学报,2014,33(6):33-38.

[144]彭冰冰.论"人类命运共同体"的实质、内涵与意义[J].贵州社会科学,2017(4):11-16.

[145] Hall. s, "NewCulturesforOld", D. MasseyandP. Jess, eds., APlaceintheworld, oxfordUniversityPress, 1955, p190.

[146]马戎.当前中国民族问题研究的选题与思路[J].中央民族大学学报(哲学社会科学版),2007(3):12-38.

[147]韦晓康,胡健.中华民族传统体育与现代奥林匹克运动的关系[J].体育学刊,2003(3):56-59.

[148]周作明.中国古代史教学管理的研究与实践[J].广西民族学院学报(哲学社会科学版),1998(S1):7-58+60-65.

[149]张海军,郭小涛."一带一路"视域下体育文化交流的机遇和挑战[J].体育科学研究,2019,23(3):1-4+17.

[150]高守清."人文奥运"视角下的民族传统体育文化发展走向[J].体育与科学,2009,30(5):43-45.

[151]黄莉,孙义良.从中西文化的深层结构审视中国体育文化[J].体育科学,2008(2):3-15.

[152]张剑利,李豪杰,袁旦.中华文化对北京2008年奥运会的促进与局限[J].体育文化导刊,2003(8):19-21.

[153]桑全喜.全球化背景下我国民族传统体育的时代抉择[J].体育科技文献通报,2007(10):55-56+61.

[154]王岗.中华民族传统体育发展的社会文化选择[J].北京体育大学学报,2006(7):872-876.

[155]崔晓宇,陶宏军,曹宣广.中国传统体育文化及其与现代西方体育文化的融合[J].四川体育科学,2005(2):4-7.

[156]饶远,金黄斌,张玉文.民族体育走向世界的文化学思考[J].今日民族,2008(8):21-25.

[157]石鸿儒.全球化背景下中国传统体育文化的发展[J].体育文化导

刊,2004(4):27-28.

[158]王剑.奥林匹克文化全球化与中国民族传统体育文化的发展[J].山西师大体育学院学报,2007(2):68-70.

[159]刘曙光.全球化与文化自觉[J].山西大学学报(哲学社会科学版),2002(5):41-45.

附录 1
核心素养视域下民族传统体育的价值取向与路径选择[①]

郭耿阳　郭春阳

核心素养给学生明确提出了应具备的,能够适应终身发展和社会发展需要的必备品格和关键能力。[②] 自从学生发展核心素养框架公布以来,学者们就开始对核心素养的内涵和外延进行了积极的探索,并提出一系列独到的见解。对于民族传统体育而言,核心素养的提出对民族传统体育的发展指明了前进的方向。如何在核心素养的视域下大力弘扬民族传统体育,无疑成为我们当下关注的焦点问题。

一、核心素养视域下民族传统体育发展的机遇与挑战

(一)民族传统体育发展的现状:面临困境,渴望突破

作为一个多民族的国家,我国的民族传统体育形式多样、资源丰富,并在悠长的历史进程中形成了具有本民族特色的体育文化。民族传统体育对于历史的传承、情感的维系、文化的认同具有举足轻重的作用,特别是在原始社会和封建时期,民族传统体育甚至是人们生活方式的一部分。在农业文明时期,如武术、舞龙、蹴鞠、龙舟等传统体育项目在我国社会占据主流地位。但是随着工业文明的兴起,尤其是鸦片战争以后,"民族传统体育和民族传统文化一

[①] 郭耿阳,郭春阳.核心素养视域下民族传统体育的价值取向与路径选择[J].现代中小学教育,2019,35(5):6-9.

[②] 教育部关于全面深化课程改革落实立德树人根本任务的意见[N].中华人民共和国教育部,2017.

样,开始走进了一个极端痛苦的文化发展图景中"。① 在西方体育的冲击下,民族传统体育无力反击,一路溃败,逐渐式微。民族传统体育面临着极为严重的困境,有学者提出,20世纪以来的民族传统体育的发展呈现出举步维艰的态势,其表现出的特征为短暂的热闹,阻挡不住存在空间的萎缩;表面的繁华,遮蔽不住生存状态的凄凉;形式的保留,掩饰不住文化根底的流失。

民族传统体育虽然处境艰难,但作为我国优秀传统文化的一部分,依然具有旺盛的生命活力。首先,民族传统体育已经逐渐走向国际化和现代化;其次,政府积极举办民族运动会,重视民族传统体育项目的传承和发展;最后,民族传统体育具有深厚的人文底蕴,是中国人民集体智慧的结晶。在此基础上,民族传统体育的发展应更加符合时代的潮流和社会的需要,抓住发展的时机进一步取得自身的突破,力求实现民族传统体育的复兴。

(二)民族传统体育发展的良机:转变观念,培育核心素养

我国民族传统体育发展步履维艰的局面究其原因是由于社会转型期政治、经济、文化三者之间生态失衡所造成的。一定时期的文化是一定时期政治和经济的反映,民族传统体育文化的没落恰恰说明了我国的传统文化在社会转型期受到了前所未有的冲击。进入21世纪以来,在全面取得经济长足发展和进步的同时,我国开始注重社会各方面的可持续发展,并且强调全面建成小康社会必须重视中华民族优秀的传统文化。这一理念的转变,使得民族传统体育迎来了发展的良机。

2016年9月13日中国学生发展核心素养研究成果正式公布,项目负责人林崇德指出,"学生发展核心素养,主要是指学生应具备的、能够适应终身发展和社会发展需要的必备品格和关键能力",其中,学生发展核心素养的基本要求之一是要"传承中华优秀传统文化,突显人才培养的民族底色",即"中国学生发展核心素养把根扎在中华优秀传统文化的土壤中,同时充分吸收革命文化与社会主义先进文化的丰厚营养,力求引导广大学生坚定文化自信,在全球化、信息化时代为每个学生烙上深深的中华文化底色"。② 核心素养要求学生

---

① 王岗.关注民族传统体育:现状、问题与思考[J].首都体育学院学报,2008(2):1-4.

② 林崇德.构建中国化的学生发展核心素养[J].北京师范大学学报(社会科学版),2017(1):66-73.

成为德智体美劳全面发展的人,这就要求我国民族传统体育切实担负起弘扬优秀传统文化的职责,担负起塑造学生具有民族特色品质的使命。学生发展核心素养的公布为我国民族传统体育的发展树立了目标,即以醇厚的文化底蕴为载体深入贯彻立德树人的基本任务。学生发展核心素养的提出为我国民族传统体育的发展指明了道路,即是民族传统体育与学校教育相结合,围绕学生发展核心素养设置民族传统体育校本课程。学生发展核心素养的出现为我国民族传统体育的复兴提供了千载难逢的良机,即通过落实核心素养,深化和升华民族传统体育的内涵和理念。

(三)民族传统体育发展的未来:直面挑战,革故鼎新

培育核心素养是民族传统体育未来发展的主旋律,然而真正实现民族传统体育的繁荣依然任重而道远。当欣喜于民族传统体育迎来发展新契机之时,我们理应看到通往民族传统体育复兴之路旁侧荆棘丛生。正如著名历史学家马明达教授在其文章中所言及的"一百多年来,中国经历了艰难的现代化历程,中国民族体育也走过了一条曲折的道路……几十年过去了,或冷冷清清,或热热闹闹,本质上其实并无太多区别,无非是一大堆不古不今、不土不洋的庞杂而无序的东西,始终只能给主流体育当配角,并没有形成一个独立的民族体育领域和体系"。[①] 由此可见,民族传统体育自身存在诸多弊端,这些问题必将成为未来发展的严峻挑战。

面向未来,民族传统体育的发展必须破旧立新,以核心素养重塑民族传统体育的精神内核,恢复民族传统体育发展的系统性和独立性。民族传统体育的发展需要摆正位置,正视西方体育在世界范围内的主流地位,分析并借鉴其合理因素以适应时代发展。传统之所以成为传统必定是由于其脱离了时代的中心,从现实角度考虑,民族传统体育必须进行创新,紧扣时代脉搏,融民族性与现代性于一体。

二、核心素养视域下民族传统体育发展的价值取向

(一)"立德树人"是民族传统体育发展的基本价值立场

"建构学生发展核心素养体系,是贯彻党的十八大和十八届三中全会精

---

① 马明达.试论中国民族体育体系的重新建构[J].体育文化导刊,2007(6):21-26.

神、落实立德树人根本任务的迫切需要。"①核心素养体系的构建是为了保障立德树人根本任务的完成,因此核心素养视域下的民族传统体育必须以立德树人为基本价值立场。立德树人包含两个方面:一方面是社会主义核心价值观对于学生发展的德行要求;另一方面是培养德、智、体、美、劳全面发展的生命个体。坚持立德树人的价值立场对我国民族传统体育的发展提出三个基本要求。首先,民族传统体育应充分激发自身丰富的人文底蕴,涵养学生的内在品质,引导学生追求真、善、美,远离假、恶、丑;其次,民族传统体育应坚持"德育为先,能力为重"的原则,培育学生先"成德"再"立人";最后,民族传统体育应为学生的未来负责,想学生之所想,提高学生的精神文明和身体素质,以适应未来社会的挑战。

(二)传承优秀传统文化、强化民族性是民族传统体育发展的价值态度

民族传统体育是在漫长的历史中形成的人民集体智慧的结晶,也是我国传统文化中不可或缺的组成部分。传统文化尤其是优秀传统文化是培育核心素养的源泉。"中华优秀传统文化是中华民族的精神命脉,是涵养社会主义核心价值观的重要源泉,也是我们在世界文化激荡中站稳脚跟的坚实根基。"②因此,民族传统体育的发展必须秉持积极传承优秀传统文化的价值态度,并在此基础上强化民族传统体育对民族性的彰显。民族传统体育与现代体育最为明显的区别就是其具有鲜明的民族性,然而这一特征却在民族传统体育与现代体育的碰撞中被淡化了。民族传统体育的发展越来越西方化、竞技化、功利化,这不仅不利于民族传统体育自身的发展,也不利于民族优秀文化的传承。民族传统体育发展必须以其优秀的民族风格丰富学生的民族底色,增强学生对民族自豪感和对民族的认同。

(三)以人为本、促进生命全面发展是民族传统体育发展的价值理念

"教育的本质是生命教育。"③教育的本质是为了促进师生生命的全面发展。民族传统体育作为教育的一部分亦应以学生为本,民族传统体育发展的根本指向就是生命的健康成长。"人是具有内在潜能和丰富内涵的生命整体,

---

① 林崇德.中国学生核心素养研究[J].心理与行为研究,2017(2):145-154.
② 习近平.中华优秀传统文化是中华民族的精神命脉[N].人民网,2014.
③ 顾明远.教育的本质是生命教育[J].课程·教材·教法,2013(9):85.

它包含自然生命、精神生命和社会生命。学校体育以培养'全面发展的人'为核心,强调对青少年学生认知、技能、身体和情感的关照,但应试教育和功利思想的窠臼下,学校体育的本体价值和学生的主体地位遭到漠视,俨然成了可以随意践踏的'造假重地'和'流水加工厂'。"①现实的学校体育,尤其是西方化的学校体育遮蔽了学生生命的统整性,压抑了学生生命的自由性,无视了学生生命的特殊性。民族传统体育的发展要对现实体育的异化进行反思,要做到"目中有人",应树立"以人为本""以生命为本"的价值理念。

三、核心素养视域下民族传统体育发展的建构路径

(一)深化民族传统体育理论研究,提高民族传统体育的科学性和民族性

民族传统体育理论研究迄今已有三十年,无论是民族传统体育学理研究、民族传统体育教学研究,还是民族传统体育史研究,都取得系统而丰富的成果。尤其是近些年我国对民族传统体育的重视,民族传统体育理论研究呈现出"百花齐放、百家争鸣"的局面。随着21世纪我国学生发展核心素养框架的提出,民族传统体育理论研究迎来了新的发展阶段。为了培养具备人文底蕴和科学精神的现代型人才,高校学者和一线教师需要在核心素养的引领下深化对民族传统体育的理论研究。在培养学生核心素养的新时期,民族传统体育发展的方向是要提高自身的科学性和民族性。科学性意味着民族传统体育要培养学生的理性思维,面对问题时让学生学会质疑,面对挑战时让学生学会探究。民族性意味着民族传统体育要让学生在接受民族传统体育教育的过程中了解民族习俗和文化,并把民族习俗和文化中蕴含的民族精神和民族风格塑造成学生生命的印记。

(二)削弱民族传统体育项目的竞技性,加强民族传统体育项目的文化性

我国大多数的民族传统体育项目并不具备较强的竞技性,如武术的根本目的是强身健体,而不是为了与对手一较高低,如龙舟竞渡的根本目的是传统习俗、缅怀先贤,而不是为了追求比赛的胜负。然而,在民族传统体育项目走向世界的过程中,民族传统体育项目不得不增强竞技性以适应西方世界的价

---

① 李斌,程卫波.学校体育生命教育的现实消解及其价值主张[J].中国教育学刊,2017(2):67-72.

值观体系。民族传统体育项目竞技性地增强毫无疑问是时代的趋势,但是一味地全盘西化而不考虑民族传统体育项目固有的文化性是绝对不可取的。事实上,民族传统体育项目并没有随着竞技性的增强而获得良好的发展,而是变成了西方体育的附庸、西方体育的配角,变成了不中不西的"四不像"。学生发展核心素养框架要求在民族传统体育项目培养学生的人文积淀、人文情怀和审美情趣。也就是说,民族传统体育项目应该保持自身的独立性,不能在竞技体育的浪潮中随波逐流,要"不忘初心",着眼于对学生文化底蕴的培养。

(三)扩大民族传统体育重要性的宣传,增强社会对民族传统体育的认可

改革开放以来,我国社会的各个领域都遭受了西方文化的冲击,人们的生活方式发生了翻天覆地的变化。流行歌曲取代了戏曲的地位,西方乐器取代了长笛、古筝、唢呐的地位,西方体育取代了民族体育的地位。诸多民族文化形式或日渐式微,或已经消逝。我们可以发现,许多民族文化都成了传统文化,传统之所以被称为传统,一般都是被人们所遗忘的,民族传统体育也不例外。主流媒体报道的大部分都是西方体育,民族传统体育一般很难出现在公众的视野之中,逐渐被遗忘也是在所难免。民族传统体育的发展必须要在人民群众当中扩大自身的影响力,让人们了解民族传统体育的价值和重要性,让人们逐渐认可和接受民族传统体育。唯有如此,民族传统体育方能扩大生存空间,方能在生存中求得发展。

(四)政府应颁布相关政策,鼓励中小学研发和实施民族传统体育校本课程

民族传统体育的发展要做到"顶天立地"。"顶天立地",一方面指民族传统体育的发展离不开政府政策、法规的支持和引导;另一方面指民族传统体育必须与中小学体育教学紧密结合。目前,在中小学落实民族传统体育校本课程还存在诸多困难。解决困难,实施民族传统体育校本课程,离不开政府强有力的支持。因此,中小学研发和实施民族传统体育校本课程需要政府自上而下地为中小学提供顶层设计。国家不同层面应以立法、规章、实施意见、课程标准等形式,出台一系列推进中小学民族传统体育校本课程的政策措施,保障民族传统体育校本课程成为基础体育教育中的常态。中小学在研发和实施民族传统体育校本课程的过程中一定要契合我国学生发展核心素养的基本要求,只有这样民族传统体育校本课程才能具备科学性,才能在中小学保持旺盛的生命力。

参考文献：

[1] 教育部关于全面深化课程改革落实立德树人根本任务的意见[N].中华人民共和国教育部,2017.

[2] 王岗.关注民族传统体育:现状、问题与思考[J].首都体育学院学报,2008(2):1-4.

[3] 卢高峰,王岗.民族传统体育的发展:现状 问题 机遇 对策[J].北京体育大学学报,2015(4):52-57.

[4] 林崇德.构建中国化的学生发展核心素养[J].北京师范大学学报(社会科学版),2017(1):66-73.

[5] 马明达.试论中国民族体育体系的重新建构[J].体育文化导刊,2007(6):21-26.

[6] 林崇德.中国学生核心素养研究[J].心理与行为研究,2017(2):145-154.

[7] 习近平.中华优秀传统文化是中华民族的精神命脉[N].人民网,2014.

[8] 顾明远.教育的本质是生命教育[J].课程·教材·教法,2013(9):85.

[9] 李斌,程卫波.学校体育生命教育的现实消解及其价值主张[J].中国教育学刊,2017(2):67-72.

附录2
人类命运共同体视域下非遗体育文化传承与中学生核心素养培育[①]

郭耿阳

(广州市第一一三中学 广东广州 510635)

  "人类命运共同体"理念从党的十八大提出至十九大确立为新时代的基本方略,历经实践检验,其间习近平总书记多次在国际场合对"人类命运共同体"概念进行丰富与凝练,无论是出席亚洲博鳌论坛倡导的"迈向命运共同体的四个坚持"[②],还是在第70届联合国大会一般性辩论的讲话中提出的"人类命运共同体'五位一体'的总布局和总路径"[③],都受到了国际社会的广泛关注和一致好评,由此"人类命运共同体"成了21世纪全球治理体系的重要理论范畴。人类命运共同体的提出也为非遗体育文化传承与中学生核心素养培育带来了全新的机遇。非遗体育文化作为非遗文化的重要组成部分,其"所强调的文化多样统一,与构建人类命运共同体的基本方向是一致的。"[④]同时,人类命运共同体理念的践行主体始终是人,能否"建设持久和平、普遍安全、共同繁荣、开放包容、清洁美丽的世界"[⑤]的关键在与人是否具有必要的共同体素质,对于中学生而言就是适应人类命运共同体构建的核心素养。从构建人类命运共同体出发,中学生核心素养的形成离不开校园非遗体育文化的熏陶,非遗体

---

  ① 郭耿阳.人类命运共同体视域下非遗体育文化传承与中学生核心素养培育[J].现代中小学教育,2021,37(2):40-43.
  ② 习近平.习近平"四观"倡导国际新秩序[N].人民日报,2015-03-29.
  ③ 习近平.携手构建合作共赢新伙伴 同心打造人类命运共同体——在第七十届联合国大会一般性辩论时的讲话[N].人民日报,2015-09-29.
  ④ 宋俊华.构建人类命运共同体与非遗保护[N].中国文化报,2018-01-29.
  ⑤ 冯建军.推动构建人类命运共同体:教育何为[J].教育研究,2018(2):37-42+57.

育文化教育是中学生核心素养培育的关键路径。

一、人类命运共同体视域下非遗体育文化传承的新使命

随着经济全球化的深入发展,国与国之间交流之技术层面已无障碍,国际资本流动已成常态,世界各国联系紧密,国际社会日益成为一个呼吸与共、休戚相关的"命运共同体"。世界各国相互依存,人类命运共同体已成为共识。中国非遗体育文化作为世界非遗文化体系的一分子,在构建人类命运共同体的今天,理应紧扣时代脉搏,积极推动全球体育文化共同体的构建。

（二）树立互赢共享发展理念,打造全球体育文化共同体

非遗体育文化传承与发展应以共同利益观为主旨,创建非遗体育文化数字博物馆,打造全球体育文化共同体。"人类命运共同体既是一个生存的自然共同体,又是一个合作的建构共同体。构建人类命运共同体,需要人类拥有共同的价值认同。"[①]体育运动为人类所共享,各国人民都可进行体育锻炼,体育面前人人平等。同时,体育文化也是国际交流与认同的重要载体,体育道德为人类所共同维护,体育规则为人类所共同遵守,体育技术为人类所共同学习。因此,非遗体育文化共同体的构建对于构建人类命运共同体不可或缺。我国非遗体育文化资源丰富,应积极将体育文献资料、体育器物、体育照片、体育视频等进行数字化处理,建立非遗体育文化数字博物馆,免费为全球体育文化共同体所共享。同时也应主动引进其他国家的非遗体育文化资源,在全球体育文化共同体中相互学习传承非遗体育文化的理念与路径,共同繁荣人类非遗体育文化。

（二）坚持各民族文化平等性,保护非遗体育文化多样性

非遗体育文化传承与发展应坚持"和而不同"的态度,尊重各民族非遗体育文化的多样性。不同国家和地区都有各具特色的非遗体育文化,各体育文化都是人类体育文明的组成部分,并无高低之分与优劣之别。全球体育文化共同体要求非遗体育文化多样化发展,应尊重不同民族的体育文化特色,为不同民族体育文化提供平等的发展机会。"和而不同"就是让各体育文化置却隔阂,和谐相处,相互印鉴,共同发展。如此,诸非遗体育文化虽文化特色不

---

① 冯建军.迈向人类命运共同体的价值教育[J].高等教育研究,2018(1):1-8.

同,但发展机会、条件却处处相同。我国非遗体育文化一直具有尊重各民族非遗体育文化平等发展的传统,这一优点应继续保持与弘扬。尤其是在"非遗体育文化数字博物馆"的构建过程中,不能闭门造车,应主动与联合国教科文组织创办的世界数字图书馆(The World Digital Library)进行合作,成为世界数字图书馆的子资源库,为人类非遗体育文化的多样性发展予以助力。

二、人类命运共同体视域下学生发展核心素养的新要求

人类命运共同体是新时代我国特色社会主义发展过程中参与全球治理、处理国际关系的基本方略,而学生发展核心素养则是新时代我国特色社会主义发展对于人才培养的新要求。学生发展核心素养的提出是为了培养全面发展的青少年①,同时也是为了培养致力于推动人类共同体构建的青少年。人类命运共同体不仅丰富了核心素养的精神内核,同时也为核心素养提出了新要求。

(一)立足人类利益共同体,培养学生的合作力与责任力

人类命运共同体形成于经济全球化的大背景,对于经济利益的追求使得各国人民的国际交流日益频繁,人类利益共同体得以成为人类命运共同体的核心架构。中国提出的构建人类命运共同体的理念将推动新经济全球化向着全人类共享的目标前进②,但这一过程并非风平浪静,冲突全无。中国依然是发展中国家,在与世界各国尤其是发达国家的利益合作过程中如何保障自身的合法权益依然面临挑战。立足人类利益共同体,中国在参与国际事务的过程中需要更多的人才支持与智力支撑。因此,在青少年核心素养的培育中应把重点培养学生的合作力与责任力考虑在内。合作力即是培养青少年能够更好地参与国际事务的可能性,能够尊重共同体成员的经济社会制度、习俗信仰、意识形态等,能够为共同体的互利共赢与共同发展贡献智慧与力量。责任力即是培养青少年在共同体合作中勇于担当责任的意识,要求青少年既要为自身负责,也要为共同体成员负责。

---

① 核心素养研究课题组.中国学生发展核心素养[J].中国教育学刊,2016(10):1-3.
② 秦伟.试论构建人类命运共同体对新经济全球化的促进效应[J].毛泽东邓小平理论研究,2019(5):101-106+108.

(二)立足人类和平共同体,培养学生的开放性与包容性

遵循和平与发展的人类主旋律,培养学生以开放包容的胸襟去超越文明的隔阂与争端,弘扬中华民族"和"文化。中华民族"和"文化绵延流长、内涵丰富,于自然究"天人合一",于世界求"天下大同",于人际循"以和为贵"。"和"文化以和谐、和平、合作为主旨,从"丝绸之路"到"一带一路",中华民族一贯崇尚与世界其他民族的和谐相处、和平发展、合作共赢。人类命运共同体是"和"文化的历史发展,人类和平共同体是"和"文化的时代追求。立足人类和平共同体,通过"和"文化教育和熏陶学生,利用其思想、精神培养学生开放与包容的胸襟,让学生在未来的成长中与共同体成员相互学习、求同存异,共同营造"美美与共"的人类和平共同体。

(三)立足人类自然共同体,培养学生的环保与生态意识

立足人类自然共同体,关注生态系统与生态危机,培养学生的环保与生态意识。"从某种意义上来说,人类文明的演进过程实际上就是人类对自然的不断改造和对自然界的变化不断适应的过程。"[1]然而,近代以来在适应、改造与征服自然的过程中人与自然的关系逐渐失衡,无节制地索取与无限度地破坏使得生态系统紊乱,生态危机逐步显现,严重威胁了全球人类的身体健康。"当代生态危机集中表现在大气污染、温室效应、臭氧层破坏、土地荒芜化、水质污染、海洋污染、森林等绿色屏障锐减、物种灭绝、工业废弃物猛增、人口爆炸这十大生态问题。"[2]"宇宙只有一个地球,人类共有一个家园。"[3]面对日益严重的生态危机,全人类必须全力以赴,整治污染,保护环境,恢复生态平衡。维护生态平衡既是眼下之计又是长远目标,既需要当代人的努力又需要后代人的坚持。因此,对于学生环保与生态意识的培养将是坚定而持久的,只有青少年不断地为人类自然共同体的发展而努力,人类与自然才能长久地保持双和谐。

---

[1] 夏明方.自然灾难史:思考与启示——自然灾害、环境危机与中国现代化研究的新视野[J].史学理论研究,2003(4):7-11.

[2] 马倩如.人类命运共同体视域下的生态世界观及审美[J].重庆社会科学,2019(6):119-126.

[3] 习近平.共同构建人类命运共同体——在联合国日内瓦总部的演讲[N].人民日报,2017-01-20.

三、非遗体育文化培育中学生核心素养的价值与内容

非遗体育文化与中学生核心素养联系紧密,非遗体育文化培育中学生核心素养致力促进中学生生命的全面发展,其基本价值分为历史价值与教育价值,主要内容涉及中学生精神与身体两个层面。

(一)非遗体育文化培育中学生核心素养的基本价值

非遗体育文化培育中学生核心素养旨在引导中学生传承民族体育精神,养成健康生活方式,促进身心和谐。中国学生发展核心素养分为人文底蕴、科学精神、学会学习、健康生活、责任担当、实践创新六大素养[①],而体育学科核心素养则包括运动能力、健康行为、体育品德三个方面[②],中国学生发展核心素养与体育学科核心素养一脉相承,后者是对前者的针对性阐释与内涵性拓展。从体育核心素养出发,非遗体育文化的基本价值主要分为历史价值与教育价值。非遗体育文化的历史价值主要体现在培养中学生对于民族传统体育文化的传承,有助于强化中学生的历史记忆与人文底蕴。非遗体育文化的教育价值则体现为培养中学生体育道德、增强中学生体质与锻炼中学生意志,最终实现中学生生命的健康成长。除历史价值、教育价值外,非遗体育文化同样具备科学价值与审美价值,有利于促进中学生多方面核心素养的提升。

(二)非遗体育文化培育中学生核心素养的主要内容

非遗体育文化培养中学生核心素养的教育内容主要包括两个方面:其一为非遗体育文化理论对于中学生品格意志的熏陶;其二为非遗体育文化活动对于中学生体格体质的养成。非遗传统体育文化理论以中国传统儒、释、道哲学为精神内核,儒家哲学强调仁义道德,于非遗传统体育文化中表现为注重人格气质与道德精神的统一;释家哲学强调普度众生,于非遗传统体育文化中表现为注重强身健体与弃恶扬善的统一;道家哲学强调天人合一,于非遗体育文化中表现为注重个体与自然、世界的协调发展。非遗体育文化理论具有深刻的实践性,这是由于中学生必须在生活中亲身参与非遗体育文化活动方能体

---

① 核心素养研究课题组.中国学生发展核心素养[J].中国教育学刊,2016(10):1-3.
② 中华人民共和国教育部.普通高中体育与健康课程标准[M].北京:人民教育出版社,2008:1.

悟非遗体育文化理论,非遗体育文化理论蕴含于非遗体育文化活动之中。当下我国的非遗体育文化活动种类繁多、包罗万象,其中具有代表性的如彰显爱国主义与集体主义的龙舟,体现禅武合一、和平主义的少林功夫,突出内外兼修、刚柔并济的太极拳等都深受广大中学生的喜爱,对于中学生核心素养的培育大有裨益、不可或缺。

四、培育学生共同体核心素养的非遗体育文化教育路径

人类命运共同体的提出为新时代非遗体育文化传承与中学生核心素养培育找到了契合点与着力点,契合之处在于非遗体育文化进校园与中学生体育核心素养提升同为新时代体育学科共同体构建之需要,着力之处在于非遗体育文化教育与学校体育教育相结合有利于推动体育教学模式转型,创造体育学习共同体,培育学生共同体核心素养。

(一)推动教学模式转型,创造体育学习共同体

人类命运共同体的构建亟须教育教学模式进行转型,在体育教学模式的转型中应主动创造体育学习共同体,培养中学生共同体核心素养。人类命运共同体视域下的体育教学模式应具备合作性、民主性与生活性,体育教学模式的转型也应以此为原则。首先,应打造合作的体育学习共同体。学生在参与非遗体育活动中取长补短、相互配合、彼此协作,养成团队合作意识,尽可能发挥自身的特长及优势。其次,应打造民主的体育学习共同体。学生之间相互尊重、彼此包容,同时给予学生自由平等地选择非遗体育文化教育活动的权利。最后,应打造生活的体育学习共同体。非遗体育文化不是难以触摸之空中楼阁,它就在学生身边,与学生的生活息息相关。学生应在体育学习共同体中强化生活能力,把体育习惯变成生活习惯,让非遗体育文化精神与技能走出校园,走进生活。

(二)构建新型融合课程,推动非遗体育文化进校园

非遗体育文化进校园是人类命运共同体背景下非遗体育文化发展的必然路径,非遗体育文化课程与校园体育课程相互融合是非遗体育文化进校园的现实路径。构建新型体育融合课程的关键在于寻找非遗体育文化与校园体育文化的融合点,从当前的体育融合课程发展经验来看,主要包括学科视域之间

的融合、价值体系之间的融合、目标维度之间的融合。① 除此之外,新型体育融合课程还应立足内容之间的整合与情感之间的结合。无论是认知层面,还是价值层面,抑或是情感层面,都应做到非遗体育文化与学校体育文化的深度融合。

(三)专兼结合聘任教师,强化学校体育教师队伍

非遗体育文化进校园为学校体育教师提出了新挑战,强化学校体育教师队伍是非遗体育文化培育中学生核心素养的重中之重。当前制约学校非遗体育文化教育的师资困境主要表现在两个方面:其一,师资匮乏,部分学校体育教师队伍薄弱,没有能力设置专门的非遗体育教师岗位;其二,教师专业度不足,非遗体育教育要求教师具备专业的非遗体育素养,大部分体育教师对于非遗体育文化知识与技艺认识不足,无法满足学校非遗体育文化教育的需要。师资问题制约着非遗体育文化教育发展的瓶颈,这一问题的解决需要从三个方面进行着手:第一,鼓励现有专任体育教师积极参加非遗体育文化培训,提升非遗体育教育素质;第二,聘任少量专业非遗体育教师,以点带面,在体育教师群体中形成从游共进之效果;第三,聘任部分民间非遗体育文化传承者为兼职教师,民间非遗体育文化传承者与学校体育教师共同授课,互为补充,营造非遗体育课堂之真实情境。

参考文献:

[1]习近平.习近平"四观"倡导国际新秩序[N].人民日报,2015-03-29.

[2]习近平.携手构建合作共赢新伙伴 同心打造人类命运共同体——在第七十届联合国大会一般性辩论时的讲话[N].人民日报,2015-09-29.

[3]宋俊华.构建人类命运共同体与非遗保护[N].中国文化报,2018-01-29.

[4]冯建军.推动构建人类命运共同体:教育何为[J].教育研究,2018(2):37-42+57.

[5]冯建军.迈向人类命运共同体的价值教育[J].高等教育研究,2018

---

① 范叶飞.融合体育课程的内涵解析:基于学科与生活的视角[J].武汉体育学院学报,2016(7):89-94.

(1):1-8.

[6]核心素养研究课题组.中国学生发展核心素养[J].中国教育学刊,2016(10):1-3.

[7]秦伟.试论构建人类命运共同体对新经济全球化的促进效应[J].毛泽东邓小平理论研究,2019(5):101-106+108.

[8]夏明方.自然灾难史:思考与启示——自然灾害、环境危机与中国现代化研究的新视野[J].史学理论研究,2003(4):7-11.

[9]马倩如.人类命运共同体视域下的生态世界观及审美[J].重庆社会科学,2019(6):119-126.

[10]习近平.共同构建人类命运共同体——在联合国日内瓦总部的演讲[N].人民日报,2017-01-20.

[11]核心素养研究课题组.中国学生发展核心素养[J].中国教育学刊,2016(10):1-3.

[12]中华人民共和国教育部.普通高中体育与健康课程标准[S].北京:人民教育出版社,2008:1.

[13]范叶飞.融合体育课程的内涵解析:基于学科与生活的视角[J].武汉体育学院学报,2016(7):89-94.

附录 3
非遗体育课程：核心要义、目标指向与实施路径①

郭耿阳

(广州市第一一三中学 广东广州 510635)

文化自信是一个民族、一个国家以及一个政党对自身文化价值的充分肯定和积极践行，并对其文化的生命力持有的坚定信心。习近平总书记指出："我们要坚持道路自信、理论自信、制度自信，最根本的还有一个文化自信。"中华民族不仅具有深厚的优秀传统文化底蕴，而且也在中国革命、建设和改革的伟大实践过程中孕育了社会主义先进文化，共同奠定了中华民族文化自信的强大底气。非遗体育课程是传承非遗传统体育文化的重要载体，构建和实施非遗体育课程，实现非遗传统体育文化课程化，不仅是体育学科高质量发展的实践需要，还是培育学生文化自信心和民族精神魂的有效路径。

一、非遗体育课程的核心要义

非遗体育课程以非遗体育文化知识为侧重点，以非遗体育生活经验为依托点，注重学科课程与活动课程的深层次融合。

（一）以非遗体育文化知识为侧重点

非遗体育课程强调发挥学科课程的优势，以非遗体育文化知识为侧重点，注重非遗体育文化知识的传承与发展。以知识传授为基点的学科课程论由来已久，虽然在教育的发展过程中常会遭受到一些教育学者批判，但其依然在世界教育改革和发展中占据重要地位。非遗体育课程强调在尊重学生兴趣爱好

---

① 郭耿阳.非遗体育课程:核心要义、目标指向与实施路径[J].教师教育论坛,2022,35(12):67-69.

的基础上,通过传授系统科学的非遗体育学科课程文化知识,让学生在获得全面发展必备的体育健康知识与行为①的基础上,实现运动能力与习惯、体育情感与品格的培养。当前,一些中小学实施以关注科学健身为主的西式体育学科课程,忽视了体育课程承载的文化知识教育。与此大为不同,非遗体育课程以非遗体育文化知识为侧重点,注重优秀传统体育文化知识学习对于青少年体育品德的熏陶,即强调"正德修身""以德养身",其最终落脚点在于学生德行、体质的磨砺而非智力的提升。

(二)以非遗体育生活经验为依托点

非遗体育课程以学生非遗体育生活经验为依托点,强调非遗体育活动对于学生发展的适切性与促进性。活动课程相对于学科课程而提出,起源于杜威提出的"生活经验学说",他指出"要把儿童现有的经验做根据,然后依此根据定出学校中有系统有组织的种种科目"②。非遗体育课程在设计过程中注重围绕学生非遗体育生活经验,寻找学生在生活中熟知的非遗体育项目,如广东地区的龙舟、龙舞,河南地区的少林功夫、陈式太极拳等都可以纳入区域内学校非遗体育活动课程内容。相比于当下在校园里流行的球类活动,非遗体育活动优势明显。以龙舟为例,广东地区不仅具有悠久的龙舟竞渡文化,每年还会举办龙舟竞赛活动,广东地区的学生对于龙舟活动会产生天然的亲切性。以龙舟文化为主题的非遗体育活动课程有利于激发学生对于民族传统文化的热爱,培养学生的团队精神与拼搏精神。当然,部分非遗体育活动也存在开发难度大、地域限制性强、不宜推广等诸多缺陷,需要进行合理性选择与创造性融入。

(三)注重学科课程与活动课程的深度融合

非遗体育课程强调非遗体育知识、非遗体育技能、非遗体育品德与非遗体育情感之间的相互联系和作用,致力于促进学生精神层面与身体层面的全面发展。"融合教育的核心思想是希冀把学科的认知教育与学生自己的生活连为一体,把情绪维度加到常规学科中以使学习内容具有个性化意义。"③融合

---

① 于素梅.学生体育学科核心素养及其培育[J].中国学校体育,2016(7):38-42.
② 杜威.民主主义与教育[M].王承绪,译.北京:人民教育出版社,1990:10.
③ 范叶飞.融合体育课程的内涵解析:基于学科与生活的视角[J].武汉体育学院学报,2016(7):89-94.

课程以融合教育为理念来源,其基本原理分为人本性与融合性两个方面,具体包括参与原理、整合原理、关联原理、自我原理与目标原理。非遗体育课程的人本性特征在于其所承载的非遗体育文化教育具有强烈的人本主义色彩,追求以非遗体育文化来促进学生的生命成长。非遗体育课程的融合性特征在于其注重非遗体育学科课程与非遗体育活动课程的深层次融合,强调非遗体育学科知识、活动与学生日常生活的结合,同时也注重校园非遗体育活动与校外非遗体育项目的结合。

二、非遗体育课程的目标指向

非遗体育课程的构建与实施旨在促进学生生命健康发展,聚焦学生核心素养培养和实现学生非遗文化传承。

(一)促进学生生命健康发展

非遗体育课程聚焦学生生命健康发展,旨在帮助学生养成全面的生命健康素养。教育的本质是生命教育。[①] 体育教育的目的是促进学生正常生长发育,增强体质,增进健康,与其他各种教育相配合,使学生形成良好的思想品德和意志品质,成为德、智、体、美、劳全面发展的人。作为体育教育的重要内容,非遗体育课程最为根本的目标就在于以体育运动和身体锻炼为基本手段,促进学生体质与体力的提升,为学生生命的健康成长奠定基础。青少年国家的未来和希望,肩负中华民族伟大复兴的重担。因此,非遗体育课程必须重视基础,加强学生生命健康素养教育,促进学生生命健康成长。

(二)聚焦学生核心素养培育

非遗体育课程聚焦学生核心素养培育,旨在帮助学生养成能够适应终身发展和社会发展需要的必要的品格和能力。进一步来说,通过非遗体育课程的学习,在文化层面,学生将提升非遗体育文化知识水平,加深对非遗体育历史与文化的认同与理解;在体育层面,学生的体质能力与运动能力会获得提升;在健康层面,学生养成健康的生活方式,保持身体健康与心理健康,且能够为人类共同体健康贡献力量;在价值层面,学生掌握共同体基本价值,尊重共同体成员的体育文化与习惯;在品德层面,学生习得中华民族传统体育美德,

---

① 顾明远.教育的本质是生命教育[J].课程·教材·教法,2013(9):85.

修身以爱国,仁义为和平,礼敬持开放,大同求包容。

(三)实现学生非遗文化传承

现代学校教育通过向学生传输一整套现代性的知识体系,与学生土生土长的地域生活产生了冲突,导致学生对自我的身份认同出现了混乱和迷茫,对区域社会的价值判读产生了偏差,并漠视区域社会非遗文化的价值。非遗体育课程强调凭借富有特色的非遗地域民族传统体育文化资源优势,把民族民间体育文化艺术引入中小学课堂。这不仅能增长学生的历史认知,丰富学生的人文精神,提升学生的非遗民族传统体育保护意识,还能使非遗民族民间传统体育文化得到传承和发扬,保护非遗民族传统体育历史的完整性,增长学生的民族团结意识,滋养学生的民族底色,从而逐步改变长期以来学校教育远离民族多元文化背景和脱离民族学生生活实际的状况。

三、非遗体育课程的内容选择

非遗体育课程融汇了非遗体育文化与现代体育文化之精华,在课程内容的选择上既强调课程内容的民族化与多样化,又注重课程内容的生活化与现代化。

(一)注重课程内容的民族化与多样化

有学者认为,中小学体育课程内容仍然偏重于运动技术,以竞技运动项目为体育教学的主要内容。虽然,体育课程内容由过去的单一竞技运动项目向多样化的运动项目发生转变[①],但体育课程内容选择单一化、竞技化问题依然是基础教育体育课程实施的现实困境。非遗体育课程强调让非遗民族传统体育走进学校,转变过去体育教学的模式,让非遗民族传统体育与现代竞技体育并存,使学校体育内容变得多样化。一方面非遗体育课程关注课程内容选择的民族化,强调开发与利用非遗体育文化项目,保证非遗民族体育项目在课程内容中占有一定的比例。另一方面,非遗体育课程注重课程内容选择的多样化,要求积极引进其他国家先进的体育课程体系,重点选择适合学生身心成长的国际主流体育项目,在丰富学生多样化体育生活的基础上与国际体育课程

---

① 殷荣宾,季浏.基础教育体育课程内容改革的现实诉求与路径[J].体育学刊,2015(9):75-80.

接轨。非遗体育课程内容的多样化与民族化是辩证统一的关系,课程内容民族化是多样化的基础,课程内容多样化是民族化的保障。

(二)强调课程内容的生活化与现代化

非遗体育课程在内容选择上同样十分注重生活化与现代化。从某种程度上说,与学生生活经验相关的非遗体育项目更具生活化,而与国际赛事、新闻、娱乐等相关的西方体育项目更具现代化。因此,非遗体育课程的内容选择需融入非遗体育文化与西方体育文化之精华,在课程内容开发与设计的过程中应促进两者之间深层次融合。深层次融合的主要目的在于实现非遗体育的现代化发展。非遗体育的现代化主要表现在非遗体育精神现代化与非遗体育项目规则现代化两个方面。前者要求丰富非遗体育精神的内核,使其在人本性、包容性、合作性、公平性的基础上兼具创新性、竞争性与时代性;后者要求借鉴相似或相通的国际主流体育项目规则,革新非遗体育项目规则,使其更好地引起学生的兴趣与关注,提高学生参与非遗体育活动的积极性和主动性,达成育人之目的。

四、非遗体育课程的实施路径

(一)专设课程与其他课程相结合

非遗体育课程需要以专设课程的形式来实施,让学生能够全方位地接受非遗体育文化知识教育,同时还需要借助其他课程的力量,实现非遗体育的隐性育人效果。一是在学校开设专门的非遗体育课。学校应在标准化实施国家体育课程的基础上,结合区域非遗体育文化特色,因地制宜开发特色化的非遗体育课程。二是在不同学科中融入非遗体育文化因子。学校可以根据语文、数学、英语、历史、地理等学科特点,加强对学生非遗体育素养的培育。例如,在语文课中,教师可以引导学生通过习作记录同学们在学校非遗传统体育运动会上的见闻与感想;在数学课中,教师可以引导学生参加学校非遗传统体育运动会场地的面积测量工作和体育器材的数量计算工作;在英语课中,教师可以非遗体育文化为主题,引导学生集中学习和翻译相关英文单词和句子;在历史课中,教师可以引导学生学习一些非遗体育项目的历史背景和发展轨迹;等等。

（二）校内课程与校外课程相结合

学校实施非遗体育课程应充分开展校内校外非遗教育活动,促进校内校外非遗体育课程的有机融合。第一,学校可以邀请非遗体育课程专家、教师代表和学生代表共同参与设计非遗体育课程方案,充分发挥多元主体的优势,形成高质量的"一校一品"非遗体育课程。例如,广州市第一一三中学以在广州传承和流行的咏春拳为创新突破口,邀请咏春拳传承者、教师代表和学生代表共同设计与开发了咏春拳校本课程,不仅突出了非遗体育课程的本土性、专业性、灵活性和多样性,还有效地继承和发展了广州市非遗体育项目。第二,学校可以广泛邀请非遗体育传承者、研究者和传播者进校园,通过采取讲座、论坛、培训等方式增进师生对非遗体育文化的了解,全方位营造非遗体育文化进校园、进课程的氛围。第三,学校可以定期组织学生走进校外非遗体育项目实践基地,以非遗体育项目式学习为路径,开展校外非遗体育课程教学,让学生在多样性的非遗体育课程体验中提升体育素养。

（三）线上课程与线下课程相结合

学校实施非遗体育课程应注重线上与线下相结合,促进信息技术与非遗体育课程的融合。这不仅是中小学体育教学改革发展的趋势,还是非遗体育课程实现自我革新的新途径。第一,学校可以运用人工智能、大数据、教联网、云平台等智能信息技术手段,建立非遗体育智能平台,开发非遗体育网络课程,初步打造以教育信息化、智能化为驱动和支撑,线上线下协同共育的现代学习场。第二,学校可以打造非遗体育"专递课堂""名师课堂"和"名校网络课堂",建立非遗体育资源共享平台,探索信息化、智能化背景下非遗体育课程育人的新路径,满足学校体育促进公平、提升质量的现实需求。第三,学校可以加强体育教师信息素养培训,提升体育教师的信息能力,让体育教师能够扎实掌握非遗体育智能平台的操作方法和流程,能够将非遗体育网络课程资源熟练地运用于学校日常非遗体育课程教学之中。

参考文献：

[1]于素梅.学生体育学科核心素养及其培育[J].中国学校体育,2016(7):38-42.

[2]杜威.民主主义与教育[M].王承绪,译.北京:人民教育出版社,

1990:10.

[3]范叶飞.融合体育课程的内涵解析:基于学科与生活的视角[J].武汉体育学院学报,2016(7):89-94.

[4]顾明远.教育的本质是生命教育[J].课程·教材·教法,2013(9):85.

[5]殷荣宾,季浏.基础教育体育课程内容改革的现实诉求与路径[J].体育学刊,2015(9):75-80.